Le livre des Actes

Dans la collection Commentaires
dirigée par le Service biblique « Évangile et Vie »

Jacques Hervieux, *L'évangile de Marc*
Claude Tassin, *L'évangile de Matthieu*
Hugues Cousin, *L'évangile de Luc*
Alain Marchadour, *L'évangile de Jean*
Jean-Marie Prévost, *L'Apocalypse*

À paraître :
Maurice Carrez, Paul de Surgy, *Les épîtres de Paul I, Corinthiens*

CHARLES L'ÉPLATTENIER

Le livre des Actes

Commentaire pastoral

CENTURION
NOVALIS

Du même auteur :

Lecture de l'évangile de Luc, Desclée, Paris, 1982.
Les Actes des Apôtres, Labor et Fides, Genève, 2e éd. 1992.
L'évangile de Jean, Labor et Fides, Genève, 1993.

2e édition
ISBN 2.227.366.04.4

22, cours Albert-Ier, 75008 Paris

Pour le Canada

ISBN 2.890.88.668.9

INTRODUCTION

L'auteur et son œuvre

Le livre des Actes fait suite à l'évangile de Luc, comme le montre son prologue, adressé au même Théophile, et où l'auteur évoque son *premier livre* (1, 1). Il constitue ainsi le second tome d'une œuvre qui entend présenter les origines du christianisme, en distinguant, tout en les liant étroitement, le « temps de Jésus » et le « temps de l'Église ». Comme l'a souligné H. Cousin dans son introduction à l'évangile de Luc, il est malencontreux que l'ordre actuel des livres du Nouveau Testament contribue à masquer l'unité de cette œuvre, dont les deux volets se trouvent séparés par le quatrième évangile.

L'auteur, qui a précisé son propos en Lc 1, 1-4, en s'exprimant à la première personne, reste cependant anonyme. C'est la tradition ecclésiale, vers la fin du IIe siècle, qui a attribué le troisième évangile à Luc, collaborateur de Paul et médecin (Col 4, 14 ; 2 Tm 4, 11 ; Phm 24). La critique moderne a contesté cette attribution pour divers motifs. Ce qui est assuré, c'est que cet auteur n'appartient pas au cercle apostolique primitif, qu'il est un chrétien de la deuxième ou de la troisième génération, très probablement un païen converti, dont la culture d'origine était grecque. L'importance qu'il donne à la mission chrétienne dans le monde a fait supposer qu'il était lui-même un missionnaire, rayonnant peut-être autour d'une métropole comme Antioche. C'est en tous cas pour conforter dans leurs convictions les chrétiens d'origine païenne qu'il a entrepris de leur narrer l'histoire de cette expansion missionnaire de l'Église, qui fut d'abord, à Jérusalem, une secte messianique juive. Il a dû écrire ce second ouvrage vers la fin des années 80, quelque temps après la rédaction de son évangile. Par commodité, les exégètes continuent à l'appeler «Luc».

Les sources du livre des Actes

Dans le prologue de l'évangile, Luc assure avoir enquêté minutieusement avant de rédiger son «récit ordonné» des faits évangéliques, tout en évoquant les essais de ses prédécesseurs. En fonction des données complexes du «problème synoptique» — les rapports entre Marc, Matthieu et Luc — les spécialistes ont formulé de nombreuses hypothèses sur les sources documentaires dont il a pu se servir. Le livre des Actes étant seul dans son genre, la comparaison synoptique ne peut jouer comme pour l'évangile au niveau d'une recherche des sources. Il faut supposer qu'il a dû enquêter aussi soigneusement pour rédiger son second ouvrage, mais il est bien difficile de repérer les documents dont il aura disposé. Peut-être a-t-il recueilli lui-même des témoignages oraux d'acteurs de cette histoire, ou consulté les «archives» de telle ou telle importante communauté? Peut-être a-t-il eu en mains des récits déjà constitués, autour de personnages comme Pierre et Jean, Étienne, Philippe ou Paul. Mais son habileté littéraire est grande, et son écriture est «lucanienne» d'un bout à l'autre, ce qui rend très aléatoire la distinction entre ce qui proviendrait d'une source et ce qui relèverait de la rédaction.

Le seul indice pertinent en ce domaine concerne les passages caractéristiques où le récit passe à la première personne du pluriel et constitue une sorte de «journal de voyage» impliquant la participation du narrateur aux événements qu'il relate (16, 10-17; 20, 5-15; 21, 1-8; 27, 1–28, 16). Il pourrait s'agir d'un compagnon de Paul. Mais le rédacteur du livre ne s'identifie pas forcément à ce personnage; il a pu intégrer ces fragments sans les modifier, pour leur laisser leur caractère de témoignage vécu.

La forme du texte

Le «texte courant» sur lequel se fondent les versions usuelles relève d'une tradition manuscrite dite «alexandrine» (ou orientale).

Quelques manuscrits présentent une autre version, dite «occidentale», qui comporte de nombreuses variantes, pour la plupart des additions. Ce fait a suscité bien des débats parmi les spécialistes, récemment encore : tandis que M.-É. Boismard plaide pour l'antériorité de ce texte occidental, É. Delebecque, au terme d'une confrontation minutieuse, considère que ce texte serait la révision, par Luc lui-même, de sa première rédaction, car il semble viser à améliorer le texte ou à atténuer certaines de ses difficultés. L'enjeu de cette discussion savante n'est pas décisif pour une lecture qui cherche avant tout à recevoir le message de ce livre. La traduction liturgique que nous suivons est faite sur le texte courant. Nous nous réservons de citer à l'occasion telle ou telle variante, parmi celles que la traduction de la TOB (Traduction œcuménique de la Bible) a jugé utile de citer dans ses notes.

Quelques autres questions relatives à la forme littéraire du livre des Actes, ou à son rapport à l'histoire, que l'on aborde souvent dans les «Introductions», feront l'objet d'*encadrés* au moment opportun dans le déroulement de notre lecture.

Le présent commentaire

Comme les ouvrages déjà parus de la collection, ceci est un commentaire pastoral, qui prend naturellement la suite de celui de Luc. Il est réalisé à partir de la traduction liturgique de l'Église catholique, dont il suit le découpage proposé. L'introduction de la Bible de la liturgie le présente ainsi :

«Le lecteur se tromperait si, se fiant au titre du livre, il pensait y trouver une biographie des apôtres. L'intention de Luc fut bien plutôt de montrer l'expansion de l'Église. Aussi, dans une première partie, nous fait-il assister à la formation de la première communauté chrétienne de Jérusalem. À la parole de Pierre et des apôtres rassemblés autour de Pierre, des milliers de juifs se convertissent et décident de vivre en frères. Puis l'intérêt de l'auteur se détache de Jérusalem et porte sur les premières missions en Samarie et en Syrie. Enfin tout l'intérêt se concentre sur l'activité missionnaire de Paul, dont le récit occupe plus de la moitié du livre. Celui-ci s'achève pourtant, non avec la mort de Paul, mais au moment où Paul a porté l'Évangile jusqu'à Rome. Pour Luc, c'est dire équivalemment que l'Évangile a atteint le monde entier.»

Les destinataires de ce commentaire ne sont pas des exégètes spécialisés, mais des croyants qui, pour leur lecture personnelle ou pour l'animation de groupes de catéchèse, d'assemblées dominicales ou d'études bibliques, souhaitent trouver un commentaire sérieux sans être trop technique, qui ne soit ni une somme érudite bourrée de notes ni une simple paraphrase édifiante. Sans entrer dans de savantes discussions exégétiques, il lui faut donc tenter d'élucider les difficultés du texte, qui déroutent souvent le lecteur non informé. Il entend aussi manifester l'actualité de ce livre du Nouveau Testament, puisqu'il concerne la vie et la mission des Églises, qui demeurent fondamentalement les mêmes qu'au premier siècle : annoncer la Bonne Nouvelle *jusqu'aux extrémités de la terre*, et préserver ou retrouver pour cela même leur unité dans la communion du Christ vivant.

Indications pratiques

Pour aider le lecteur à se repérer dans l'histoire et la géographie impliquées par la narration de Luc, on trouvera ci-après un bref *tableau chronologique* et une *carte* permettant de situer les principales régions et localités citées, et de suivre les voyages de Paul.

À la fin de l'ouvrage, un *index* des principaux termes typiques du vocabulaire des Actes marqués dans le texte par un * à la première apparition indiquera les pages où ce terme est expliqué.

CHRONOLOGIE APPROXIMATIVE

Fondation de l'Église de Jérusalem	Pentecôte 30 ou 31
Martyre d'Étienne, vocation de Saul	Hiver 36 ou 37
Fondation de l'Église d'Antioche	Vers 43
Martyre de Jacques	43 ou 44
Première mission de Barnabé et Saul	45-48
Assemblée de Jérusalem	48 ou 49
Deuxième mission de Paul	50-52
Début de la troisième mission de Paul	53
Séjour de Paul à Éphèse	54-57
Séjour de Paul à Corinthe	Hiver 57-58
Arrestation de Paul à Jérusalem	Pentecôte 58
Captivité de Paul à Césarée	58-60
Paul prisonnier à Rome	61-63

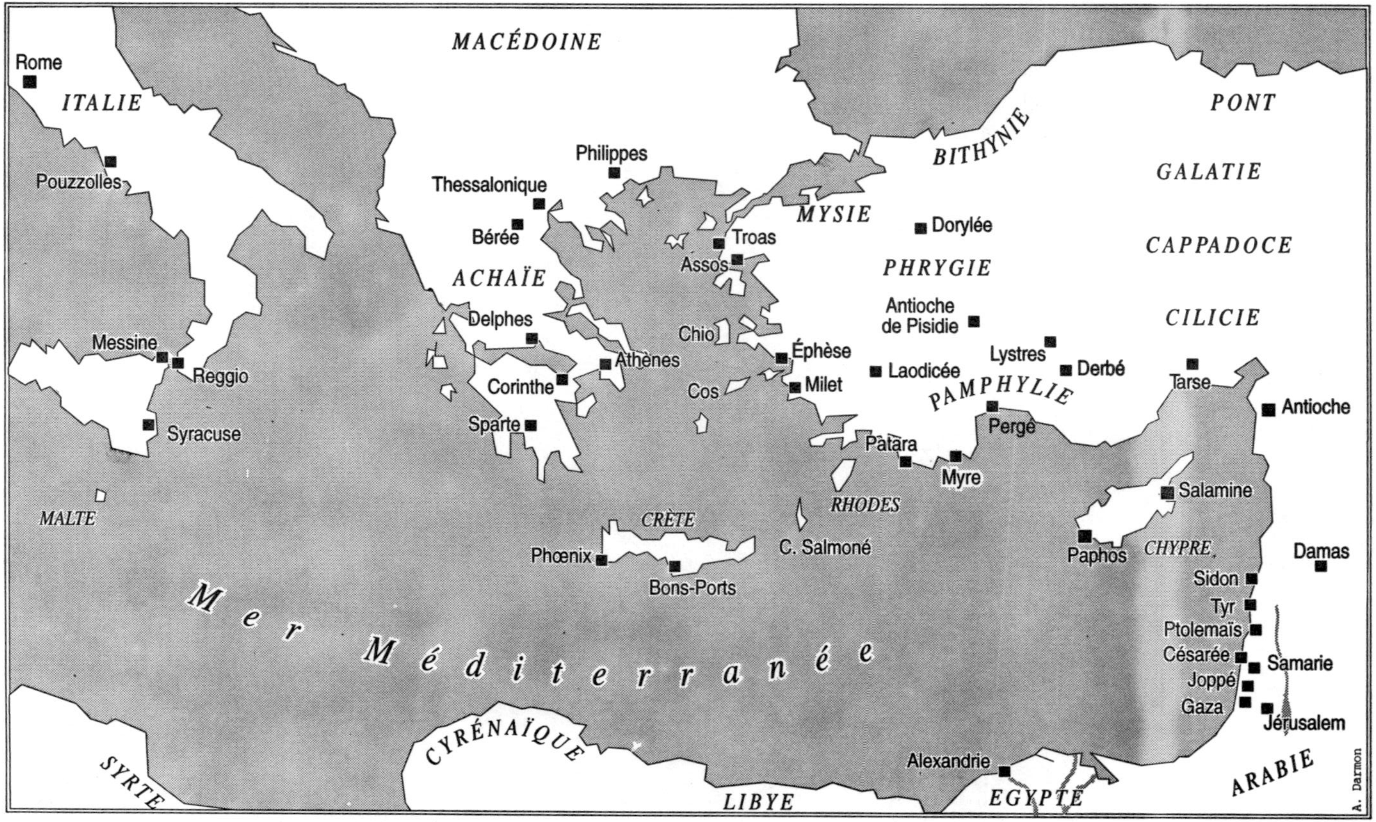

MACÉDOINE
Rome
ITALIE
Pouzzolles
Messine
Reggio
Syracuse
MALTE
Philippes
Thessalonique
Bérée
ACHAÏE
Delphes
Corinthe
Athènes
Sparte
CRÈTE
Phœnix
Bons-Ports
Troas
Assos
Chio
Cos
Éphèse
Milet
MYSIE
BITHYNIE
PONT
GALATIE
CAPPADOCE
PHRYGIE
Dorylée
Antioche
de Pisidie
Laodicée
Lystres
Derbé
PAMPHYLIE
CILICIE
Tarse
Antioche
Pergé
Patara
Myre
RHODES
C. Salmoné
Salamine
Paphos
CHYPRE
Damas
Sidon
Tyr
Ptolemaïs
Césarée
Samarie
Joppé
Gaza
Jérusalem
ARABIE
Mer Méditerranée
CYRÉNAÏQUE
SYRTE
LIBYE
Alexandrie
EGYPTE
A. Darmon

Première partie

LA NAISSANCE DE L'ÉGLISE

La naissance de l'Église (1, 1–2, 41)

1. Jésus ressuscité annonce aux apôtres leur mission et disparaît à leurs yeux (1, 1-11)

1 Mon cher Théophile, dans mon premier livre j'ai parlé de tout ce que Jésus a fait et enseigné depuis le commencement,
2 jusqu'au jour où il fut enlevé au ciel après avoir, dans l'Esprit saint, donné ses instructions aux apôtres qu'il avait choisis.
3 C'est à eux qu'il s'était montré vivant après sa Passion : il leur en avait donné bien des preuves, puisque, pendant quarante jours, il leur était apparu et leur avait parlé du royaume de Dieu.
4 Au cours d'un repas qu'il prenait avec eux, il leur donna l'ordre de ne pas quitter Jérusalem, mais d'y attendre ce que le Père a promis. Il leur disait : « C'est la promesse que vous avez entendue de ma bouche.
5 Jean a baptisé avec de l'eau ; mais vous, c'est dans l'Esprit saint que vous serez baptisés d'ici quelques jours. »
6 Réunis autour de lui, les apôtres lui demandaient : « Seigneur, est-ce maintenant que tu vas rétablir la royauté en Israël ? »
7 Jésus leur répondit : « Il ne vous appartient pas de connaître les délais et les dates que le Père a fixés dans sa liberté souveraine.
8 Mais vous allez recevoir une force, celle du Saint-Esprit qui viendra sur vous. Alors vous serez mes témoins à Jérusalem, dans toute la Judée et la Samarie, et jusqu'aux extrémités de la terre. »
9 Après ces paroles, ils le virent s'élever et disparaître à leurs yeux dans une nuée.
10 Et comme ils fixaient encore le ciel où Jésus s'en allait, voici que

deux hommes en vêtements blancs se tenaient devant eux et disaient :
11 **« Galiléens, pourquoi restez-vous là à regarder vers le ciel ? Jésus, qui a été enlevé du milieu de vous, reviendra de la même manière que vous l'avez vu s'en aller vers le ciel. »**

Le prologue (v. 1-3)

Ces trois premiers versets forment une seule longue phrase dans le texte grec. Ils renvoient à l'évidence au prologue plus développé de l'évangile de Luc : l'auteur, parlant de même à la première personne, dédie à nouveau son ouvrage au *cher Théophile*. Il est significatif que ce destinataire du livre porte un nom grec, qui veut dire « ami de Dieu ». Même s'il s'agit d'un personnage historique connu de Luc, il doit symboliser sous ce nom le lecteur type visé par son ouvrage : un nouveau chrétien d'origine païenne, qui a reçu une première catéchèse (*cf.* Lc 1, 4). L'auteur veut lui faire découvrir plus profondément l'histoire du salut, qui a ses racines dans le monde juif, mais qui est destiné à toutes les nations.

Du point de vue littéraire, notons que ces trois versets résument de manière très dense tout un ensemble d'événements en une sorte de survol panoramique. Tout au long du livre des Actes se retrouveront des notices de ce genre : les exégètes ont coutume de les désigner sous le nom de *sommaires*. Ce sont des textes de transition ou de récapitulation qui permettent au narrateur de relier entre eux les épisodes qui font l'objet d'un récit détaillé, et souvent de marquer des étapes dans la progression du récit global.

Par ce prologue en forme de sommaire, Luc réussit parfaitement à articuler ses deux livres. Il commence par résumer le contenu de l'évangile, en tant que récit de la pratique de Jésus, qui fut indissociablement acte et parole (cf. Lc 24, 19), puis il évoque plus particulièrement la finale de son premier livre (24, 36-53). Luc y avait conduit son récit jusqu'à l'enlèvement au ciel de Jésus, après que le Ressuscité ait donné aux Onze et à leurs compagnons les instructions nécessaires à leur mission future.

Le v. 3 évoque d'un mot la Passion, pour insister avant tout sur la réalité des apparitions accordées à ses apôtres* par le crucifié, pour les affermir dans la certitude qu'il avait vaincu la mort. Mais le dernier élément de ce prologue apporte une information absente de l'évangile, et apparemment contradictoire ! En Lc 24, l'Ascension de

Jésus était racontée, sans écart temporel, comme s'étant passée au terme du long jour de la Résurrection. Ici Luc parle d'un temps de *quarante jours* pendant lesquels Jésus a voulu parfaire la formation de ses témoins*. Nous voyons clairement ici que l'écriture de Luc ne relève pas du reportage soucieux d'exactitude chronologique, mais d'une logique thématique au niveau de ce qu'il veut faire passer dans sa catéchèse. La finale de l'évangile est écrite du point de vue de la christologie, du message concernant la personne et l'œuvre de Jésus : son élévation dans la gloire parachève sa victoire sur la mort ; elle est évoquée comme une sorte de point d'orgue à la fin du récit de Pâques, qui a suffisamment donné le sens de la résurrection de Jésus pour la foi. Au début des Actes, Luc adopte un point de vue ecclésiologique, il veut présenter les choses selon le vécu des apôtres : il étale dans le temps ce mystère pascal qui fonde la foi de l'Église*. Il fait comprendre au lecteur qu'il a fallu quelque temps à ces apôtres pour assimiler un événement aussi inouï. Ils ont pu vivre une période de préparation, où Jésus le vivant leur a donné une compréhension renouvelée de son message et les a formés pour leur mission. Pour l'évoquer, Luc, qui est nourri de l'Écriture sainte, utilise une expression symbolique fréquente dans la Bible, où *quarante jours* (parfois quarante ans !) désignent un temps d'épreuve ou de révélation. Le lecteur de l'évangile verra le parallèle ainsi posé avec les *quarante jours* de retraite au désert, où Jésus lui-même s'était préparé à sa mission (*cf.* Lc 4, 1).

L'enseignement du Ressuscité est qualifié comme une parole *au sujet du royaume de Dieu** : Luc est fidèle à sa présentation du message de Jésus dans son évangile, où la mention du royaume de Dieu revenait 34 fois. On la trouvera seulement 7 fois dans les Actes, mais elle est en bonne place dans le sommaire conclusif du livre (28, 30-31). Cela forme une inclusion thématique significative avec notre prologue. Le *royaume* annoncé et inauguré par Jésus est proclamé par Paul à Rome, capitale d'un empire qui se veut universel.

Ainsi, les trois versets du prologue constituent bien la charnière qui articule les deux tomes de l'œuvre de Luc. C'est à la fois la récapitulation de l'évangile et l'ouverture du livre des Actes des Apôtres. Déjà commence à apparaître une vérité que tout ce livre va mettre en lumière : l'œuvre des apôtres prend le relais de l'œuvre de

Jésus, le temps de l'Église sera la continuation du temps évangélique.

Dernier entretien du Ressuscité avec les siens (v. 4-8)

Avec ces cinq versets, nous quittons le style des sommaires pour aborder le premier récit. Quoique bref, il est typique de la manière de Luc qui donnera toujours une grande place aux dialogues ou aux discours en style direct. Le récit reste très parallèle à la finale de l'évangile : il s'agit de préciser les consignes et les promesses que Jésus fit aux apôtres avant de les quitter définitivement.

Le v. 4 évoque le Ressuscité à table avec les siens, comme en Lc 24, 43. C'est l'écho d'une expérience privilégiée, bien étrange pour nous, que Pierre évoquera encore en Ac 10, 41 (« Nous qui avons mangé et bu avec lui après sa résurrection d'entre les morts »). L'ordre de ne pas quitter Jérusalem et d'attendre la réalisation de la promesse reprend la consigne déjà indiquée en Lc 24, 49, ce à quoi fait allusion la formulation : « La promesse que vous avez entendue de ma bouche » ; elle était alors exprimée par la tournure un peu vague : « Vous serez revêtus d'une force venue d'en haut. » Jésus va maintenant la rendre plus explicite, en reprenant à son compte, au v. 5, l'opposition que Jean Baptiste avait formulée entre son baptême* d'eau et le baptême dans l'Esprit saint* qu'accomplirait un *plus fort que lui* (*cf.* Lc 3, 16). L'expression imagée *baptiser* dans l'Esprit saint* ne se trouve en fait que dans cette parole du Baptiste, rapportée par les quatre évangiles, et dans la reprise qu'en fera Pierre en Ac 11, 16. Elle est parlante si l'on se souvient que le verbe *baptiser*, transcrit du grec, signifie littéralement « plonger dans ». L'Esprit saint est ainsi symboliquement présenté comme l'élément vivifiant dans lequel tout l'être du croyant sera immergé pour un renouvellement total de sa vie. L'annonce que ce baptême aura lieu *d'ici quelques jours* prépare le prochain récit de la Pentecôte.

La question posée par les apôtres au v. 6 témoigne que leur compréhension du règne de Dieu dont Jésus les a entretenus a bien besoin d'être purifiée et renouvelée par le don de l'Esprit ! Ils expriment encore leur espérance messianique en termes nationalistes, ils imaginent une restauration du royaume davidique, comme l'avait fait Cléopas en Lc 24, 21. En leur répondant (v. 7) Jésus n'écarte pas explicitement ce malentendu sur la nature du royaume de Dieu, il doit faire confiance pour cela à l'œuvre prochaine de l'Esprit (on verra bientôt Pierre reprendre ce thème du *rétablissement* avec une tout autre ampleur, en 3, 21). Jésus se borne ici à récuser la curiosité relative au temps de l'accomplissement final manifestée par la question posée. Sa parole est l'écho d'un propos rapporté par Matthieu et Marc à la fin du discours eschatologique de Jésus (Mt 27, 36 ; Mc 13, 32). Si Luc ne l'avait pas relatée alors, c'est sans doute qu'il voulait la réserver à cet ultime discours du Ressuscité. Le sens est clair : il faut faire confiance à Dieu qui conduit souverainement et selon sa sagesse le déroulement de son plan de salut pour le monde. Luc insiste sans doute sur cet avertissement de Jésus en raison d'une certaine impatience eschatologique des premières générations chrétiennes.

Le v. 8 fait encore écho à Lc 24, 49. C'est donc le *Saint-Esprit* qui est la «force d'en haut» annoncée. On peut noter que cette tournure «le Saint-Esprit» est relativement rare chez Luc (4 emplois dans l'évangile ; 7 dans les Actes). Il préfère nommer *l'Esprit saint* (10 fois dans l'évangile, 38 fois dans les Actes) ou simplement *l'Esprit* (3 fois dans l'évangile, 10 fois dans les Actes).

L'expression *il viendra* dénote une démarche personnelle, comme celle de Jésus lui-même (*cf.* Lc 5, 32 ; 12, 49 ; 19, 10 ; etc.). La conjonction *et* qui relie les deux propositions du verset dans le grec peut être entendue au sens consécutif : *et ainsi vous serez mes témoins* ; c'est la nuance qu'on doit entendre dans la traduction liturgique qui le rend par *alors*. C'est grâce à la venue *sur eux* du Saint-Esprit que les apôtres seront rendus capables d'accomplir le programme que Jésus leur assigne maintenant, dans une perspective d'extension géographique : le témoignage* apostolique commencera à Jérusalem, lieu de l'accomplissement du salut, et rayonnera de là *jusqu'aux extrémités de la terre*. Ac 8, 1 marquera la sortie effective de Jérusalem, vers *la Judée et la Samarie*. Le lecteur sera ensuite conduit par étapes jusqu'à Rome, centre du monde connu à l'époque, et symbole d'universalisme. C'est donc pratiquement le plan du livre des Actes qui est annoncé dans l'ultime parole du Ressuscité. Ce programme proposé aux apôtres constitue en même temps la réponse indirecte de Jésus à leur questionnement du v. 6. Il faudra du temps pour réaliser ce programme. Il n'est pas prévu une imminente intervention du Seigneur pour faire advenir miraculeusement le royaume de Dieu. Jésus passe le relais à ses témoins pour une œuvre qui aura une durée historique. Son dernier message fait pressentir d'entrée de jeu le dynamisme conquérant de l'annonce de l'Évangile au monde. Luc montrera, le moment venu, que cela n'allait pas de soi et quelles résistances l'Esprit saint a dû vaincre pour que les apôtres saisissent toute la portée de ce programme.

Il faut encore noter l'apparition dans le texte du mot *témoin*, dès le début du livre. Lui aussi se retrouvera en inclusion dans l'épilogue, en 28, 23. Entre ces deux textes, le vocabulaire du « témoignage » apparaît près de 40 fois (voir l'encadré, p. 25).

L'ascension de Jésus (v. 9-11)

L'Esprit saint dont la venue vient d'être annoncée assistera efficacement les apôtres, de sorte que Jésus peut maintenant s'effacer sans les laisser « orphelins » (*cf.* Jn 14, 18). Son départ de la terre des hommes a été mentionné en Lc 24, 51 en termes de « séparation » et d'« enlèvement », ce qui exprimait le sens théologique de l'événement, sans vraiment le décrire. Nous trouvons ici une scène apparemment plus descriptive, mais elle est tout aussi remplie de notations interprétatives. En ce début des Actes des Apôtres, elle vise davantage à caractériser la situation nouvelle que ces derniers auront à vivre qu'à dépeindre la mystérieuse glorification du Christ*, objet de foi que Théophile a souvent entendu proclamer. Le récit veut marquer avant tout que le temps de l'Église sera le temps de *l'absence* de Jésus, au regard des hommes, jusqu'à son retour en gloire.

Le verbe *élever* utilisé au v. 9 justifie le terme traditionnel d'Ascension, sans chercher à souligner ou expliquer l'aspect prodigieux de l'événement. L'insistance sur le fait que les apôtres ont « vu » Jésus s'élever, puis qu'il a disparu *à leurs yeux*, joint à l'emploi du verbe *enlever* au v. 11, est probablement une allusion au récit biblique de 2 R 2, 9 s où Élie promet à son disciple Élisée qu'il recevra une double part de son esprit, « si tu me vois pendant que je serai enlevé » (*cf.* Lc 9, 51 pour l'image de l'enlèvement). Mais Luc ne nous laisse pas imaginer naïvement que les apôtres auraient pu longuement suivre des yeux la « montée au ciel » de Jésus ! Une *nuée* le fait disparaître à leurs yeux : manière de dire que Jésus leur devient soudain invisible, comme en Lc 24, 31 pour les disciples d'Emmaüs. Mais il y a davantage, car la *nuée* appartient au langage symbolique de la Bible : elle signale une mystérieuse présence du

Dieu qui s'approche des hommes pour se faire connaître, tout en restant caché ! (cf. Ex 19, 9 ; 24, 16 ss ; etc.). On se souvient que l'entrée dans l'humanité du Fils de Dieu, selon Luc, se fit également sous le signe de la nuée, car le verbe grec « prendre sous son ombre » (Lc 1, 35), évoque Ex 40, 35. Maintenant la présence de la nuée signifie que Jésus rejoint le monde invisible de Dieu.

Les v. 10 et 11 correspondent par la forme et le fond au récit du tombeau vide de Lc 24, 4-9 : pour expliquer la mystérieuse disparition du corps de Jésus, c'étaient déjà *deux hommes en vêtements éblouissants* qui apparaissaient et interpellaient les femmes avec un *pourquoi* nuancé de reproche, avant de leur délivrer un message qui les mettait en route. Les mêmes messagers viennent ici interpeller les apôtres qui sont encore sous le choc de la disparition de leur Maître, et leur interpréter la situation. *Pourquoi restez-vous là à regarder vers le ciel ?* L'avertissement complète celui du v. 7. Il est clair, et reste valable pour tout le temps de l'Église. Les disciples de Jésus ne doivent pas chercher à percer le mystère inaccessible du monde divin, ni rêver avec nostalgie d'un retour tout proche de Jésus. À l'époque où écrit Luc, on est appelé à abandonner cette illusion qui fut probablement celle de la première génération chrétienne. Le message adressé aux apôtres signifie que l'histoire continue, mieux, qu'elle a un sens. Le temps d'absence qu'ouvre l'Ascension de Jésus n'est pas un temps vide. En attendant le jour connu de Dieu seul où Jésus Christ reviendra dans sa gloire divine, il y a un programme à remplir ! Avec une pointe d'humour, en mentionnant trois fois *le ciel* (la version liturgique a gommé la seconde : *enlevé du milieu de vous pour le ciel*), les messagers renvoient les apôtres vers la terre des hommes où ils ont une histoire à vivre, une mission à accomplir.

2. Dans l'attente de l'Esprit saint : la prière des apôtres et l'élection de Matthias (1, 12-26)

12 Alors, ils retournèrent du mont des Oliviers à Jérusalem, qui n'est pas loin. (La distance ne dépasse pas ce qui est permis le jour du sabbat.)

13 Arrivés dans la ville, ils montèrent à l'étage de la maison ; c'est là qu'ils se tenaient tous : Pierre, Jean, Jacques et André, Philippe et Thomas, Barthélemy et Matthieu, Jacques fils d'Alphée, Simon le zélote, et Jude fils de Jacques.

14 D'un seul cœur, ils participaient fidèlement à la prière avec quelques femmes dont Marie, mère de Jésus, et avec ses frères.

15 En ces jours-là, les frères étaient réunis au nombre d'environ cent vingt. Pierre se leva au milieu de l'assemblée et dit :
16 « Frères, il fallait que l'Écriture s'accomplisse : par la bouche de David, l'Esprit saint avait d'avance parlé de Judas, qui en est venu à servir de guide aux gens qui ont arrêté Jésus,
17 ce Judas qui pourtant était l'un de nous et avait reçu sa part de notre ministère.
18 Or, celui-ci avait acquis un champ avec le salaire de la trahison ; il tomba la tête la première, son ventre éclata, et toutes ses entrailles se répandirent.
19 Tous les habitants de Jérusalem en furent informés, si bien que ce champ fut appelé dans leur langue *Hakeldama*, c'est-à-dire champ du sang.
20 Car il est écrit au livre des Psaumes :
Que son domaine devienne un désert,
et que personne n'y habite,
et encore :
Que sa charge passe à un autre.
21 Voici donc ce qu'il faut faire : il y a des hommes qui nous ont accompagnés durant tout le temps où le Seigneur Jésus a vécu parmi nous,
22 depuis son baptême par Jean jusqu'au jour où il a été enlevé. Il faut donc que l'un d'entre eux devienne avec nous témoin de sa résurrection. »
23 On en présenta deux : Joseph Barsabbas, surnommé Justus, et Matthias.
24 Puis l'assemblée fit cette prière : « Toi, Seigneur, qui connais le cœur de tous les hommes, montre-nous lequel des deux tu as choisi
25 pour prendre place dans le ministère des Apôtres, que Judas a déserté en partant vers son destin. »
26 On tira au sort, et le sort tomba sur Matthias, qui fut dès lors associé aux onze Apôtres.

Un groupe dans l'attente (v. 12-14)

Le message des anges a été reçu, et la consigne de Jésus va être obéie, puisque c'est *à Jérusalem* que les apôtres doivent attendre ce que le Père a promis (v. 4). Luc reprend intentionnellement la même formule qu'en Lc 24, 33 et 52 : *ils s'en retournèrent à Jérusalem.* Cette ville est pour lui le centre de l'histoire du salut (ici encore, la traduction liturgique gomme une répétition significative de ce nom dans le texte original : *colline... qui est près de Jérusalem*). Nous apprenons après coup que l'ascension de Jésus eut lieu ***au mont des Oliviers***. Béthanie, mentionnée en Lc 24, 50, est sur le flanc oriental de cette colline. En spécifiant ici le mont des Oliviers, Luc entend peut-être indiquer que le lieu de la glorification de Jésus est celui-là même de son angoisse humaine et de son plus grand abaissement (*cf.* Lc 22, 39 ss). Certains exégètes y voient aussi une allusion possible à la prophétie de Zacharie, selon laquelle c'est sur le mont des Oliviers que Dieu descendra pour l'ultime combat eschatologique qui délivrera le peuple opprimé (Za 14, 4). L'évocation du retour du Christ au v. 11 rend vraisemblable cette allusion.

La chambre haute (traduction traditionnelle qu'on peut préférer à ***l'étage de la maison***) où se réunit le groupe apostolique est peut-être celle de la dernière Cène (*cf.* Lc 22, 12). Luc choisit ce moment d'attente pour nous redonner les noms des apôtres, qui ne sont plus que *onze*. La liste est la même qu'en Lc 6, 12-16, dans un ordre un peu différent : il brise les couples de frères, Pierre et André, Jacques et Jean, pour mettre en tête *Pierre et Jean*, déjà associés par lui en Lc 22, 8. Il suggère ainsi le rôle que ces deux apôtres vont jouer ensemble à plusieurs reprises dans la suite du récit.

Le v. 14 est à souligner pour diverses raisons. Là apparaît pour la première fois l'adverbe traduit par l'expression ***d'un seul cœur****. On le trouvera 10 fois dans les Actes (contre un seul autre emploi dans tout le N.T.). Cela révèle l'attachement de Luc à la notion de l'unanimité qui selon lui caractérisait la communauté primitive. La note d'assiduité marquée par l'expression «ils participaient fidèlement» sera reprise avec le même verbe dans le sommaire de 2, 42 comme une marque décisive de la pratique communautaire (*cf.* encore 2, 46 et 6, 4). Enfin ce verset donne une indication intéressante sur l'élargissement du groupe apostolique. Déjà en Lc 24, 33, Luc avait mentionné les Onze *et leurs compagnons*, comme témoins de l'apparition du Ressuscité et donc partie prenante de la mission annoncée par Jésus. Il ajoute ici la présence de quelques femmes, peut-être de celles qui accompagnaient Jésus et les Douze selon Lc 8, 2.3, et qui ont assisté à la mort de Jésus et à son ensevelissement (Lc 23, 49.55), ou de celles qui ont témoigné de la découverte du tombeau vide (Lc 24, 10). Il mentionne spécialement ***Marie***, *mère de Jésus, et ses frères* (*cf.* Lc 8, 19 s). La tradition catholique, pour des raisons dogmatiques, exclut l'idée que Marie ait eu d'autres enfants que Jésus, et propose de donner au terme de *frère* l'acception plus large de « proche parent ». Le texte lui-même n'impose pas cette interprétation. Quoi qu'il en soit, la note est précieuse car elle montre que Luc ne réserve pas aux seuls apôtres au sens strict le monopole de l'attente croyante du don de l'Esprit.

Le verset suivant va même chiffrer ce noyau initial de la communauté jérusalémite à *environ cent vingt* personnes. L'important est surtout de voir que la promesse du Seigneur n'a pas incité ce groupe à un attentisme passif : il se prépare à recevoir pleinement le don annoncé en restant uni et en priant avec assiduité. Luc ne nous dit pas le contenu de cette prière, que Lc 24, 53 indiquait comme une louange. S'ils se souviennent de l'exhortation de Jésus telle que l'a relatée Lc 11, 13, leur demande doit être aussi celle du don de l'Esprit saint, objet d'une promesse certaine d'exaucement.

Le remplacement de Judas (v. 15-26)

Nous trouvons dans cet épisode un premier discours de Pierre, qui sera souvent le porte-parole du groupe, et qui se pose ici en chef responsable de la communauté fraternelle des *cent vingt*, déjà une petite *foule* selon le texte original du v. 15. Ce nombre est un multiple de douze ; sans doute en le notant Luc veut-il montrer que déjà ce groupe constitue le nouveau peuple de Dieu que symbolisait le choix des douze apôtres par Jésus (*cf.* Lc 6, 13 ; 22, 30). On comprend dès lors la préoccupation de Pierre : il faut reconstituer ce noyau central des Douze. Cela suppose qu'il a pris conscience de la portée symbolique du choix de Jésus.

Versets 16-20

S'adressant aux *frères* (terme qui désignera plus de 30 fois dans les Actes les membres de l'Église, mais pourra aussi qualifier les auditeurs juifs des discours suivants), Pierre commence par évoquer la trahison de Judas comme un événement annoncé dans l'Écriture. Sans citer expressément de texte, mais en évoquant la parole de David, il doit faire référence au passage cité par Jésus lui-même, en Jn 13, 18, à savoir Ps 41, 10.

Cette première mention du thème de l'Écriture accomplie* est l'occasion de rappeler comment joue ce thème dans la théologie de

Luc. Il relève d'une conviction qui a dû se forger très tôt dans l'Église du Iᵉʳ siècle : la vie et l'œuvre, la mort et la résurrection de Jésus sont globalement considérées comme accomplissant les promesses faites à Israël concernant le salut eschatologique (*cf.* Lc 24, 27.44 s). Des listes de textes pouvant être évoqués dans ce sens (les « témoignages ») ont dû se constituer peu à peu. Les évangélistes y ont recours pour illustrer leur récit, soit sous forme de références implicites, soit sous forme de citations. Le rapprochement est souvent profondément significatif, parfois il peut nous sembler artificiel, le narrateur usant d'une grande liberté pour adapter le texte cité à son récit ! Il arrive même que l'évangéliste rédige son récit à la manière d'un midrach juif, où la narration se modèle sur un texte de l'Écriture pour l'actualiser ; cela est notamment le cas chez Luc pour les récits de l'enfance ou celui de la crucifixion.

Ce constat peut nous aider à comprendre la manière, très réaliste, dont les v. 18-19 présentent la mort de Judas, en s'inspirant probablement d'un passage du livre de la Sagesse sur la mort des impies (Sg 4, 19). Matthieu, lui, tributaire d'une tradition populaire différente, doit avoir vu comme arrière-plan de son récit le suicide d'Ahitophel, qui avait trahi David (*cf.* 2 S 17, 23). Le point commun aux deux traditions (et à une troisième rapportée dans un texte de Papias au IIᵉ siècle) est le souvenir d'un champ appelé ***champ du sang***, lié à la mort tragique de Judas. Pour le reste, on ne peut ni concilier les deux versions ni retrouver derrière elles l'exact substrat historique : le texte est toujours la présentation d'un fait interprété et porteur d'un message pour le lecteur. Cette remarque doit rester présente à notre esprit quand nous lisons les évangiles ou les Actes des Apôtres.

Le v. 20 est précisément construit sur deux citations, explicites cette fois, par lesquelles Pierre interprète la mort de Judas et les conséquences à en tirer. Le premier texte est tiré du psaume 69, fort opportunément car ce psaume du *juste persécuté* était déjà à l'arrière-plan du récit de la crucifixion, et ce v. 26 est une imprécation contre les persécuteurs de ce juste. Le second texte est lui aussi un fragment d'imprécation (Ps 109, 8) où Pierre trouve la justification de ce qu'il va proposer.

Versets 21-22

La manière dont Pierre formule sa proposition est très importante pour saisir la conception que Luc veut transmettre de la charge spécifique des douze apôtres. Il faut que le remplaçant de Judas satisfasse à deux conditions précises : avoir été un compagnon de l'aventure évangélique depuis le commencement (*cf.* 1, 1), qui se situe au moment du baptême de Jean (c'est là une tradition unanime) jusqu'à son achèvement au moment de l'ascension, ce qui implique qu'il sera légitimement un ***témoin de la résurrection***. Selon une définition aussi contraignante, Paul ne sera pas considéré comme un apôtre au même titre que les Douze. Nous verrons le moment venu quelle mission précise Luc attribue à Paul dans le dessein de Dieu. Il est également clair que, aux yeux de Luc, les apôtres ainsi définis ne sauraient avoir de successeurs. Ils ont une fonction fondatrice intransmissible.

Versets 23-26

Il y avait plus d'un candidat remplissant les conditions requises dans le groupe des cent vingt, et l'assemblée acquiesçant sans discussion au projet de Pierre en désigne deux, mais veut laisser au Seigneur sa liberté de choix (*cf.* 1, 2). Il apparaît dès ce v. 23 que la prière de l'Église peut s'adresser à Jésus glorifié comme au Seigneur, qui continue à diriger les siens. Le tirage au sort, dont le mode ne nous est pas indiqué, est attesté comme une pratique courante dans la communauté de Qumrân, notamment pour l'admission des nouveaux membres. Quant à l'élu, Matthias, nous ne saurons rien de plus à son sujet. Mais c'est aussi le cas de neuf autres parmi les Douze ainsi reconstitués : seuls Pierre et Jean seront nommément les acteurs de certains épisodes du récit des Actes.

3. La Pentecôte : venue de l'Esprit, annonce de la Bonne Nouvelle par Pierre et premiers baptêmes (2, 1-41)

1 **Quand arriva la Pentecôte (le cinquantième jour après Pâques), ils se trouvaient réunis tous ensemble.**
2 **Soudain il vint du ciel un bruit pareil à celui d'un violent coup de vent : toute la maison où ils se tenaient en fut remplie.**
3 **Ils virent apparaître comme une sorte de feu qui se partageait en langues et qui se posa sur chacun d'eux.**
4 **Alors ils furent tous remplis de l'Esprit saint : ils se mirent à parler en d'autres langues, et chacun s'exprimait selon le don de l'Esprit.**

LE TÉMOIGNAGE SELON LUC

Le vocabulaire à ce sujet : *témoin, témoigner, témoignage* (du grec *martys* qui a donné « martyr ») tient une grande place dans les Actes (37 occurrences). Dans 9 passages, il est d'un usage courant sans intérêt pour notre propos. On peut noter 5 textes où le sujet qui témoigne est *Dieu* (13, 22 ; 14, 17 ; 15, 18), *le Seigneur Jésus* (14, 3) ou *l'Esprit saint* (20, 23). C'est un thème développé dans le quatrième évangile, mais qui reste ici assez marginal. Restent une bonne vingtaine de textes qui concernent spécifiquement le témoignage évangélique, de la première à la dernière page du livre (1, 8 ; 28, 23). Ils se répartissent en deux catégories : les uns attestent la conception lucanienne rigoureuse du témoignage apostolique fondateur, d'autres usent de cette terminologie dans un sens plus large.

Le témoignage apostolique fondateur : significativement, le titre de témoin n'apparaît dans l'évangile de Luc qu'après la Résurrection de Jésus, pour qualifier la mission des disciples dans une parole du Ressuscité que reprend Ac 1, 8. En 1, 21-22 est clairement définie une conception restrictive du témoignage apostolique, qui n'appartient qu'aux Douze : le remplaçant de Judas doit avoir été un compagnon de Jésus pendant son ministère terrestre et avoir vécu l'expérience des apparitions pascales. En cohérence avec cette définition, les discours de Pierre, dans la première partie du livre, réservent toujours l'appellation *témoignage* au fait d'attester la Résurrection de Jésus, propre au groupe apostolique dont il est le porte-parole (2, 32 ; 3, 15 ; 5, 32 ; 10, 41). Ce dernier passage est un écho manifeste de la définition donnée en 1, 22. Au tournant du livre, lorsque Paul prend le relais, Luc veille à le faire parler en accord avec cette définition. En 13, 21, on entend Paul respecter la spécificité des apôtres : il n'est pas *témoin* au même titre qu'eux, et proclame la Résurrection en se fondant sur leur témoignage spécifique, irremplaçable.

Le témoignage au sens large : il serait pourtant erroné de conclure que seule cette fonction historique fondatrice mérite le titre de témoignage. D'autres textes montrent un emploi moins spécifique du terme. En 8, 25 *témoigner*, pris absolument, équivaut à « dire la Parole du Seigneur » ou « évangéliser ». Il s'agit encore de Pierre et Jean. Mais en 22, 20, c'est Étienne, qui n'était pas des Douze, que Paul qualifie de « témoin du Seigneur » (lui fut le premier *martyr*!). Paul lui-même *témoigne que le Christ, c'est Jésus* (18, 5), *rend témoignage à l'Évangile de la grâce* (20, 24 ; *cf.* 16, 16 ; 22, 15.18 ; 28, 23). Dans tous ces textes, témoigner prend pratiquement le même sens que les verbes familiers à Luc : *annoncer la bonne nouvelle* (15 occurrences) ou *proclamer* (le Christ, la Parole, le règne de Dieu, 9 fois), et qui ont pour sujet Philippe, Paul, Barnabas, mais aussi des chrétiens anonymes (*cf.* 8, 4 ; 11, 20). En ce sens tout croyant est appelé à devenir un témoin.

5 Or, il y avait, séjournant à Jérusalem, des juifs fervents, issus de toutes les nations qui sont sous le ciel.
6 Lorsque les gens entendirent le bruit, ils se rassemblèrent en foule. Ils étaient dans la stupéfaction parce que chacun d'eux les entendait parler sa propre langue.
7 Déconcertés, émerveillés, ils disaient : « Ces hommes qui parlent ne sont-ils pas tous des Galiléens ?
8 Comment se fait-il que chacun de nous les entende dans sa langue maternelle ?
9 Parthes, Mèdes et Élamites, habitants de la Mésopotamie, de la Judée et de la Cappadoce, des bords de la mer Noire, de la province d'Asie,
10 de la Phrygie, de la Pamphylie, de l'Égypte et de la Libye proche de Cyrène, Romains résidant ici,
11 juifs de naissance et convertis, Crétois et Arabes, tous nous les entendons proclamer dans nos langues les merveilles de Dieu. »
12 Ils étaient tous déconcertés ; dans leur désarroi, ils se disaient les uns aux autres : « Qu'est-ce que cela veut dire ? »
13 D'autres disaient en riant : « Ils sont pleins de vin doux ! »
14 Alors Pierre, debout avec les onze autres apôtres, prit la parole ; il dit d'une voix forte : « Habitants de Judée, et vous tous qui séjournez à Jérusalem, comprenez ce qui se passe aujourd'hui, écoutez bien ce que je vais vous dire.
15 Non, ces gens ne sont pas ivres comme vous le supposez, car il n'est que neuf heures du matin.
16 Mais ce qui arrive, c'est ce que Dieu avait dit par le prophète Joël :

17 *Il arrivera* dans les derniers jours, dit Dieu,
que je répandrai mon Esprit sur toute créature :
vos fils et vos filles deviendront prophètes
vos jeunes gens auront des visions,
et vos anciens auront des songes.
18 *Même sur mes serviteurs et sur mes servantes,*
je répandrai mon Esprit en ces jours-là,
et ils seront prophètes.
19 *Je ferai des prodiges* en haut *dans le ciel,*
et des signes en bas *sur la terre,*
du sang, du feu, une colonne de fumée.
20 *Le soleil se changera en ténèbres,*
et la lune sera couleur de sang,
avant que vienne le jour du Seigneur,
grand et manifeste.
21 *Alors tous ceux qui invoqueront le nom du Seigneur*
seront sauvés.

22 **Hommes d'Israël, écoutez ce message. Il s'agit de Jésus le Naza-
réen, cet homme dont Dieu avait fait connaître la mission en
accomplissant par lui des miracles, des prodiges et des signes
au milieu de vous, comme vous le savez bien.**
23 **Cet homme, livré selon le plan et la volonté de Dieu, vous l'avez
fait mourir en le faisant clouer à la croix par la main des
païens.**
24 **Or, Dieu l'a ressuscité en mettant fin aux douleurs de la mort,
car il n'était pas possible qu'elle le retienne en son pouvoir.**
25 **En effet, c'est de lui que parle le psaume de David :**
Je regardais le Seigneur sans relâche,
s'il est à mon côté, je ne tombe pas.
26 ***Oui, mon cœur est dans l'allégresse,***
ma langue chante de joie ;
ma chair elle-même reposera dans l'espérance :
27 ***tu ne peux pas m'abandonner à la mort***
ni laisser ton fidèle connaître la corruption.
28 ***Tu m'as montré le chemin de la vie,***
tu me rempliras d'allégresse par ta présence.
29 **Frères, au sujet de David notre père, on peut vous dire avec
assurance qu'il est mort, qu'il a été enterré, et que son tom-
beau est encore aujourd'hui chez nous.**
30 **Mais il était prophète, il savait que Dieu lui avait juré de *faire
asseoir sur son trône un de ses descendants.***
31 **Il a vu d'avance la résurrection du Christ, dont il a parlé ainsi :**
***Il n'a pas été abandonné à la mort, et sa chair n'a pas vu la
corruption.***
32 **Ce Jésus, Dieu l'a ressuscité ; nous tous, nous en sommes
témoins.**
33 **Élevé dans la gloire par la puissance de Dieu, il a reçu de son
Père l'Esprit saint, et il l'a répandu sur nous : c'est cela que
vous voyez et que vous entendez.**
34 **David, lui, n'est pas monté au ciel, bien que le psaume parle
ainsi :**
Le Seigneur a dit à mon Seigneur :
Siège à ma droite,
35 ***tes ennemis, j'en ferai ton marchepied.***
36 **Que tout le peuple d'Israël en ait la certitude : ce même Jésus
que vous avez crucifié, Dieu a fait de lui le Seigneur et le
Christ. »**
37 **Ceux qui l'entendaient furent remués jusqu'au fond d'eux-
mêmes ; ils dirent à Pierre et aux autres apôtres : « Frères, que
devons-nous faire ? »**
38 **Pierre leur répondit : « Convertissez-vous, et que chacun de**

vous se fasse baptiser au nom de Jésus Christ pour obtenir le pardon de ses péchés. Vous recevrez alors le don du Saint-Esprit.

39 C'est pour vous que Dieu a fait cette promesse, pour vos enfants et pour tous ceux qui sont au loin, tous ceux que le Seigneur notre Dieu appellera.»

40 Pierre trouva encore beaucoup d'autres paroles pour les adjurer, et il les exhortait ainsi : «Détournez-vous de cette génération égarée, et vous serez sauvés.»

41 Alors, ceux qui avaient accueillis la parole de Pierre se firent baptiser. La communauté s'augmenta ce jour-là d'environ trois mille personnes.

Ces 41 versets constituent une remarquable unité littéraire, avec une inclusion entre la mention du jour de la Pentecôte au v. 1 et la conclusion des événements de *ce jour-là* au v. 41. C'est le jour de naissance de l'Église, œuvre de l'Esprit saint, comme réalisation de la promesse relatée dans le premier chapitre du livre. On retrouve en quelque sorte ici le schéma des annonciations-naissances que Luc a fait jouer dans ses récits de l'enfance (Lc 1–2). La structure de cet ensemble est simple, on la retrouvera pour d'autres épisodes : le récit de l'événement est suivi d'un discours explicatif, et la narration s'achève en montrant les effets de ce discours.

La venue de l'Esprit (v. 1-13)

Dans un souci pédagogique de clarté, la version liturgique donne entre parenthèses une explication qui n'est pas dans le texte, lequel porte littéralement : *Comme s'accomplissait le jour de la Pentecôte* — ce terme signifiant «le cinquantième» (jour). L'expression fait allusion au cycle festif de sept semaines qui s'ouvrait par la célébration de la Pâque juive. La tournure assez solennelle, parallèle à celle de Lc 9, 51, peut vouloir signifier sous la plume de Luc que la fête juive de la Pentecôte va trouver ici son accomplissement*. Cette première remarque justifie les rapprochements que nous allons faire, à la suite de nombreux exégètes (alors que certains les contestent). Cette fête de la Pentecôte était à l'origine une fête de la moisson, mais selon la foi historique d'Israël elle prit, au moins deux siècles avant l'ère chrétienne, le sens d'une commémoration du don de la Loi au Sinaï. Alors le peuple, miraculeusement délivré de l'esclavage en Égypte, ce que commémore la Pâque, se constituait comme le peuple de l'alliance. Il y a une forte valeur symbolique, après avoir considéré la mort du Christ comme l'accomplissement de la Pâque, à situer ainsi la naissance du peuple de la «nouvelle alliance» en ce jour de la Pentecôte. La suite du récit, où une lecture attentive découvre plusieurs contacts littéraires avec la théophanie du Sinaï selon le texte grec de la Septante en Ex 19, vient confirmer cette interprétation.

Versets 1-4

Au v. 1, le pronom «ils» désigne certainement le groupe des cent vingt : la mention de leur *être ensemble* est faite avec la même expression très typée, propre à Luc, qu'on a lue en 1, 15 et qu'on retrouvera en 2, 44 et 47. Les Douze ne seront donc pas seuls à vivre l'événement, comme ils n'étaient pas seuls à l'attendre dans la prière. Les v. 2-3 sont rédigés en référence aux signes* extraordinaires qui préludaient à la révélation du Sinaï, où le Seigneur «descendait dans le feu et le bruit du tonnerre» (Ex 19, 18) et où «toute la montagne» tremblait, comme ici «toute la maison» est remplie d'un bruit violent! Il s'agit donc d'un langage biblique conventionnel pour annoncer une intervention décisive de Dieu, à ne pas prendre à la lettre. Sans doute, dans la pensée de Luc, les apôtres ont-ils pu recevoir en vision le signe symbolique des *langues de feu* (comme la vision de la colombe par Jésus, selon Mt 3, 16). Il n'est pas difficile d'en déchiffrer le symbolisme : l'Esprit saint est un *feu* (symbole de l'ardent amour de Dieu et de sa force purificatrice), comme l'avait annoncé Jean Baptiste (*cf.* Lc 3, 16), et sa fonction première sera de «faire parler» ceux qui le reçoivent, comme le montre le verset suivant.

Ce v. 4 dit en peu de mots l'essentiel. Le fait premier, fondamental, est que les apôtres sont *remplis de l'Esprit saint.* C'est là une expression propre à Luc (12 fois dans son œuvre, et sans parallèle dans le reste du N.T.). Il l'a appliquée, dans une sorte d'anticipation de la Pentecôte, aux héros des récits de l'enfance : Jean Baptiste, Élisabeth, Zacharie (Lc 1, 15.41.67) et naturellement à Jésus après son baptême (Lc 4, 1). Il le redira au sujet de Pierre, des croyants réunis, d'Étienne, de Barnabas et de Paul, enfin des païens convertis, chaque fois à l'occasion d'événements exceptionnels (Ac 4, 8.31 ; 6, 5 ; 7, 55 ; 11, 24 ; 13, 9.52).

C'est l'expression «parler en d'autres langues» qui fait problème.

Beaucoup d'exégètes s'accordent aujourd'hui pour considérer que l'événement primitif sous-jacent au récit, probablement évoqué par une première version de ce récit de la première Pentecôte chrétienne, était un phénomène de glossolalie ou « parler en langues* », semblable à celui que Luc notera comme accompagnant le don de l'Esprit aux païens, chez Corneille, en 10, 46. C'est une manifestation de l'Esprit très prisée particulièrement dans l'Église de Corinthe, et au sujet de laquelle Paul s'exprime longuement en 1 Co 14. C'est une langue étrange, extatique, par laquelle le croyant possédé par l'Esprit loue Dieu en un langage que les autres ne comprennent pas, et qui a donc besoin d'être interprété. Certains éléments dans la suite de notre récit concordent assez bien avec cette hypothèse selon laquelle l'expérience fondatrice du don de l'Esprit aurait été, spectaculairement, accompagnée par une manifestation de glossolalie collective.

Mais le texte final que nous lisons veut dire autre chose, car ce n'est pas sans raison que Luc écrit *parler en d'autres langues*, c'est-à-dire en langues étrangères identifiables. Il réinterprète ainsi l'événement pour montrer ce qui était en germe dès le premier moment de la vie de l'Église : pour lui, le miracle de Pentecôte est un signe de l'universalisme de l'Évangile, que des gens de toute langue peuvent recevoir et comprendre. Il met symboliquement fin à la situation signifiée par le mythe de la tour de Babel où la confusion des langues est un signe de la division de l'humanité. En cela il rejoint (sciemment ou non, il est difficile d'en décider) des commentaires rabbiniques pour qui déjà, au Sinaï, Dieu a voulu communiquer une Loi à valeur universelle, et qui imaginent que, pour cela, « la voix de Dieu se divisa en 70 voix, en 70 langues pour que toutes les nations puissent comprendre » ! À propos de cette même révélation, Philon d'Alexandrie, philosophe juif contemporain de Jésus, avait écrit que « la voix de Dieu s'articulait dans le dialecte habituel aux auditeurs » ! Les versets suivants montrent que Luc l'entend bien ainsi.

Versets 5-8

En effet, le *bruit* causé par l'irruption de l'Esprit (litt. *la voix*, ce qui rappelle Ex 19, 16 dans la Septante) provoque un grand rassemblement. L'insistance sur la totalité, marquée dans les versets précédents par les expressions « tous ensemble », « toute la maison », « tous remplis de l'Esprit », se prolonge de manière emphatique en évoquant «toutes les nations qui sont sous le ciel» (v. 5) donc l'universalité du monde non juif. Il est trop tôt pour parler de la réception de l'Évangile par *toutes les nations*, qui est la visée du récit des Actes. Mais Luc veut ici la faire pressentir, tout en ayant soin de dire que ceux qui accourent sont des *juifs fervents qui séjournent à Jérusalem*. Cette traduction fait supposer qu'il s'agit de juifs pieux venus en pèlerinage à Jérusalem. On peut aussi entendre qu'il s'agit de résidents permanents, des juifs originaires de la diaspora venus finir leurs jours dans la Ville sainte, mais qui considèrent encore la langue de leur pays natal comme leur langue maternelle. Dans la présentation de Luc, ils entendent donc les apôtres s'exprimer dans ces diverses langues, chacun reconnaissant la sienne, et ils en sont stupéfaits. Luc accumule ici les verbes qui dans l'évangile expriment les réactions de la foule devant les miracles de Jésus : littéralement, ils sont *hors d'eux-mêmes* et *étonnés*, au sens fort que peut prendre le verbe employé (v. 7). Dans l'hypothèse mentionnée où les apôtres auraient *parlé en langues*, on peut envisager que l'Esprit saint opère chez les auditeurs une sorte de phénomène d'interprétation spontanée : ils ont le sentiment de comprendre intimement, dans leur langue maternelle, ce message qui proclame les merveilles de Dieu (*cf.* v. 11). Dans les deux interprétations le vrai miracle décisif, présenté différemment, est le même : le Saint-Esprit fait parler et il fait entendre. Pentecôte est avant tout le miracle d'une communication réussie.

Versets 9-13

Il y a un effet de redondance voulue dans ce passage, où Luc met dans la bouche de la foule, parlant comme le chœur de la tragédie antique, un petit discours qui souligne le caractère merveilleux de ce qu'elle est en train de vivre. Il saute aux yeux du lecteur le moins averti que ce discours est construit par le narrateur au titre de commentaire de l'événement. Il est probable que Luc a rédigé cette énumération impressionnante en utilisant une liste de peuples telle qu'il en existait à l'époque (les spécialistes ont proposé divers parallèles). S'il l'avait composée lui-même, on voit mal pourquoi il n'aurait pas mentionné certaines contrées qui jouent un rôle dans les récits missionnaires ultérieurs, comme la Syrie, la Cilicie, la Pisidie. En regardant la carte (p. 9), on verra comment cette évocation colorée de quinze peuples ou pays balaye en fait le champ du monde connu alors, depuis le Golfe persique jusqu'à Rome, la capitale de l'empire, où, disait-on, toutes les nations étaient représentées. Luc insère un peu maladroitement, avant la fin de la liste des pays d'origine, une distinction qualitative : les *juifs fervents* du v. 5 sont aussi bien des *juifs de naissance* que des *convertis** (litt. : des *prosélytes**). C'est une manière de suggérer l'étendue et le rayonnement de la diaspora juive dans le monde gréco-romain.

Les v. 12-13 précisent cependant que tous les assistants n'ont pas eu la même réaction. Si les uns s'interrogent avec perplexité sur le sens de cette étrange aventure, d'autres se moquent en disant : *Ils sont pleins de vin doux!* Cette note conforte l'hypothèse que ces persifleurs se sont trouvés devant un phénomène de glossolalie, lequel peut effectivement donner le sentiment, à ceux qui le perçoivent sans comprendre, qu'ils ont affaire à des gens qui ont trop bu ! On va le voir, cette moquerie va servir de point d'accrochage au discours explicatif de Pierre.

Le discours de Pierre (v. 14-36)

Pierre prend solennellement la parole au nom des douze apôtres, pour s'adresser à cet auditoire dont il sait qu'il comprend des juifs de Judée et d'autres originaires de la diaspora (v. 14). C'est la première proclamation publique de l'Évangile. Son discours comprend trois parties, que marque la reprise de l'interpellation de l'auditoire au v. 22 et au v. 29.

Versets 15-21

Pierre part de l'étonnement manifesté par la foule pour transmettre la bonne interprétation de ce qui l'a troublée. Avec un peu d'humour, il commence par récuser l'hypothèse d'un excès de boisson : l'heure matinale rend bien improbable cette explication ! La sienne consiste à mettre l'événement en rapport avec une prophétie, car ses auditeurs connaissent l'Écriture sainte. Et de citer longuement le texte de Joël 3, 1-5 (selon le texte grec), qui annonçait de la part de Dieu l'effusion de son Esprit, non plus sur quelques prophètes, mais sur tout le peuple de Dieu, jeunes et vieux, libres et esclaves ! Il est significatif que Pierre ouvre la citation textuelle par une addition de son propre chef : *dans les derniers jours, dit Dieu.* C'est affirmer explicitement que cette effusion de l'Esprit doit être considérée comme un signe que les temps eschatologiques sont arrivés. À sa manière, Pierre redit le message initial de Jésus :

le royaume de Dieu s'est approché, le salut définitif promis par Dieu est maintenant une réalité présente.

Les signes extraordinaires énumérés aux v. 19-20 font partie du langage codé des apocalypses, ils sont annonciateurs du grand *jour* où le Seigneur se révélera dans toute sa gloire pour établir son règne. Pierre les inclut dans sa citation car il assimile probablement à ces signes la descente des *langues de feu* qui a inauguré le récit. L'essentiel de la référence doit cependant être cherché plutôt dans l'insistance sur le fait que ceux qui reçoivent l'Esprit *deviennent prophètes**. Il faut toujours se souvenir que les prophètes bibliques ne sont pas essentiellement des devins qui prédisent l'avenir. Ils sont les porte-parole de Dieu pour interpréter une situation historique, pour dire le jugement ou la grâce de Dieu pour son peuple. En ce sens, la suite du discours de Pierre restera de l'ordre du message prophétique. La fin de la citation de Joël ouvre déjà sur les perspectives d'un salut sans discrimination, pour *tous ceux qui invoqueront le nom* du Seigneur* (v. 21).

Versets 22-28

Pierre appelle son auditoire à un regain d'attention. C'est qu'apparemment il saute d'un sujet à un autre : rien dans le prodige qui a rassemblé ces hommes, ni dans sa mise en relation avec la prophétie de Joël, ne les a préparés à entendre prononcer le nom de *Jésus le Nazaréen** ! (Le surnom ainsi transcrit par la version liturgique semble équivaloir à « citoyen de Nazareth », en négligeant le problème posé par la forme originale de *Nazôréen*, dont le sens n'est pas assuré. On le trouve en Mt 2, 23 et 26, 71 comme en Lc 18, 37, et 7 fois dans notre livre.) Cependant Pierre crédite ses auditeurs d'un minimum d'informations sur cette affaire encore toute récente : ils ont dû entendre parler des miracles accomplis par cet envoyé de Dieu (v. 22) et de sa condamnation à mort. Celle-ci était mystérieusement conforme au dessein de Dieu, mais cela n'enlève pas la culpabilité de ceux qui « l'ont fait clouer à la croix par la main des païens ». Durement même, Pierre s'écrie *« vous l'avez fait mourir »*, rendant ses auditeurs juifs solidaires des autorités de leur peuple (v. 23) : cette interpellation doit les rendre particulièrement attentifs à ce qui va suivre.

Or ce n'est pas une sentence de condamnation, mais l'annonce d'un événement incroyable. Dieu a retourné la situation, il a ressuscité Jésus, l'arrachant au pouvoir de la mort (v. 24). C'est l'extraordinaire nouvelle que Pierre a hâte de transmettre, et, avant d'en dire les conséquences, il tient à assurer que ce fait, lui aussi, était annoncé dans l'Écriture. Preuve en soient les paroles de David, dans le psaume 16, dont il cite largement les v. 8-11, toujours selon le texte grec (v. 25-28). La référence est audacieuse car, dans le psaume, David le croyant exprimait pour son propre compte l'espérance (rare dans l'A.T.) d'échapper à l'*hadès* (le séjour des morts) ou à la décomposition du cadavre. Mais Pierre se permet de faire une lecture au second degré en déclarant que le psaume parlait en fait de Jésus ! Il justifiera ce propos dans un instant en le rattachant aux promesses messianiques faites au roi David. Mais dès maintenant il doit être clair que la citation ne saurait constituer un argument probant. La résurrection de Jésus ne se déduit pas de la lecture du psaume, elle est le fait dont Pierre peut témoigner et qui vient donner sens et consistance à ce qui n'était même pas à l'origine une véritable prophétie concernant le Messie* futur !

Versets 29-36

Les auditeurs ont sans doute quelque mal à suivre la démonstration. Pierre s'adresse maintenant à eux sous le titre de *frères*, comme pour les préparer à comprendre qu'il ne les juge pas, mais veut partager avec eux une bonne nouvelle. Comme ils doivent être habitués aux discussions rabbiniques, il consacre encore trois versets (29-31) à justifier son interprétation. Puisque David est bien mort, il faut comprendre qu'en raison des promesses faites par Dieu à sa descendance, il a en fait *vu d'avance la résurrection du Christ*.

C'est dans notre livre la première apparition de ce titre, qui est la traduction grecque de l'hébreu Messie. Il désigne un personnage qui a été consacré, par l'onction d'huile, prophète ou prêtre, mais surtout roi. Titre devenu traditionnel pour parler du roi, fils de David, attendu pour établir le règne de Dieu sur la terre. Dans ce sens, Luc dans son évangile l'emploie 12 fois, mais, contrairement à Mt et Mc, il ne parle jamais de « Jésus Christ », jonction du nom propre et du titre messianique. Il est ainsi cohérent avec l'idée qu'il a fallu la mort et la résurrection de Jésus pour que cette désignation puisse être comprise sans équivoque. Dans les Actes, on trouve également 12 fois le titre seul, et 13 fois la tournure « Jésus Christ » (en outre 2 fois « le Christ Jésus », tournure très paulinienne. Le grec du N.T. ne met pas, comme la tradition ultérieure, un trait d'union entre le nom propre et le titre).

Au v. 32, pour frapper fort, et annoncer positivement l'Évangile, Pierre abandonne le terrain discutable de l'exégèse pour revenir au fait décisif, répétant que *ce Jésus, Dieu l'a ressuscité,* et que ses compagnons et lui en sont témoins. L'explication qu'il a entreprise arrive à son terme, lorsqu'il relie les deux moments de son discours, les deux faits majeurs que sont l'effusion de l'Esprit et la glorification du Ressuscité : l'un est la conséquence de l'autre. C'est Jésus élevé dans la gloire qui a pu accomplir la promesse et répandre l'Esprit sur ses serviteurs (v. 32-33).

Les v. 34-35, citant le Ps 110, 1 sont comme une parenthèse pour appliquer encore au fait de l'ascension de Jésus le même type d'argumentation que plus haut pour la résurrection. La référence à ce texte donne du sens à cette élévation : elle est signe du pouvoir victorieux que Dieu donne à son Christ, *siégeant à sa droite* (la même citation se trouve en Rm 8, 34; He 1, 13; 1 P 3, 22).

Le v. 36 est une péroraison ramassée, très forte dans sa concision. C'est un appel à croire*, dans le sens d'une connaissance « certaine » (litt. : *qui ne glisse pas, ferme*), adressé au peuple qui a les promesses de Dieu : la résurrection et l'ascension de Jésus, actes décisifs de Dieu renversant le jugement de ceux qui l'ont méconnu, signifient que cet homme a été élevé à la dignité souveraine du Messie annoncé par les prophètes. Les deux titres attribués à Jésus rappellent la proclamation de l'ange aux bergers, en Lc 2, 11. Il faut noter que dans cette toute première proclamation apostolique, la mort de Jésus sur la croix n'est pas encore interprétée comme acte de salut, elle est vue comme l'acte de rejet dû à l'incrédulité du peuple, victorieusement annulé par l'intervention de Dieu. Cela correspond certainement à la réalité vécue : c'est la résurrection de Jésus qui est la source première de la foi de la jeune Église (*cf.* Rm 1, 4). Il lui faudra du temps pour tenter de dire positivement le sens du mystère de la croix.

Les conséquences du discours de Pierre (v. 37-41)

Ce n'est certainement pas l'argumentation de type rabbinique et contestable d'une bonne partie de ce discours qui aurait pu convaincre les auditeurs ! C'est l'Esprit saint qui a donné force au témoignage essentiel rendu par Pierre au Ressuscité, et qui, même si Luc ne le dit pas explicitement ici, a agi dans le cœur de ceux qui l'entendaient pour les *remuer jusqu'au fond d'eux-mêmes* (litt. : *ils*

eurent le cœur transpercé; le «cœur» est dans le langage biblique le lieu de la décision la plus personnelle, et pas seulement le siège des sentiments). Ils ont la conviction que ce message bouleversant appelle une réponse en actes, dans l'immédiat, et ils s'adressent à Pierre comme naguère la foule à Jean Baptiste (*cf.* Lc 3, 10) : *Que devons-nous faire?* (v. 37). La réponse de Pierre évoque elle aussi le message qui inaugurait les temps évangéliques : appel à la conversion et au baptême pour le pardon des péchés* (Lc 3, 3). Ce qu'il y a de nouveau, c'est que les auditeurs de la Pentecôte sont invités à se faire baptiser *au nom de Jésus Christ*. C'est donc la première fois, chez Luc, qu'apparaît cette tournure qui est l'expression la plus condensée de la foi proprement «chrétienne», en conséquence de la proclamation faite en 2, 36.

Le vocabulaire de la conversion (14 fois chez Lc, 11 fois dans les Actes) et celui du *pardon des péchés* (18 et 6 fois) est très typique de l'œuvre lucanienne dans son ensemble. Il est bon de rappeler que «se convertir», dans ces textes, c'est littéralement «changer de mentalité». L'image de la conversion comme «retournement» se trouve exprimée dans 8 autres passages, le sens profond étant le même.

On peut s'interroger sur la pratique du baptême d'eau inauguré ici par Pierre comme acte d'adhésion à la foi* chrétienne. L'annonce faite par Jean Baptiste, reprise par Jésus en Ac 1, 5, pouvait laisser entendre que ce signe symbolique disparaîtrait, lorsque le *baptême dans l'Esprit saint* serait venu en donner la réalité. La pratique de l'Église a gardé le signe, sans doute parce qu'il est l'occasion d'un engagement visible bien concret, symbole de rupture avec le passé et de vie nouvelle dans l'Esprit. Luc l'attribue sans problème à l'initiative de Pierre dès le jour de naissance de l'Église, initiative qu'il considère certainement comme inspirée par l'Esprit.

Pierre promet le *don du Saint-Esprit* comme consécutif à l'engagement du baptême. Ce qui semble ici posé comme ordre normatif sera présenté différemment dans d'autres épisodes du livre (voir encadré p. 98). Le v. 39 est à considérer attentivement, dans sa formulation littérale. La version liturgique risque d'en fausser le sens en semblant y voir une allusion à la promesse que Dieu a faite *autrefois* à Israël. Le texte est au présent : *Pour vous est la promesse*, c'est la promesse que Pierre leur fait entendre aujourd'hui pour qu'ils se l'approprient. Elle est durable, valable pour les générations futures des «enfants d'Israël», puisqu'on est encore en contexte purement juif. Mais elle s'étend aussi *à ceux qui sont au loin*, expression volontairement ambiguë : dans l'esprit des auditeurs, et sans doute dans celui de Pierre à ce stade, cela peut s'entendre des juifs de la diaspora. Sous la plume de Luc, c'est un clin d'œil à Théophile : il évoque par anticipation l'extension de la promesse aux nations païennes (*cf.* Jos 9, 6-9 ou Is 57, 19 et 60, 4 où une expression semblable concerne ces dernières). Cette note essentielle étant communiquée au lecteur, Luc peut abréger la relation de cette seconde prise de parole de l'apôtre visant à amener les auditeurs à la décision, qui est à la fois *témoignage* (selon le grec) et *exhortation*. Sa conclusion incisive en style direct est un peu paraphrasée par la version liturgique, et mieux rendue par la TOB : *Sauvez-vous de cette génération dévoyée* (litt. : *tordue*! *cf.* Dt 32, 5). Dans le contexte, il s'agit à l'évidence de l'actuelle génération du peuple juif, qui s'est égarée en ne reconnaissant pas en Jésus le Messie. Pierre ne songe pas à les appeler à «sortir d'un monde pervers»!

Le v. 41 conclut avec une concision remarquable, qui fait contraste avec le long discours de Pierre, le récit de cette journée de la première Pentecôte chrétienne. Sans emphase, c'est par un simple constat numérique que Luc nous fait juge de l'efficacité de la parole annoncée et reçue : environ trois mille nouveaux baptisés, s'ajoutant aux cent vingt du chapitre précédent, forment avec eux désormais la communauté chrétienne de Jérusalem, un groupe de juifs qui ont reconnu le Messie en Jésus de Nazareth crucifié et ressuscité.

LES DISCOURS DANS LE LIVRE DES ACTES

De nombreux discours occupent à eux seuls à peu près le tiers du livre. Il y a cinq discours missionnaires adressés aux juifs, quatre par Pierre (2, 14-39; 3, 13-26; 4, 10-12; 5, 30-32) et un par Paul (13, 17-41), plus le discours de Pierre au «craignant Dieu*» Corneille (10, 36-43). Deux discours de Paul à des païens frustes (14, 15-17), puis cultivés (17, 16-34), et son discours d'adieu aux anciens d'Éphèse (20, 17-38). Encore, de Paul : trois apologies, devant la foule (22, 1-21), le gouverneur Félix (24, 10-21) et le roi Agrippa (26, 2-23), son exhortation dans la tempête (27, 21-26) et son entretien final avec les juifs de Rome (28, 17-20). Il y a la longue défense d'Étienne (7, 2-53), ou l'intervention de Gamaliel devant le Sanhédrin (5, 35-39), les prises de parole de Pierre et de Jacques à la conférence de Jérusalem (15, 7-11.13-21).

Mais Luc sait aussi faire parler d'autres intervenants, ni juifs ni chrétiens : c'est le discours syndical de Démétrius (19, 25-27) et l'allocution politique du secrétaire de la ville d'Éphèse (19, 35-40), le réquisitoire de l'avocat Tertullus (24,2-8) ou le rapport de Festus au roi Agrippa (25, 14-21). On admirera au long de la lecture la manière dont Luc a su diversifier son style pour l'adapter à des orateurs de fonction et de culture différentes, et aux circonstances particulières de chaque prise de parole.

On peut s'interroger sur la valeur historique de ces discours. Il est clair que dans leur forme condensée et reconstruite, ils sont une composition de Luc. Il use ainsi d'un procédé courant chez les historiens de l'Antiquité : par ce biais, l'auteur communique à ses lecteurs ce qui est en fait son interprétation de la situation ou des événements relatés. Il ne faudrait pas en conclure qu'on est en présence d'une pure invention littéraire ou théologique de l'auteur des Actes. Il a déclaré avoir honnêtement enquêté avant d'écrire (Lc 1, 1-4). On peut estimer en particulier que la substance des «discours missionnaires» de Pierre ou de Paul, qui ont pratiquement la même structure et le même contenu, reflète assez fidèlement ce que fut le message apostolique originel. De même, les discours mis dans la bouche des intervenants païens ont un contenu très vraisemblable, car Luc avait une bonne connaissance de ces milieux du monde gréco-romain.

Deuxième partie

LA COMMUNAUTÉ DE JÉRUSALEM

La communauté de Jérusalem (2, 42–8, 1)

1. La première Église : la vie communautaire (2, 42-47)

42 Ils étaient fidèles à écouter l'enseignement des apôtres et à vivre en communion fraternelle, à rompre le pain et à participer aux prières.
43 La crainte de Dieu était dans tous les cœurs ; beaucoup de prodiges et de signes s'accomplissaient par les apôtres.
44 Tous ceux qui étaient devenus croyants vivaient ensemble, et ils mettaient tout en commun ;
45 ils vendaient leurs propriétés et leurs biens, pour en partager le prix entre tous selon les besoins de chacun.
46 Chaque jour, d'un seul cœur, ils allaient fidèlement au Temple, ils rompaient le pain dans leurs maisons, ils prenaient leurs repas avec allégresse et simplicité.
47 Ils louaient Dieu et trouvaient un bon accueil auprès de tout le peuple. Tous les jours, le Seigneur faisait entrer dans la communauté ceux qui étaient appelés au salut.

Nous lisons ici un premier sommaire descriptif de la vie de la première Église. Il révèle les points sur lesquels Luc entend insister pour l'instruction de ses lecteurs, au risque de brosser un tableau un peu idéalisé ! Le v. 42 rassemble les caractéristiques fondamentales de cette communauté, qui restent valables pour toute communauté chrétienne, à toute époque. On les a appelées parfois les « notes » de la réalité ecclésiale. Elles sont au nombre de quatre, commandées par le verbe qui a déjà été utilisé en 1, 14 pour exprimer la notion d'attachement persévérant.

Verset 42

L'enseignement des apôtres. Il faut entendre sous cette expression une réalité différente de la proclamation initiale de la Bonne Nouvelle (le «kérygme»), qui a amené les auditeurs à la foi et au baptême, un appel qui ne saurait être constamment répété. Il s'agit d'une instruction en profondeur («didachè») des nouveaux chrétiens, à qui les apôtres doivent faire découvrir plus précisément qui a été Jésus et ce que représente le salut qu'il est venu accomplir. C'est très exactement le sens de la catéchèse supérieure que Luc a rédigée pour Théophile dans son premier ouvrage. Mais au début de l'Église, il s'agissait d'un enseignement oral apporté par les apôtres, qualifiés pour cela puisqu'ils avaient suivi Jésus dans son ministère et entendu son propre enseignement. Cela exigeait d'eux un travail de remémoration, conduit par l'Esprit saint (*cf.* Jn 14, 27 ; 15, 26) à quoi a dû s'ajouter très tôt, nous en avons eu l'exemple dans le discours de Pierre, une réflexion théologique pour comprendre et expliquer comment l'œuvre de Jésus accomplissait les Écritures.

La communion fraternelle. «Vivre en communion fraternelle» est une périphrase pour exprimer ce que Luc dit d'un seul mot : la *communion*. Elle est sans doute nécessaire, car ce mot, dans le N.T., a plusieurs acceptions. Selon le contexte, il peut désigner une solidarité sur le plan matériel (la collecte évoquée par Paul en Rm 15, 26), la communion spirituelle du croyant avec Dieu ou la communion des fidèles entre eux. Ici Luc entend probablement évoquer le vécu communautaire de l'Église naissante en toutes ses dimensions (c'est d'ailleurs le seul emploi du terme dans les Actes). Le partage des biens qui en est une expression sera mentionné plus loin avec une grande insistance.

La fraction du pain. C'est le terme technique employé à diverses reprises dans les Actes pour mentionner le signe caractéristique du rassemblement cultuel des chrétiens, qui renouvelle les gestes de Jésus «rompant le pain» lors de la dernière Cène (Lc 22, 19). Plus largement, il évoque aussi la pratique de Jésus, son habitude de partager les repas avec les pécheurs par laquelle il fit scandale, ainsi que les repas pris avec le Ressuscité (*cf.* Lc 24, 35 ; Ac 1, 4 et 10, 41). Selon Ac 20, 7, on peut penser que l'eucharistie était en tous cas célébrée à chaque réunion cultuelle du «premier jour de la semaine». La pratique de la Cène, comme celle du baptême, est connue du lecteur chrétien. Sa catéchèse initiale lui en a expliqué le sens. C'est pourquoi Luc ne juge pas nécessaire d'en dire plus.

Les prières. Le pluriel laisse entendre que les premiers chrétiens pratiquaient diverses formes de prière, selon les temps et les lieux. On les voit plus loin participer encore aux temps liturgiques du Temple (2, 46 ; 3, 1 ; 5, 12) ou prier à l'occasion de leurs repas en commun (2, 47). La tonalité de la louange semble prédominer, mais la communauté demande aussi au Seigneur son assistance pour un témoignage fidèle (4, 29 s).

Versets 43-47

Ces versets complètent le sommaire, d'une manière un peu plus narrative, mais en brossant toujours à grands traits un tableau général de cette vie communautaire des premiers chrétiens à Jérusalem, certains de ces traits devant être illustrés plus loin par des récits particuliers. La *crainte de Dieu*, au sens que cette notion a souvent dans l'A.T., n'est pas la peur, mais le sentiment d'humble respect et d'obéissance qu'inspire aux hommes la manifestation du Dieu saint, celle du jour de la Pentecôte sans doute, mais aussi celle dont témoignent *les prodiges et les signes** accomplis par les apôtres (v. 43). Une telle mention reviendra plus d'une fois dans le livre (5, 12 ; 6, 8 ; 7, 36 ; 14, 3) : elle signifie que les apôtres témoignent en paroles et en actes, comme leur Maître (*cf.* le rappel de Pierre en 2, 22), ces actes de puissance accréditant l'autorité de leur parole.

La *mise en commun des biens* (v. 44-45) est un élément que Luc tient fortement à souligner. C'est lui qui, dans son évangile, a le plus insisté sur l'enseignement de Jésus vis-à-vis de l'argent : les dangers de la richesse, la pauvreté volontaire et confiante attendue des disciples, le partage des biens ou les dons aux pauvres comme signes nécessaires d'une authentique conversion (*cf.* Lc 3, 11 ; 12, 16-34 ; 14, 12-14 ; 16, 1-13 ; 19, 1-10). Pour lui, la « communion fraternelle » ne peut rester un partage purement spirituel, elle a aussi une dimension économique. Il est difficile de retrouver l'exacte réalité historique vécue par cette communauté primitive, qui sous la forme dépeinte ici ne pouvait constituer une solution durable, s'ils « mangeaient leur capital », sans créer de nouvelles ressources !

La comparaison avec la séquence 4, 32–5, 11 montrera que dans ce premier sommaire, Luc a sans doute opéré une généralisation idéale, dans le but de faire comprendre à ses lecteurs que l'Esprit de Dieu libère les croyants de l'instinct de propriété et que cette dimension du partage est essentielle à la vie de toute communauté chrétienne. On notera que ce « communisme » utopique n'est pas égalitariste, puisqu'il s'agit de partager *selon les besoins de chacun*. L'idée d'une mise en commun des biens n'est d'ailleurs pas une nouveauté absolue pour l'époque : les juifs esséniens de Qumrân avaient créé une véritable communauté monastique, abolissant toute propriété privée. Bien avant eux, Pythagore et Platon avaient prôné la mise en commun des biens « entre amis ». La différence notable est qu'il ne s'agit plus ici d'une élite religieuse ou philosophique, mais d'une assemblée populaire.

Les v. 46-47 n'ont guère besoin de commentaire. Le lecteur, qui connaît la situation ultérieure de rupture avec le judaïsme, est dûment informé qu'au départ les premiers chrétiens sont restés des juifs fidèles. Leur foi nouvelle en Jésus Messie devait leur sembler l'accomplissement de leur foi juive. Jusqu'en 5, 42 le récit des Actes manifestera leur attachement au Temple, 12 fois nommément désigné dans son texte. Pour le reste, ces deux versets rassemblent les notes bien lucaniennes de l'unanimité, de la joie et de la louange, et aussi de la bienveillance du peuple. Dans l'évangile, Luc a pris bien soin de dissocier la population de Jérusalem de ses autorités religieuses, seules responsables de la condamnation de Jésus. Le peuple lui est resté favorable (*cf.* Lc 19, 47 s). Pour le narrateur, la vie un peu idyllique des premiers chrétiens est une réalité attractive. Mais il a soin de préciser dans la dernière proposition du sommaire que cette force d'attraction est due surtout à l'action du Seigneur lui-même, *qui ajoutait chaque jour les sauvés à leur être ensemble* (traduction littérale qui n'est pas lisible dans une assemblée !).

2. Premier miracle et premier procès (3, 1–4, 31)

Sous ce titre la Bible de la liturgie donne d'un seul tenant un long récit dont les deux volets ont une unité certaine, mais qui concernent deux journées successives. Un bref « sommaire de croissance » marque la pause à la fin de la première journée. Pour une lecture plus aisée du texte et du commentaire, nous subdivisons donc cet ensemble en deux sections.

A. GUÉRISON D'UN INFIRME
ET DISCOURS DE PIERRE AU PEUPLE (3, 1-4, 4)

1 À l'heure de la prière de l'après-midi, Pierre et Jean montaient au Temple.
2 On y amenait justement un homme qui était infirme depuis sa naissance ; on l'installait chaque jour au Temple, à la « Belle-Porte » pour demander l'aumône à ceux qui entraient.
3 Voyant Pierre et Jean qui allaient pénétrer dans le Temple, il leur demanda l'aumône.
4 Alors Pierre fixa les yeux sur lui, ainsi que Jean, et il lui dit : « Regarde-nous bien ! »
5 L'homme les observait, s'attendant à recevoir quelque chose.
6 Pierre lui dit : « Je n'ai pas d'or ni d'argent ; mais ce que j'ai, je te le donne : au nom de Jésus Christ le Nazaréen, lève-toi et marche. »
7 Le prenant par la main droite, il le releva, et, à l'instant même, ses pieds et ses chevilles devinrent solides.
8 D'un bond, il fut debout, et il marchait. Il entra avec eux dans le Temple : il marchait, bondissait, et louait Dieu.
9 Et tout le peuple le vit marcher et louer Dieu.
10 On le reconnaissait : c'est bien lui qui se tenait, pour mendier, à la « Belle-Porte » du Temple. Et les gens étaient complètement stupéfaits et désorientés de ce qui lui était arrivé.
11 L'homme ne lâchait plus Pierre et Jean. Tout le peuple accourut vers eux à l'endroit appelé colonnade de Salomon. Les gens étaient stupéfaits ;
12 voyant cela, Pierre s'adressa au peuple : « Hommes d'Israël, pourquoi vous étonner ? Pourquoi fixer les yeux sur nous, comme si nous avions fait marcher cet homme par notre puissance ou notre sainteté personnelles ?
13 Le Dieu d'Abraham, d'Isaac et de Jacob, le Dieu de nos pères, a donné sa gloire à son serviteur Jésus, alors que vous, vous l'aviez livré ; devant Pilate, qui était d'avis de le relâcher, vous l'aviez rejeté.
14 Lui, le saint et le juste, vous l'avez rejeté, et vous avez demandé qu'on vous accorde la grâce d'un meurtrier.
15 Lui, le Chef des vivants, vous l'avez tué ; mais Dieu l'a ressuscité d'entre les morts, nous en sommes témoins.
16 Tout repose sur la foi au nom de Jésus : c'est ce nom qui a donné force à cet homme, que vous voyez et que vous connais-

sez ; oui, la foi qui vient de Jésus a rendu à cet homme une parfaite santé en votre présence à tous.

17 D'ailleurs, frères, je sais bien que vous avez agi dans l'ignorance, vous et vos chefs.

18 Mais Dieu qui, par la bouche de tous les prophètes, avait annoncé que son Messie souffrirait, accomplissait ainsi sa parole.

19 Convertissez-vous donc et revenez à Dieu pour que vos péchés soient effacés.

20 Ainsi viendra, de la part du Seigneur, le temps du repos : il enverra Jésus, le Messie choisi d'avance pour vous,

21 et il faut que Jésus demeure au ciel jusqu'à l'époque où tout sera rétabli, comme Dieu l'avait annoncé autrefois par la voix de ses saints prophètes.

22 Moïse a déclaré :
Le Seigneur votre Dieu fera se lever pour vous
au milieu de vos frères,
un prophète comme moi :
vous écouterez tout ce qu'il vous dira
23 ***Si quelqu'un n'écoute pas les paroles de ce prophète,***
il sera éliminé du peuple.

24 Ensuite, tous les prophètes qui ont parlé depuis Samuel et ses successeurs ont annoncé eux aussi les jours où nous sommes.

25 C'est vous qui êtes les fils des prophètes, les héritiers de l'Alliance que Dieu a conclue avec vos pères, quand il disait à Abraham :
En ta descendance
seront bénies toutes les familles de la terre.

26 C'est pour vous d'abord que Dieu a fait se lever son Serviteur, et il l'a envoyé vous bénir, en détournant chacun de vous de ses actions mauvaises. »

1 Comme Pierre et Jean parlaient encore au peuple, les prêtres intervinrent, avec le commandant de la garde du Temple et les sadducéens.

2 Ils ne pouvaient souffrir de les voir enseigner leur doctrine au peuple, et annoncer, dans la personne de Jésus, la résurrection.

3 Ils les firent arrêter et mettre au cachot jusqu'au lendemain, car il était déjà tard.

4 Or, beaucoup de ceux qui avaient entendu la Parole devinrent croyants ; à ne compter que les hommes, il y en avait environ cinq mille.

La guérison de l'infirme (3, 1-11)

Voici donc un récit détaillé pour illustrer la pratique puissante des premiers apôtres, globalement indiquée en 2, 43. Dans les versets 1 à 11, on reconnaîtra bien des parallèles avec les récits de miracle des évangiles, et notamment de Luc. Ce n'est certes pas un hasard : Luc veut montrer que, revêtus de la puissance de l'Esprit saint, les apôtres poursuivent la pratique libératrice de Jésus, les guérisons étant des signes concrets du salut qu'ils annoncent. Mais comme pour leur Maître, cette pratique va à la fois susciter l'émerveillement du peuple et la suspicion des autorités religieuses.

L'indication du v. 1 confirme qu'il n'y a pas encore eu rupture entre la jeune communauté et les habitudes religieuses de ses membres, tous d'origine juive. Comme on l'a déjà signalé, Pierre et Jean forment, au début des Actes, un «couple» représentatif du groupe apostolique qu'on verra souvent agir ensemble, Pierre restant toujours le porte-parole attitré. Au v. 2, comme dans le précédent d'ailleurs, l'emploi de l'imparfait marque un comportement habituel. L'infirme qui mendie à la porte du Temple, porté comme un objet, fait en quelque sorte partie du décor. Il donne aux juifs pieux qui montent au Temple l'occasion de pratiquer l'aumône, l'une des trois «bonnes œuvres» demandées aux fidèles, avec la prière et le jeûne (*cf.* Mt 6, 1-18). L'expression *la Belle-Porte* désigne probablement la porte orientale située face au portique de Salomon dont parle le v. 11. Elle séparait la cour des païens de la cour des femmes. Par elle on entrait donc dans le Temple proprement dit, interdit aux non-juifs mais aussi à diverses catégories d'exclus comme les boiteux et les aveugles (*cf.* Mt 21, 14 où leur entrée dans le Temple à la suite de Jésus fait scandale !). Notre infirme est tenu par la Loi de rester «à la porte».

Les verbes du registre de la vue jouent un grand rôle dans ce récit. Au v. 3, le premier regard, banal, que porte le mendiant sur les deux apôtres est exprimé par le verbe le plus courant. Pour lui, Pierre et Jean ne sont que deux fidèles comme les autres, qu'il sollicite machinalement. Mais les v. 4-5 présentent un étonnant jeu de regards. Pierre *fixe les yeux* sur l'infirme, c'est un verbe fort que Luc emploie souvent pour indiquer un regard chargé de sens (*cf.* Lc 22, 56; Ac 1, 10; etc.) et il lui donne un ordre insolite : *Regarde-nous* (troisième verbe). L'apôtre vise par là à établir une relation personnelle, ce que ne font généralement pas les fidèles pressés donnant machinalement leur aumône. Surpris, l'homme les *observait* (un quatrième verbe !), imaginant sans doute que ce préambule annonce une aumône exceptionnelle. La réplique de Pierre, en son début, doit fortement le décevoir, puisqu'il lui déclare n'avoir *ni argent ni or* (c'est l'ordre du texte original). Cela est plausible en fonction de la pratique de mise en commun des biens évoquée plus haut. Mais Pierre est porteur d'une autre richesse, et propose à l'infirme un don d'une tout autre nature, qu'il ne pouvait soupçonner. *Ce qu'il a*, c'est la foi au nom de Jésus, la certitude que le Seigneur ressuscité peut aujourd'hui encore guérir ceux qui reçoivent sa parole, redresser les tordus, relever ceux qui sont couchés dans une impuissance qui annonce la mort. Cette foi, il entend la partager avec le malade : *«Lève-toi et marche»*, lui enjoint-il avec autorité. La version liturgique, avec raison, suit les manuscrits qui ont ces deux verbes au lieu du seul *marche*, car cela accentue le parallélisme certainement recherché par Luc avec le récit de la guérison d'un paralytique en Lc 5, 17-26.

Le rapprochement est confirmé aux v. 7-11, dans la description du miracle et de ses effets sur la foule : Pierre le fait *lever*, un verbe qui sert à dire la résurrection, l'effet a lieu *à l'instant même*, l'homme guéri *loue Dieu* (*cf.* Lc 5, 25), tous les assistants sont littéralement *hors d'eux-mêmes* et *remplis de crainte* à la vue de ce qui s'est passé (*cf.* Lc 5, 26).

Cependant le récit des Actes comporte des traits originaux, liés au contexte particulier de l'événement. Les détails des v. 7-8 montrent que l'ancien mendiant est totalement transformé. Ses membres retrouvent leur vigueur et leur fonction, il ne sera plus un objet passif dépendant entièrement des autres, mais devient (puisqu'il était infirme *depuis sa naissance*) un sujet capable d'autonomie et d'initiative. Du coup, il ne restera plus *à la porte* du Temple comme un exclu : il y entre avec ses guérisseurs pour exprimer à Dieu sa reconnaissance et *tout le peuple* (expression typiquement lucanienne) se rassemble autour d'eux. La situation est semblable à celle du jour de la Pentecôte. Comme alors, Pierre saisit l'occasion de proclamer au peuple la Bonne Nouvelle.

Le corps du discours reprendra les mêmes thèmes essentiels, mais l'exorde est naturellement commandé par le contexte. Cependant, comme alors, il s'agit d'écarter d'abord une fausse interprétation de l'événement. *Remplis de l'Esprit**, les apôtres n'étaient pas ivres. Instruments d'une guérison, il ne faut pourtant pas les prendre pour des «guérisseurs» détenteurs d'un pouvoir miraculeux, ou d'une *piété* (traduction plus exacte que *sainteté)* efficace par elle-même. Alors que Pierre avait dit à l'infirme : *Regarde-nous*, il entend maintenant détourner de leurs personnes le regard étonné de la foule, pour lui présenter celui au nom de qui ils ont agi.

Le discours de Pierre (v. 12-26)

Versets 12-16

Nous retrouvons dans les v. 13-15 le noyau central de la prédication apostolique aux juifs de Jérusalem, substantiellement identique au cœur du premier discours de Pierre en 2, 22-32 : Dieu a glorifié son Serviteur Jésus, qu'ils avaient rejeté et fait mourir; il l'a ressuscité d'entre les morts. Luc abrège cette évocation de l'événement majeur du salut, en ne mettant pas dans la bouche de Pierre de nouvelles citations de l'Écriture, mais l'équivalent en est donné par la manière de mettre en avant *le Dieu d'Abraham, d'Isaac et de Jacob*. C'est *le Dieu de nos pères* qui fut à l'œuvre dans ces événements : il y a continuité entre les promesses de Dieu à Israël et la glorification de Jésus. Le titre de *Serviteur* donné à Jésus évoque la figure du mystérieux «Serviteur du Seigneur» dans les poèmes du deuxième Isaïe (c'est le même terme grec). Luc doit savoir que ce titre correspond à une forme primitive de la christologie de l'Église, dont la trace se retrouve dans la liturgie archaïque de la *Didachè* (ou *Doctrine des douze apôtres*, ouvrage à peu près contemporain de l'écriture de Luc). Il l'utilisera encore au v. 26 et en 4, 27.30.

Il faut encore remarquer l'art littéraire du narrateur : ayant à répéter un certain nombre de fois le même message fondamental, il s'efforce d'apporter chaque fois quelques variations dans cette évocation de la mort et de la résurrection du Christ. Ici, par exemple, des détails sont donnés sur le procès de Jésus, en mentionnant la volonté de Pilate de le relâcher, ou en évoquant la demande de libération de Barabbas pour souligner l'aberration d'avoir préféré un *meurtrier* au *saint* et au *juste*! De nouveau, et même plus lourdement que dans son premier discours, Pierre ne craint pas de souligner ici une sorte de culpabilité collective des juifs de Jérusalem dans le drame de la Passion, ce qu'avait écarté Luc dans son récit de l'évangile. La désignation de Jésus comme le *Chef des vivants* surprend, par rapport à la traditionnelle traduction *le Prince de la vie*, qu'elle renouvelle heureusement (*cf.* 5, 31).

De même, au v. 16, la version liturgique rend plus compréhensible un texte assez elliptique, moyennant une légère paraphrase. Tout comme l'effusion de l'Esprit en 2, 33, la guérison que le peuple vient de constater est à mettre en relation directe avec la glorification de Jésus. C'est son nom que Pierre avait invoqué pour relever le paralytique, c'est-à-dire sa personne vivante, sa présence agissante quoique invisible. Le livre des Actes révèle toute une théologie du Nom, qui doit, elle aussi, être archaïque, en mentionnant 32 fois le *nom de Jésus*, le *nom du Seigneur* ou tout simplement le *Nom*, ce nom que l'on invoque pour baptiser (2, 38 ; 8, 16 ; 10, 48 ; 19, 5 ; 22, 16), pour prêcher et enseigner (4, 18 ; 5, 28.40 ; 8, 12 ; 9, 27 s), pour guérir (ici et 4, 30 ; 16, 18) et pour lequel on souffre (5,41 ; 9,16 ; 21,13) etc. Pierre ici prend soin de prévenir l'erreur qui ferait de ce Nom l'équivalent d'une formule magique, car il mentionne deux fois dans ce verset le rôle déterminant de la foi (c'est la première apparition de ce substantif dans le livre, où on le trouve 14 fois ; le verbe « croire » revient 36 fois). La *foi au nom de Jésus* ou *la foi qui vient de lui* suppose un minimum de connaissance de sa personne et de son œuvre, et surtout la confiance en son pouvoir actuel de donner la vie à ceux qui l'invoquent comme Seigneur.

Versets 17-26

Comme en 2, 29, Pierre interpelle ses auditeurs en s'adressant à eux comme à ses *frères* (v. 17). Il ne peut se borner à leur indiquer la source du pouvoir merveilleux qu'ils ont vu à l'œuvre, il faut en profiter pour les appeler à bénéficier eux-mêmes d'un mystère de salut qui les concerne tous. Un mystère, en effet, dans la mesure où leur rejet du Messie, attribué à l'ignorance plus qu'à une perversité foncière, se trouve avoir accompli, à leur insu, un destin annoncé par les prophètes. Pierre ne se risque pas à préciser quels textes évoquaient les souffrances du Messie ; il faudra attendre Philippe pour citer en ce sens la prophétie d'Is 53. Parler de *tous les prophètes* est bien emphatique, mais rappelle Lc 24, 27. Le v. 19 est un appel très insistant à la conversion, avec les deux verbes qui en expriment l'idée, *pour que leurs péchés soient effacés* : écho de 2, 38, mais sans la mention du baptême.

Le discours pourrait s'achever là. Curieusement il rebondit, pour un complément d'information sur ce mystère du salut, dont on ne discerne pas très bien l'enchaînement logique. Les v. 20-21 traitent en effet d'un élément absent dans le premier discours, tout centré sur « l'eschatologie réalisée », puisque l'effusion de l'Esprit était présentée comme un signe des *derniers jours* (2, 17). Pierre parle maintenant d'eschatologie future, en des termes assez originaux, évoquant la venue du *temps du repos* (litt. *des temps de rafraîchissement*) lié à l'envoi de Jésus le Messie qui jusque-là doit *demeurer au ciel* (*cf.* 1, 11). Ce seront alors *les temps du rétablissement de toutes choses* annoncés par les prophètes, expression qui ne peut se confondre avec l'idée du *rétablissement du Royaume d'Israël* envisagée par les apôtres en 1, 6. Conduit par l'Esprit, Pierre a dépassé cette vision étroite et veut parler d'une « restauration universelle » concernant toutes les nations, peut-être même dans une perspective cosmique que l'on trouve effectivement dans certaines prophéties bibliques, et que Paul a exposée en Rm 8, 18-22.

Sans transition, Pierre revient à une référence messianique, classique dans l'Église primitive, en citant les paroles de Moïse en Dt 18, 15. Une des figures de l'attente juive à l'époque était bien celle de ce *prophète* qui serait un « nouveau Moïse » que le peuple doit absolument écouter (v. 22-23, *cf.* 7, 37 ; Jn 1, 21 ; 6, 14 ; Lc 9, 30.35).

Suit une affirmation très généralisante, qui fait de Samuel le premier prophète (après Moïse bien sûr) et attribue à l'ensemble du mouvement prophétique l'annonce des jours exceptionnels que vit présentement le peuple de Dieu (v. 24). Cela prépare l'exhortation finale, où Pierre s'adresse à ses auditeurs comme les *héritiers de l'Alliance que Dieu a conclue avec vos pères.* Remontant au-delà de Moïse jusqu'au « père des croyants », Pierre dans une belle inclusion revient à Abraham dont le nom ouvrait son discours (v. 13), pour rappeler la promesse que Dieu lui fit « qu'en sa descendance seraient bénies toutes les familles de la terre » (Gn 22, 18). En mettant dans la bouche de l'apôtre cette citation, Luc, plus ouvertement qu'en 2, 39, suggère à son lecteur l'élargissement de l'annonce de l'Évangile aux nations païennes. Pierre lui-même ne voit sans doute pas si loin ; pour l'heure, il pose seulement un principe théologique que le récit des Actes respectera jusqu'à ses dernières lignes : c'est aux descendants d'Abraham que le salut est annoncé en priorité, parce qu'ils sont les héritiers directs de la promesse. C'est pour eux que Dieu a *fait se lever* (le grec permet de comprendre : *a ressuscité*) son Serviteur.

La dernière phrase du discours suggère que la conversion, tout en étant la réponse à l'appel de l'Évangile, est un fruit de la bénédiction de Dieu. Luc le dira explicitement en employant à deux reprises la belle formule : « Dieu a donné la conversion » (5, 31 ; 11, 18).

L'arrestation de Pierre et Jean (4, 1-4)

Selon un procédé littéraire qu'on retrouvera, le discours de Pierre, ou celui de Jean qui aura pris le relais (le texte dit seulement « comme ils parlaient encore »), se trouve interrompu : c'est sans dommage pour le lecteur, car le narrateur a fait passer le message qu'il voulait. Surviennent donc les autorités du Temple, qui ont dû être alertées par un attroupement exceptionnel. Certains ont entendu quelque chose du message de Pierre, qu'ils *ne peuvent souffrir* : Luc mentionne le motif qui doit exaspérer particulièrement les sadducéens (membres du parti qui était celui des notables et des grandes familles sacerdotales) : c'est d'entendre parler de résurrection, à propos de Jésus. On sait qu'ils rejetaient la croyance des pharisiens à la résurrection des morts, au dernier jour (*cf.* Lc 20, 27 ss). Mais plus globalement les maîtres du Temple ne peuvent admettre que ces inconnus sans diplôme théologique se soient mis avec tant d'audace à enseigner le peuple. Sans la moindre forme de procès, ils font donc arrêter et mettre au cachot les deux apôtres. Il était tard, on instruirait l'affaire le lendemain (v. 1-3).

Face à cette première marque d'hostilité, Luc doit avoir un petit sourire de triomphe en notant à nouveau l'étonnante efficacité d'une parole que la persécution ne pourra pas arrêter. Le deuxième coup de filet de Pierre (*cf.* Lc 5, 10) est encore plus fructueux que le premier : environ cinq mille hommes croient à la parole qu'ils ont entendue (v. 4). On pense aux cinq mille hommes rassemblés lors de la multiplication des pains (Lc 9, 14). En soulignant un peu lourdement « à ne compter que les hommes » (*cf.* Mt 14, 21), Luc suggère qu'il y avait aussi des femmes parmi les convertis de ce jour-là. Il aurait pu le dire plus élégamment, car une des nouveautés frappantes de la jeune Église, c'est bien qu'à l'encontre de la circoncision, le signe de l'entrée dans le nouveau peuple de Dieu, le baptême, est donné aux femmes comme aux hommes.

B. PIERRE ET JEAN DEVANT LE SANHÉDRIN. LA PRIÈRE DE L'ÉGLISE (4, 5-31)

5 Le lendemain il y eut une réunion des chefs du peuple, des anciens et des scribes à Jérusalem.
6 Il y avait là Anne le grand prêtre, Caïphe, Jean, Alexandre, et tous ceux qui appartenaient aux familles de grands prêtres.
7 Ils firent comparaître Pierre et Jean et se mirent à les interroger : « Par quelle puissance, par le nom de qui, avez-vous fait cette guérison ? »
8 Alors Pierre, rempli de l'Esprit saint, leur déclara : « Chefs du peuple et anciens,
9 nous sommes interrogés aujourd'hui pour avoir fait du bien à un infirme, et l'on nous demande comment cet homme a été sauvé.
10 Sachez-le donc, vous tous, ainsi que tout le peuple d'Israël : c'est grâce au nom de Jésus le Nazaréen, crucifié par vous, ressuscité par Dieu, c'est grâce à lui que cet homme se trouve là devant vous, guéri.
11 Ce Jésus, il est *la pierre que vous aviez rejetée, vous les bâtisseurs, et il est devenu la pierre d'angle.*
12 En dehors de lui, il n'y a pas de salut. Et son nom, donné aux hommes, est le seul qui puisse nous sauver. »
13 Ils étaient surpris en voyant l'assurance de Pierre et de Jean, et en constatant que c'étaient des hommes quelconques et sans instruction. Ils reconnaissaient en eux des compagnons de Jésus,
14 ils regardaient debout près d'eux l'homme qui avait été guéri, et ils ne trouvaient rien à dire contre eux.
15 Après leur avoir ordonné de quitter la salle du conseil, ils se mirent à délibérer :
16 « Qu'allons-nous faire de ces gens-là ? Certes, un miracle notoire a été opéré par eux, c'est évident pour tous les habitants de Jérusalem, et nous ne pouvons pas le nier.
17 Mais il faut en limiter les conséquences dans le peuple ; nous allons donc les menacer pour qu'ils ne prononcent plus ce nom devant personne. »
18 Ayant rappelé Pierre et Jean, ils leur interdirent formellement de proclamer ou d'enseigner le nom de Jésus.
19 Ceux-ci leur répliquèrent : « Est-il juste devant Dieu de vous écouter, plutôt que d'écouter Dieu ? À vous de juger.

[20] **Quant à nous, il nous est impossible de ne pas dire ce que nous avons vu et entendu.»**
[21] **Après de nouvelles menaces, on les relâcha; en effet, à cause du peuple, on ne voyait pas comment les punir, car tout le monde rendait gloire à Dieu pour ce qui était arrivé.**
[22] **L'homme pour qui avait été opéré ce miracle de guérison avait en effet plus de quarante ans.**
[23] **Lorsque Pierre et Jean eurent été relâchés, ils rejoignirent les frères et rapportèrent tout ce qu'on leur avait dit.**
[24] **Après ce récit, tous, d'un seul cœur, adressèrent à Dieu cette prière : «Maître, c'est toi qui as fait le ciel, la terre, la mer, et tout ce qu'ils contiennent.**
[25] **C'est toi qui, par l'Esprit saint, as mis dans la bouche de notre père David, ton serviteur, les paroles que voici :**
Pourquoi ces nations en tumulte,
ces peuples aux projets stupides,
[26] ***ces rois de la terre qui se groupent,***
ces grands qui conspirent entre eux
contre le Seigneur et son Messie?
[27] **Et c'est vrai : on a conspiré dans cette ville contre Jésus, ton Saint, ton Serviteur, que tu as consacré comme Messie. Hérode et Ponce Pilate, avec les païens et le peuple d'Israël,**
[28] **ont accompli tout ce que tu avais décidé d'avance dans ta puissance et ta sagesse.**
[29] **Et maintenant Seigneur, sois attentif à leurs menaces : donne à ceux qui te servent d'annoncer ta parole avec une parfaite assurance.**
[30] **Étends donc ta main pour guérir les malades, accomplis des signes et des prodiges, par le nom de Jésus, ton Saint, ton Serviteur.»**
[31] **Comme leur prière se terminait, le lieu où ils étaient réunis se mit à trembler, ils furent tous remplis de l'Esprit saint et ils annonçaient la parole de Dieu avec assurance.**

La comparution devant le Sanhédrin (v. 5-22)

Comme en Lc 20, 1, le v. 5 énumère des personnages qui, réunis, constituent le Sanhédrin, ou Grand Conseil, autorité suprême en Israël. Peut-être veut-il marquer qu'il ne s'agit pas d'une réunion officielle du Sanhédrin au complet; mais il y a là des personnages importants (v. 6). Luc l'historien commet ici la même petite erreur qu'en Lc 3, 2, en l'aggravant même un peu. Pour situer le temps de la vocation de Jean Baptiste, il avait alors écrit : *les grands prêtres étant Anne et Caïphe*; il désigne maintenant le seul Anne comme grand prêtre. Or on sait que le grand prêtre en exercice, de 18 à 36, était en fait Caïphe. Mais l'erreur est pardonnable, dans la mesure où Anne, son beau-père, grand prêtre déposé par les Romains en l'an 15, exerçait encore dans l'ombre une grande influence, comme on le voit en Jn 18, 13 ss.

Le parallèle entre Jésus et les apôtres, que Luc suggère de bien des manières dans le livre des Actes, est évident au v. 7. L'interrogatoire de Pierre et Jean par les autorités est la réplique de celui de Jésus lorsqu'il enseignait dans le Temple, en Lc 20, 1-2. Peuvent-ils référer leur action à une autorité supérieure qui la légitime ?

Versets 8-12

Pierre va réitérer devant le Sanhédrin l'explication donnée la veille au peuple. Pour ne pas lasser le lecteur, Luc en donne une expression condensée, mais qui n'en a pas moins de force. Tout d'abord, en mentionnant que Pierre est *rempli de l'Esprit saint* (v. 8), il précise utilement que si la manifestation très particulière de l'Esprit le jour de la Pentecôte (le miracle des langues) fut un signe exceptionnel, le don fondamental, l'inspiration qui donne autorité à la parole des apôtres, était une réalité durable. C'est ici l'accomplissement de la promesse de Jésus relatée en Lc 12, 11 s.

Le début de la réponse de Pierre est teinté d'un peu d'ironie : l'interrogatoire, qui n'est dicté ni par la curiosité théologique ni par la bienveillance, mais relève d'une hostilité ouverte envers des hommes qu'on a emprisonnés, n'a d'autre motif qu'un acte de bonté envers un infirme ! En cohérence avec un trait particulièrement lucanien (*cf.* Lc 6, 9 ; 7, 3 ; 8, 36 ; etc.), Pierre désigne la guérison de l'infirme par le verbe « sauver » (v. 9). Cela lui permettra de reprendre la terminologie du « salut » au sens fort et plénier dans une audacieuse confession de foi finale. Cette guérison est donc solennellement mise à nouveau au crédit de la puissance du *nom de Jésus*, cet homme dont le destin est rappelé dans un raccourci saisissant : *crucifié par vous, ressuscité par Dieu* (cette fois le *vous* de l'interpellation atteint les responsables directs de la mort de Jésus). Une nouvelle citation vient illustrer cet acte de Dieu renversant le jugement des hommes. Il s'agit du texte du Ps 118, 22 cité déjà par Jésus, selon les trois évangiles synoptiques, en conclusion de la parabole des vignerons meurtriers (Mt 21, 42 et par. ; *cf.* aussi 1 P 2, 7). Pierre n'appelle pas explicitement ces chefs religieux d'Israël à la conversion. Mais l'appel est implicite dans sa conclusion du v. 12 : eux aussi devraient reconnaître que le nom de Jésus est le seul Nom donné aux hommes qui *puisse nous sauver :* passant par-dessus l'hostilité de ses interlocuteurs, Pierre ne les inclut-il pas dans ce *nous*? On peut regretter que la version liturgique, ici plus sobre que l'original, ne rende pas la note d'universalisme qu'avec un peu d'emphase sans doute Pierre donne à sa proclamation en disant : le seul nom *sous le ciel* qui ait été donné aux hommes. Il rejoint par là l'hymne christologiquc de Ph 2 (v. 9-11).

Versets 13-22

Les v. 13-14 décrivent aussi avec quelque ironie l'embarras des interlocuteurs. Ils voient *l'assurance* de Pierre et Jean. Ce terme est caractéristique du récit des Actes dans ce chapitre, où il revient aux v. 29 et 31. En comptant le verbe correspondant qui est « parler avec assurance* », ce vocable apparaît 12 fois dans l'ensemble du livre, jusqu'à son tout dernier verset. C'est un fruit de l'Esprit, capable de remplir d'audace et de résistance à l'intimidation les porte-parole de l'Évangile, fussent-ils à l'origine des *hommes sans instruction.* Les chefs religieux, qui avaient déjà constaté à leurs dépens l'autorité de la parole de Jésus, attribuent cette audace étonnante à leurs yeux à l'influence du Maître sur les disciples. Mais la présence de l'homme guéri (est-il venu témoigner en faveur de ses guérisseurs? Sa présence reste inexpliquée dans le texte) fait qu'ils ne savent comment répliquer. Il leur faut donc délibérer en l'absence des prévenus sur cette affaire délicate. Ne pouvant nier le *miracle* notoire (litt. : le *signe*) connu de tout Jérusalem, ils espèrent limiter la diffusion d'un enseignement inquiétant pour eux en interdisant formellement aux deux apôtres de prononcer le nom de Jésus (v. 15-18).

La réplique de Pierre et Jean est pleine de dignité et de hardiesse à la fois (v. 19-20). Elle pose le principe d'une désobéissance spirituelle à une autorité pourtant reconnue, au nom d'une autorité supérieure, celle de Dieu lui-même, dont ils ont reçu le mandat de proclamer le salut accompli dans le nom de Jésus. Dans cette ferme conviction, il leur est impossible de se taire. Ce premier affrontement entre les apôtres et le Sanhédrin s'arrêtera là, par la relaxe des deux hommes. Comme en Lc 20, 19 et 22, 2, c'est la peur du peuple, favorable aux apôtres comme il l'avait été envers Jésus, qui retient les autorités d'aller plus loin, malgré leur envie de punir ces porteurs d'un message subversif. Le récit s'achève sur une nouvelle évocation du miracle de guérison, rendu plus merveilleux par la mention que l'infirme de naissance avait déjà plus de quarante ans d'épreuve derrière lui ! Le peuple qui était seulement stupéfait en 3, 10 est maintenant conduit à *glorifier Dieu pour ce qui est arrivé* (v. 21-22).

La prière de l'Église (v. 23-31)

Les v. 23-31 relatent la réaction des *frères* de Jérusalem, lorsque Pierre et Jean, relâchés, viennent leur faire rapport des événements, et bien sûr des menaces proférées par les membres du Sanhédrin. C'est par la prière que la communauté y répond, une prière qui sera à la fois le commentaire spirituel de la situation et la requête pour recevoir la force d'y faire face. Comme Luc n'a mentionné que très globalement l'activité de prière de cette communauté (*cf.* 2, 42), il semble profiter de l'occasion pour en préciser le contenu. On y découvre que ce contenu n'a d'original, par rapport aux modèles de la prière juive à la synagogue, que l'invocation finale du nom de Jésus. En effet, l'invocation initiale au Dieu créateur est tout à fait traditionnelle (v. 24). De même, la manière de citer un texte de l'Écriture (les chrétiens n'ont encore pour Écriture que la Bible juive), pour éclairer un fait de l'actualité. La *conspiration* qui a abouti à la mort de Jésus, et dans laquelle ils considèrent que se sont ligués *Hérode et Ponce Pilate, les païens et le peuple d'Israël*, leur apparaît comme l'actualisation du Ps 2, qui annonçait l'acharnement des puissants de ce monde contre le Seigneur et son Messie. Ils n'en citent que les deux premiers versets, mais ils savent bien la suite : elle affirme que Dieu se moque de ce tumulte, et qu'on ne saurait remettre en question le choix du roi qu'il a consacré dans sa décision souveraine.

L'idée de l'accomplissement du plan de Dieu conforte leur foi en sa puissance et en sa sagesse, sans rendre pour cela illusoires les menaces des adversaires. C'est pourquoi leur prière s'achève par la demande de pouvoir garder, quoiqu'il arrive, *une parfaite assurance* dans l'annonce de la Parole, et que celle-ci soit encore accompagnée de signes efficaces (v. 29-30). En réponse, le don de la puissance de l'Esprit leur est confirmé : *Tous*, comme à la Pentecôte, sont *remplis de l'Esprit saint*, et tous (et non plus les seuls Pierre et Jean) sont porteurs de la Parole de Dieu avec l'assurance demandée. Ce dernier membre de phrase, au terme d'un long épisode, a déjà la forme du sommaire généralisant qui va suivre, avec son verbe à l'imparfait (v. 31).

3. La première Église : le partage des biens (4, 32-37)

32 **La multitude de ceux qui avaient adhéré à la foi avait un seul cœur et une seule âme ; et personne ne se disait propriétaire de ce qu'il possédait, mais on mettait tout en commun.**
33 **C'est avec une grande force que les apôtres portaient témoignage de la résurrection du Seigneur Jésus, et la puissance de la grâce était sur eux tous.**
34 **Aucun d'entre eux n'était dans la misère, car tous ceux qui possédaient des champs ou des maisons les vendaient,**
35 **et ils en apportaient le prix pour le mettre à la disposition des apôtres. On en redistribuait une part à chacun des frères au fur et à mesure de ses besoins.**
36 **Joseph, que les apôtres avaient surnommé Barnabé (ce qui veut dire « l'homme du réconfort ») était un lévite originaire de Chypre.**
37 **Il avait une terre, il la vendit et en apporta l'argent qu'il déposa aux pieds des apôtres.**

Ce nouveau tableau panoramique souligne plus que le premier un trait caractéristique de la jeune Église, à savoir la mise en commun des biens. À strictement parler, le sommaire, avec ses verbes à l'imparfait, s'arrête au v. 35. Le cas de Barnabé relaté en 36-37 vient donner un exemple concret de cette pratique, qui sert de repoussoir à l'exemple négatif que Luc va lui opposer aussitôt après.

Au verset 32, compte tenu de l'accroissement numérique considérable de la communauté, devenue *multitude* (Luc ne craint pas à l'occasion de manier l'hyperbole !), il est frappant d'entendre rappeler que la foi nouvelle a opéré une extraordinaire unité de cœur et d'âme entre ces personnes si diverses, et que cette unité spirituelle se manifeste par le partage des biens matériels. De fait, la possibilité de cette pratique est liée à la victoire de l'Esprit dans leurs cœurs sur l'instinct de propriété, source de tant de chicanes et de divisions dans la société. Avant de détailler un peu plus cette pratique, Luc éprouve le besoin de rappeler au lecteur quelle est la véritable origine d'un tel changement de mentalité : c'est la *résurrection du Seigneur Jésus*, dont les apôtres témoignent avec force, qui vient faire toutes choses nouvelles, pour ceux qui vivent pleinement sous la *grâce* de Dieu (v. 33).

Les versets 34-35 cherchent à décrire le fonctionnement du système économique mis au point dans l'Église de Jérusalem, dont la finalité est bien marquée lorsque Luc écrit qu'*aucun d'entre eux n'était dans la misère.* C'est la visée idéale qui devrait être gardée par toutes les communautés chrétiennes, les moyens d'y tendre variant forcément en fonction des possibilités concrètes d'organisation, dans les circonstances changeantes de la vie de l'Église et du monde. Du reste, à bien y regarder, Luc ne suggère nullement, comme on l'a parfois imaginé, que l'Église primitive était une sorte de groupe collectiviste, contraignant tous ses membres à un égalitarisme tatillon ou à un genre de vie totalement uniformisé ! Il nous parle d'une caisse commune alimentée par des ventes de propriétés et gérée par les apôtres, en vue d'une redistribution permettant à chacun d'avoir le nécessaire pour vivre. Sous cette forme, ce n'était certainement pas un système durable, mais Luc n'a pas l'intention de fournir un modèle économique normatif ; il témoigne surtout d'un état d'esprit nouveau de totale fraternité, qui a pu pendant un temps se concrétiser de la sorte. Faut-il penser que ces premiers chrétiens ne se souciaient pas d'une organisation valable à long terme, parce qu'ils attendaient le retour imminent du Seigneur ? On l'a souvent prétendu, mais Luc ne dit rien de tel dans ce passage.

Si un exemple concret est donné dans les v. 36-37, c'est probablement parce que c'est l'occasion de faire entrer dans le récit un nouveau personnage, Joseph surnommé Barnabé (litt. : *fils d'exhortation*), qui jouera plus tard un rôle important. C'est aussi sans doute une manière de relativiser la pratique présentée de manière très généralisante dans le sommaire. Luc souligne qu'il s'agit d'une libre initiative, qui ne s'imposait pas à tous comme une loi contraignante. Pierre le dira clairement dans l'épisode suivant.

4. Premières difficultés. Ananie et Saphire refusent le partage (5, 1-11)

1 Un homme du nom d'Ananie, avec Saphire sa femme, vendit une propriété ;
2 il détourna de l'argent avec la complicité de sa femme, et il n'en mit qu'une partie à la disposition des apôtres.

3 **Pierre lui dit : « Ananie, pourquoi Satan a-t-il pris toute la place dans ton cœur, pour que tu mentes à l'Esprit saint et que tu détournes l'argent du terrain ?**
4 **Quand tu l'avais, il était bien à toi, et après la vente, tu pouvais disposer de la somme, n'est-ce pas ? Alors, pourquoi t'es-tu mis cette idée dans la tête ? Tu n'as pas menti aux hommes, mais à Dieu. »**
5 **En entendant ces paroles, Ananie tomba, et il expira. Une grande crainte saisit tous ceux qui apprenaient la nouvelle.**
6 **Les jeunes gens vinrent envelopper le corps, et ils l'emportèrent pour l'enterrer.**
7 **Il se passa environ trois heures, puis sa femme entra sans savoir ce qui était arrivé.**
8 **Pierre lui adressa la parole : « Dis-moi : le terrain, c'est bien à ce prix que vous l'avez cédé ? » Elle dit : « Oui, c'est ce prix-là. »**
9 **Pierre reprit : « Pourquoi cet accord entre vous pour mettre à l'épreuve l'Esprit du Seigneur ? Voilà que ceux qui ont enterré ton mari arrivent à la porte : ils vont t'emporter ! »**
10 **Aussitôt, elle tomba à ses pieds, et elle expira. Les jeunes gens, qui rentraient, la trouvèrent morte, et ils l'emportèrent pour l'enterrer auprès de son mari.**
11 **Une grande crainte saisit toute l'Église et tous ceux qui apprenaient cette nouvelle.**

Le titre de la Bible de la liturgie n'est pas tout à fait exact : Ananie et Saphire, selon les v. 1-2, n'ont pas « refusé le partage ». Ils ont fait un partage incomplet, sans le dire. Par vanité, ils souhaitaient être mis au nombre des chrétiens généreux, mais par cupidité ou crainte de l'avenir ils ont voulu se garder quelques réserves : alors ils ont *détourné* une partie de la vente d'une propriété, en ne mettant pas tout à la disposition des apôtres.

Il ne leur sera pas reproché d'avoir refusé le partage, puisque Pierre va dire clairement à Ananie qu'ils pouvaient garder pour eux, soit leur propriété, soit le prix du terrain vendu (v. 4). Le grave reproche de Pierre, c'est qu'ils ont cédé à une tentation satanique et *menti à l'Esprit saint* (v. 3). Le diable, c'est le diviseur, celui qui cherche à ruiner l'œuvre de Dieu et à séparer ce qu'il a uni, et selon Jn 8, 43, il est le *père du mensonge*. La sévérité de Pierre s'explique par la crainte que l'hypocrisie et la duplicité concertée, manifestées par Ananie et sa femme, ne fassent entrer dans la communauté, unie dans « l'Esprit de vérité », un dangereux germe de destruction.

C'est l'unité de l'Église qui est en jeu, c'est-à-dire sa vie même. Plutôt donc qu'un nouvel avertissement à propos de la séduction de l'argent, c'est sans doute la leçon que Luc entend transmettre à ses lecteurs chrétiens, en rapportant ce qui se présente manifestement comme un récit de tradition populaire.

Il est probable qu'à l'origine de ce récit, il y a eu le fait d'une double mort subite de membres de l'Église. Notons ici (v. 11) le premier emploi de ce terme dans l'œuvre de Luc : absent de son évangile, on le rencontre 19 fois dans les Actes. Dans l'A.T. grec il désignait couramment le peuple de Dieu rassemblé.

Ce fut peut-être le premier cas de décès de chrétiens, alors qu'on pensait que cette génération verrait la parousie de son vivant. Cette mort a dû profondément bouleverser la communauté (*cf.* v. 5 et 11), et n'a pu s'expliquer autrement que comme la punition exemplaire d'un très grave péché. La mise en forme du récit s'inspire d'un épisode biblique du même ordre. En Jos 7, la défaite des troupes d'Israël est causée par le crime caché d'Akan, que Dieu dévoile à Josué : cet homme a *détourné* à son profit (notre récit a le même verbe) une partie du butin consacré à Dieu. On l'a puni de mort, car il a introduit l'anathème dans le peuple de Dieu et, par là, sa défaite devant l'ennemi !

La première partie du récit en porte le sens profond et reste assez sobre. Il n'est pas dit que Pierre maudisse Ananie ; il l'a percé à jour et sa mort subite pourrait être due à un choc émotif ! C'est le redoublement de l'histoire, typique d'un récit populaire, qui en accentue le caractère tragi-comique : les v. 10-11 reprennent comme un sinistre refrain les éléments des v. 5-6. Auparavant, Pierre joue un rôle peu reluisant de policier qui tend un piège à Saphire (v. 8), puis prophétise sa mort, tout en lui apprenant avec un humour noir celle de son mari, qu'elle ignore (v. 9) ! Cela est bien invraisemblable et relève de l'amplification légendaire. On est en droit de se demander si Luc a été bien inspiré en transcrivant ainsi ce sombre épisode, que ne vient pas éclairer l'appel à la repentance et l'offre du pardon de Dieu. Il voulait sans doute frapper fortement l'imagination de ses lecteurs, pour faire entendre un avertissement nécessaire à l'Église : plus que les ennemis extérieurs qui ne peuvent la détruire que par la répression physique, elle doit redouter par-dessus tout ce qui menace de l'intérieur son unité, en faisant l'œuvre du Diviseur. La *grande crainte* qui saisit *toute l'Église* (v. 11) est à la mesure de la *grande grâce* qui reposait sur elle (*cf.* 4, 33) : l'Église comprend que c'est une grâce exigeante, qui suscite dans les cœurs la crainte salutaire de désobéir au Dieu saint. Luc rejoint l'exhortation de la lettre aux Hébreux : « Servons Dieu d'une manière qui lui soit agréable, avec soumission et avec crainte. Car notre Dieu est un feu dévorant » (He 12, 28 s).

5. La première Église : les miracles des apôtres (5, 12-16)

12 **Par les mains des apôtres, beaucoup de signes et de prodiges se réalisaient dans le peuple. Tous les croyants, d'un seul cœur, se tenaient sous la colonnade de Salomon.**
13 **Personne d'autre n'osait se joindre à eux ; cependant tout le peuple faisait leur éloge,**
14 **et des hommes et des femmes de plus en plus nombreux adhéraient au Seigneur par la foi.**
15 **On allait jusqu'à sortir les malades sur les places, en les mettant sur des lits et des brancards : ainsi, quand Pierre passerait, il toucherait l'un ou l'autre de son ombre.**
16 **Et même, une foule venue des villages voisins de Jérusalem amenaient des gens malades ou tourmentés par des esprits mauvais. Et tous, ils étaient guéris.**

Ce troisième sommaire concernant la vie de l'Église de Jérusalem reprend certains thèmes du premier, alors que le deuxième avait développé plus spécialement celui du partage des biens. Le v. 12 vient montrer que la menace de division révélée dans l'épisode précédent a été victorieusement écartée, puisque *tous les croyants* manifestent encore *un seul cœur*. Il confirme aussi que les premiers chrétiens continuaient à fréquenter le Temple. En parlant de la colonnade de Salomon, le récit rappelle 3, 11 : c'est donc probablement pour écouter la prédication des apôtres qu'ils se tenaient là. Sans doute du fait que « beaucoup de signes et de prodiges » s'opèrent encore par leurs mains, Luc note paradoxalement au v. 13 que les autres n'osaient pas se joindre à eux, sans doute par une sorte de crainte de la présence de Dieu. Ce qui n'empêche pas le peuple de faire leur éloge, et des gens nombreux de se convertir. Ici Luc souligne heureusement qu'il s'agit d'hommes et de femmes !

Les v. 15-16 réinsistent sur les miracles de guérison. La rédaction du sommaire fait penser à Lc 6, 18 et davantage encore à Mc 6, 55 s, avec la mention particulière des gens «tourmentés par des esprits mauvais». Cela montre à nouveau le parallélisme entre l'action des apôtres et celle de Jésus pendant son ministère terrestre. Comme alors, la renommée des guérisons attire des foules, dont la foi se colore d'une attente un peu magique. Mais pas plus que Jésus (*cf.* Lc 8, 44-48), Luc ne songe ici à condamner une telle confiance naïve, que le Seigneur exauce dans sa miséricorde.

Le succès populaire souligné par ce sommaire prépare naturellement le lecteur à comprendre la réaction négative des autorités, qui fera l'objet de l'épisode suivant.

6. Nouveau procès; les apôtres arrêtés et relâchés (5, 17-42)

17 Le grand prêtre et tout son entourage, c'est-à-dire le parti des sadducéens, étaient remplis de fureur contre les apôtres :
18 ils les firent arrêter et jeter publiquement en prison.
19 Mais, pendant la nuit, l'Ange du Seigneur ouvrit les portes de la cellule et les fit sortir en disant :
20 «Partez d'ici, tenez-vous dans le Temple et là, annoncez au peuple toutes les paroles de vie.»
21 Ils obéirent et, de bon matin, ils entrèrent dans le Temple et se mirent à enseigner.
En arrivant, le grand prêtre et son entourage convoquèrent le grand conseil, tout le sénat des fils d'Israël, et ils envoyèrent chercher les apôtres à la prison.
22 En arrivant, les gardes ne les trouvèrent pas dans la cellule. Ils revinrent donc avec cette nouvelle :
23 «Nous avons trouvé la prison parfaitement verrouillée, et les gardiens en faction devant les portes ; mais, quand nous avons ouvert, nous n'avons trouvé personne à l'intérieur.»
24 En entendant ce rapport, le commandant de la garde du Temple et les chefs des prêtres, en plein désarroi, se demandaient ce qui se passait.
25 Là-dessus, quelqu'un arriva avec cette nouvelle : «Les hommes que vous aviez mis en prison, les voilà qui se tiennent dans le Temple, et ils instruisent le peuple !»
26 Alors le commandant partit avec les gardes, pour ramener les apôtres, mais sans violence, parce qu'ils redoutaient que le peuple ne leur jette des pierres.
27 Il amena les apôtres devant le grand conseil, et le grand prêtre les interrogea :

28 « Nous vous avions formellement interdit d'enseigner le nom de cet homme-là, et voilà que vous remplissez Jérusalem de votre enseignement. Voulez-vous donc faire retomber sur nous le sang de cet homme ? »
29 Pierre, avec les apôtres, répondit alors : « Il faut obéir à Dieu plutôt qu'aux hommes.
30 Le Dieu de nos pères a ressuscité Jésus, que vous aviez exécuté en le pendant au bois du supplice.
31 C'est lui que Dieu, par sa puissance, a élevé en faisant de lui le Chef, le Sauveur, pour apporter à Israël la conversion et le pardon des péchés.
32 Quant à nous, nous sommes les témoins de tout cela, avec l'Esprit saint, que Dieu a donné à ceux qui lui obéissent. »
33 En entendant les apôtres parler ainsi, les membres du grand conseil, exaspérés, projetaient de les faire mourir.
34 Mais un membre du grand conseil se leva ; c'était un pharisien nommé Gamaliel, docteur de la Loi honoré de tout le peuple. Il ordonna de faire sortir les apôtres un instant,
35 puis il dit : « Hommes d'Israël, faites bien attention à la décision que vous allez prendre envers ces hommes.
36 Il y a quelque temps, on a vu surgir Theudas ; il prétendait être quelqu'un, et quatre cents hommes environ s'étaient ralliés à lui ; il a été tué, et tous ses partisans ont été mis en déroute et réduits à rien.
37 Après lui, à l'époque du recensement, on a vu surgir Judas le Galiléen qui a entraîné derrière lui une foule de gens. Il a péri lui aussi, et tous ses partisans ont été dispersés.
38 Eh bien, dans la circonstance présente, je vous le dis : ne vous occupez plus de ces gens-là, laissez-les. Car si leur intention ou leur action vient des hommes, elle tombera.
39 Mais si elle vient de Dieu, vous ne pourrez pas les faire tomber. Ne risquez donc pas de vous trouver en guerre contre Dieu. » Le conseil se laissa convaincre.
40 On convoqua alors les apôtres, et, après les avoir fouettés, on leur interdit de parler au nom de Jésus, puis on les relâcha.
41 Mais eux, en sortant du grand conseil, repartaient tout joyeux d'avoir été jugés dignes de subir des humiliations pour le nom de Jésus.
42 Tous les jours, au Temple et dans leurs maisons, sans cesse, ils enseignaient cette bonne nouvelle : Jésus est le Messie.

Luc nous raconte là un nouvel affrontement des apôtres avec les chefs juifs, dans un récit plein de vivacité et de malice. Il reprécise d'abord que les plus furieux opposants se trouvent être le grand prêtre et son entourage, parce qu'ils sont sadducéens (*cf.* 4, 1 s). Ils doivent regretter la modération dont ils avaient fait preuve au terme de la comparution de Pierre et Jean, puisque la secte se développe et a la faveur du peuple, ce qui menace leur autorité. Ils décident donc de frapper un grand coup en faisant arrêter *les apôtres*. Luc ne dit pas s'il s'agit globalement des Douze, ou de ceux qui sont pris en flagrant délit d'annoncer l'Évangile, ce qui est plausible.

Versets 19-26

La libération miraculeuse dont sont bénéficiaires les apôtres fait évidemment problème pour un lecteur moderne. Il nous est impossible de rejoindre l'événement, mais nous devons être attentifs au style du récit : *l'Ange du Seigneur** est une figure littéraire fréquente dans l'A.T., que Matthieu et Luc ont utilisée dans leurs récits de l'enfance (*cf.* Mt 1, 20 ; 2, 13.19 ; Lc 1, 11 ; 2, 9) ou de la résurrection (Mt 28, 2). On la retrouvera plus loin en Ac 8, 26 et 12, 7.23. Elle sert à signaler une révélation ou un acte libérateur de Dieu, de soi indescriptible, et que souvent la foi reconnaît seulement après coup (*cf.* Gn 28, 16 ; Ac 12, 11). C'est une manière de dire l'intervention de Dieu parmi les hommes, en maintenant le mystère de sa transcendance. L'Ange du Seigneur, son « messager », agit et parle comme s'il était Dieu lui-même ; le glissement de l'un à l'autre est d'ailleurs frappant dans certains textes (*cf.* Ex 3, 2.4).

Nous avons ici affaire à une sorte de « midrach » (reprise actualisante d'un passage de l'Écriture) par lequel Luc actualise le Ps 2 cité plus haut, en se plaisant à montrer comment Dieu « se moque » de ceux qui se dressent contre son Christ, en poursuivant les porteurs de sa Parole ; peut-être s'inspire-t-il aussi de Ps 34, 8, où « l'Ange du Seigneur délivre ceux qui le craignent ». L'humour de Dieu, et du narrateur, est manifeste, avec l'ordre donné aux apôtres de narguer l'interdiction de proclamer la bonne nouvelle, notamment *dans le Temple*. Il se poursuit jusqu'au v. 26, dans un récit alerte et plein de verve, qui se passe de commentaire. On notera simplement un nouveau trait de rapprochement avec le récit évangélique : en Lc 20, 6 déjà, les mêmes autorités s'étaient recommandé à elles-mêmes la prudence, par crainte d'être lapidés par le peuple ! Les prévenus ont donc droit à quelques ménagements (v. 26).

Versets 27-33

Le ton redevient plus grave pour narrer la nouvelle comparution devant le *grand conseil* (le Sanhédrin) et le nouvel interrogatoire des apôtres par le grand prêtre. La colère de ne pas avoir été obéi se mêle chez celui-ci à la crainte exprimée au v. 26, car le peuple risque de rendre les autorités responsables de la mort de ce Jésus, dont le nom est glorifié dans tout Jérusalem! (v. 27-28; *cf.* Mt 27, 25). Luc condense au maximum la réplique de Pierre, pour éviter les redites, car c'est la quatrième fois que l'apôtre proclame selon le même schéma le message fondamental de la résurrection du crucifié.

Il commence par donner sa propre réponse à la question posée aux autorités en 4, 19, par cette sentence bien frappée : *Il faut obéir à Dieu plutôt qu'aux hommes* (v. 29). Cela sous-entend que dans cette affaire, malgré leur fonction, la volonté des chefs juifs s'oppose à celle de Dieu, dont ils se croient les représentants attitrés, et que leur répression arbitraire n'est inspirée que par des sentiments très humains, telle la peur de perdre la face! Songeons à l'audace que représentait pour un juif fidèle de tenir pareil langage au grand prêtre, chef de sa nation!

Relevons quelques traits originaux de ce bref discours, dans les v. 30-32 : la croix est évoquée par l'expression inspirée de Dt 21, 33, *en le pendant au bois* (v. 30), que Paul a reprise pour montrer que Jésus «est devenu malédiction pour nous» (Ga 3, 13). Jésus reçoit le titre de *Chef* (*cf.* 3, 15) et de *Sauveur*, rare dans le N.T. (seulement 2 emplois chez Lc et 2 dans les Actes). Il est dommage de ne pas rendre exactement la belle formule *donner la conversion.* C'est le premier emploi de ce mot correspondant au verbe qui signifie «changer radicalement de mentalité»; ce changement est ici présenté comme un effet de la grâce de Dieu, dont on s'émerveillera plus loin qu'elle s'étende aussi aux nations païennes (*cf.* 11, 18). En conclusion, Pierre fait pour la première fois depuis la Pentecôte une allusion au don de l'Esprit saint, qui est, *avec* les apôtres, *témoin de tout cela*, c'est-à-dire de la glorification du Christ et de toutes ses conséquences salutaires. Ce thème correspond exactement à ce qu'annonce Jésus dans le discours d'adieu selon Jean (*cf.* Jn 15, 26 s).

La réaction du Sanhédrin à cette ferme réplique de Pierre au nom de tous les apôtres est violente. Le conflit atteint son paroxysme, puisqu'il nous est dit pour la première fois que les membres du conseil, exaspérés par cette insolence, projettent de faire mourir les disciples, comme ils ont fait mourir le Maître dont il se réclament (*cf.* Jn 15, 20). Mais l'intervention inattendue de l'un d'entre eux va les retenir d'exécuter ce projet.

L'intervention de Gamaliel (v. 34-39)

Dans son évangile, Luc a plusieurs fois montré des pharisiens plutôt favorables à Jésus. C'est de nouveau le cas ici, où le pharisien Gamaliel n'est peut-être pas fâché de prendre ses distances par rapport à la fureur vengeresse du parti des sadducéens. Avec la sagesse d'un célèbre docteur de la Loi, connu pour ses tendances libérales, il rend attentifs ses collègues au risque qu'ils prendraient en réprimant brutalement cette nouvelle secte messianique. Pour les en convaincre, il fait un rappel historique concernant deux récentes révoltes, conduites par des guides messianiques ou de prétendus «prophètes», Theudas et Judas le Galiléen (connus par ailleurs de l'historien juif Flavius Josèphe). Ces mouvements ont piteusement avorté! Gamaliel en prend argument pour affirmer que si le mouvement suscité par le nom de Jésus ne procède que de motifs humains, il s'effondrera de la même manière. Si en revanche il vient de Dieu, rien ne pourra lui faire obstacle. La sagesse commande donc, dans cette incertitude, de laisser faire le temps, pour voir comment les choses vont tourner, et de ne pas courir le risque terrible d'avoir *fait la guerre* à Dieu lui-même!

Versets 40-42

Ramené à la prudence par ce discours, et peut-être à nouveau par la crainte du peuple (*cf.* v. 26), le conseil se laisse convaincre, mais pour ne pas perdre la face, il ne relâche les apôtres qu'après les avoir fouettés (solution que Pilate avait proposée dans le cas de Jésus, *cf.* Lc 23, 16), et en réitérant assez naïvement son interdiction de parler au nom de Jésus.

Luc songe certainement à la paradoxale béatitude qu'il a rapportée en Lc 6, 22, lorsqu'il nous montre les apôtres repartir du Sanhédrin *tout joyeux d'avoir été jugés dignes de subir des humiliations pour le Nom.* Dans ce dernier passage, après avoir mentionné 13 fois le nom de Jésus depuis 2, 21, Luc écrit en effet *le Nom*, pris absolument. La version liturgique manque ce trait, qui est significatif : en effet, les juifs employaient couramment cette expression pour désigner Dieu lui-même, tout en évitant de prononcer son nom sacré. Dans la même certitude de foi qui les fait désigner Jésus comme le « Seigneur », les apôtres osent maintenant assimiler le nom de Jésus à ce nom divin mystérieux.

Le v. 42 constitue un bref sommaire qui clôt une étape dans la progression du récit de Luc. Malgré le conflit qui l'oppose au Sanhédrin, l'Église de Jérusalem n'en continue pas moins à fréquenter le Temple, pour y « *enseigner* et *annoncer* la Bonne Nouvelle » (le texte présente les deux verbes qui caractérisaient l'enseignement de Jésus dans le Temple, en Lc 20, 1). La communauté se considère comme un mouvement messianique au sein du peuple juif, qu'elle espère convaincre, malgré l'opposition des autorités, que *Jésus est le Messie.* La contestation entre elle et les chefs religieux ne porte que sur ce point, il est vrai capital. Mais la suite du récit va bientôt montrer, avec Étienne, l'émergence d'une contestation plus radicale.

7. *Nouvelles difficultés pour le partage : institution des Sept (6, 1-7)*

1 En ces jours-là, comme le nombre des disciples augmentait, les frères de langue grecque récriminèrent contre ceux de langue hébraïque : ils trouvaient que, dans les secours distribués quotidiennement, les veuves de leur groupe étaient désavantagées.
2 Les Douze convoquèrent alors l'assemblée des disciples et leur dirent : « Il n'est pas normal que nous délaissions la parole de Dieu pour le service des repas.
3 Cherchez plutôt, frères, sept d'entre vous, qui soient des hommes estimés de tous, remplis d'Esprit saint et de sagesse, et nous leur confierons cette tâche.
4 Pour notre part, nous resterons fidèles à la prière et au service de la Parole. »
5 La proposition plut à tout le monde, et l'on choisit : Étienne, homme rempli de foi et d'Esprit saint, Philippe, Procore, Nicanor, Timon, Parménas et Nicolas, un païen originaire d'Antioche converti au judaïsme.
6 On les présenta aux apôtres, et ceux-ci, après avoir prié, leur imposèrent les mains.
7 La parole du Seigneur était féconde, le nombre des disciples se multipliait fortement à Jérusalem, et une grande foule de prêtres juifs accueillaient la foi.

Ce court récit est encadré par deux petits « refrains de croissance », comme pour montrer que le litige qui aurait pu être préjudiciable à l'unité et au rayonnement de l'Église a été heureusement résolu, et la crise surmontée. Mais le premier de ces refrains permet aussi de suggérer que c'est cette croissance rapide qui a entraîné des problèmes d'organisation imprévus au départ.

La version liturgique paraphrase heureusement le texte grec, qui se borne à désigner les deux groupes en conflit sous le nom d'*Hellénistes* et d'*Hébreux*, appellations peu évidentes (Luc est même le seul dans la littérature grecque d'alors à employer le premier terme). Le contexte permet de comprendre, en se rappelant aussi le récit de Pentecôte (2, 5-11) qu'il s'agit des juifs convertis, dont certains étaient originaires de la diaspora, nés en pays de culture grecque. Ceux-ci devaient être d'esprit plus ouvert que leurs coreligionnaires qualifiés ici d'*Hébreux* (juifs palestiniens sans doute restés réfractaires à une certaine hellénisation). Nous apprenons ici qu'ils ont dû former un groupe spécifique dans la communauté de Jérusalem.

Les veuves étaient souvent en ce temps-là en situation d'assistées, et le groupe des Hellénistes estime que les leurs sont moins bien servies, voire *oubliées*, dans le *service quotidien* (TOB). La version liturgique conçoit ce service comme une distribution de secours, on peut aussi penser à des repas communautaires, le *service des tables* dont parlera Pierre au verset suivant pouvant signifier l'un ou l'autre. De toutes façons, il s'agit de la gestion des biens mis en commun, et d'une revendication d'équité à son propos. C'est le signe d'une tension probablement assez sérieuse entre les deux groupes.

Les Douze, jusqu'ici restés seuls responsables de la communauté, ont la sagesse de prendre au sérieux la récrimination des Hellénistes, pour ne pas laisser s'aggraver un conflit encore mineur. Ils ne veulent pas non plus le résoudre seuls, et convoquent donc une assemblée plénière pour exposer le problème et lui chercher une solution raisonnable. Ils semblent avoir en tête le bon conseil donné par Jéthro à son gendre Moïse, débordé par la tâche de « juger » le peuple à lui tout seul (*cf.* Ex 18, 13-26). Ils proposent donc, non pas la solution d'une organisation séparée des deux groupes, qui eût consommé la division de l'Église, mais celle d'un partage des responsabilités, selon un bon principe de division du travail, au service d'une communauté qui restera unie.

Leur propos ne doit pas être entendu comme exprimant du mépris pour les problèmes d'intendance, puisque ceux-ci réclament, pour être traités avec justice, *des hommes remplis d'Esprit saint et de sagesse* (cette qualité qui était celle de Joseph dans ses fonctions d'intendant au pays d'Égypte, *cf.* Gn 41, 33-38). C'est le cumul de fonctions accrues qui s'avère, pour les Douze, une entrave à l'exercice de leur fonction primordiale, le *service de la Parole*. Pourquoi choisissent-ils de nommer *sept* responsables du service des tables? Luc ne le dit pas. On a suggéré que c'était en rapport avec l'existence de sept «juges», qui avaient notamment en charge les pauvres, dans les communautés juives de la diaspora. C'est possible. Comme la suite montrera ces *Sept* à la source de l'ouverture aux païens (*cf.* 21, 8), on peut aussi voir un rapprochement intéressant dans la mention des *sept* pains et des *sept* corbeilles dans le récit de la seconde multiplication des pains, en Mc 8, 5.8, récit qui se veut manifestement un signe symbolique de l'annonce de l'Évangile aux nations (la première multiplication des pains ayant mis en avant le nombre *douze*, évoquant les tribus d'Israël, Mc 6, 43).

L'assemblée acquiesce à la proposition des Douze et procède à une élection dont le mode ne nous est pas indiqué, mais il ne semble pas qu'il y ait eu tirage au sort comme en 1, 26. Le fait important à relever, c'est que les sept élus portent tous des noms grecs, ce qui laisse supposer une volonté délibérée, et fort habile, au lieu de chercher un savant dosage, de confier au groupe qui s'estimait lésé la charge d'une gestion plus équitable : ils auront certainement à cœur de ne pas négliger les veuves des Hébreux! Notons l'esprit d'ouverture manifesté par le choix d'un *païen converti au judaïsme* (litt. un *prosélyte*)*, naturellement devenu membre de l'Église; dans le judaïsme on n'aurait pas pu confier une responsabilité religieuse à un prosélyte. Comme naguère pour Barnabé, Luc fait entrer discrètement dans son récit le nom de la ville d'*Antioche*, où se produiront plus tard des faits décisifs (v. 5).

Le v. 6 évoque une investiture liturgique de ces sept hommes. Luc parle de *l'imposition des mains** sans en dire le sens, qu'il doit estimer connu des lecteurs chrétiens (comme pour le baptême ou la fraction du pain). Ce geste accompagne ailleurs une invocation de l'Esprit (Ac 8, 17; 9, 17 : 19, 6), notamment pour confier un nouveau ministère au nom de l'Église (13, 3). Cela confirme que la charge de bien gérer l'intendance est une vraie responsabilité spirituelle, importante pour la sauvegarde de la cohésion ecclésiale. À l'époque où Luc écrit, le ministère des «diacres» est une institution reconnue dans les Églises (*cf.* 1 Tm 3, 8-13). Il n'utilise pas ici ce titre, sans doute parce qu'il sait qu'il n'était pas encore utilisé dans la première Église, à Jérusalem. Dans le présent récit, son but n'est pas essentiellement de définir des «ministères» strictement réglementés : par la suite, il ne sera plus question de ce service des tables, et deux des Sept vont être mis en avant comme de puissants serviteurs de la Parole ! Il semble que Luc ait surtout voulu donner un modèle exemplaire de résolution d'un conflit dans l'Église. Ce sera encore le cas lors de l'assemblée de Jérusalem au chapitre 15.

Le refrain de croissance du v. 7, signe de la *fécondité de la parole du Seigneur* comporte une note originale, celle de l'accueil de la foi par de nombreux prêtres juifs. Il n'est pas besoin de songer à ce propos à un retournement spectaculaire d'adversaires de la foi chrétienne, comme bientôt la conversion de Saul de Tarse. C'est la caste des grands prêtres qui était profondément hostile au mouvement de Jésus. Le «bas clergé» a bien pu regarder avec sympathie le défi des apôtres face à la haute hiérarchie ! On peut imaginer que ces défections ont encore davantage irrité les membres du grand conseil, qui vont durcir leur attitude dans le prochain conflit.

8. Ministère, procès et mort d'Étienne, le premier martyr (6, 8–8, 1a)

Ce vaste récit a la même structure que celui du jour de la Pentecôte, puisque nous allons lire une assez courte relation de faits nouveaux, un grand discours justificatif d'Étienne, puis le récit de ses tragiques conséquences : une narration entrecoupée par un discours qui donne toute sa portée aux événements racontés. Or ce discours est lui-même, curieusement, une longue narration historique.

8 **Étienne, qui était plein de la grâce et de la puissance de Dieu, accomplissait parmi le peuple des prodiges et des signes éclatants.**

9 **Un jour, on vit intervenir les gens d'une synagogue (la syna-**

gogue dite des esclaves affranchis, des Cyrénéens et des Alexandrins) et aussi des gens originaires de Cilicie et de la province d'Asie. Ils se mirent à discuter avec Étienne,
10 mais sans pouvoir tenir tête à la sagesse et à l'Esprit saint qui inspiraient ses paroles.
11 Alors ils soudoyèrent des hommes pour qu'ils disent : « Nous l'avons entendu prononcer des paroles blasphématoires contre Moïse et contre Dieu. »
12 Ils ameutèrent le peuple, les anciens et les scribes, ils allèrent se saisir d'Étienne, et l'amenèrent devant le grand conseil.
13 Ils présentèrent de faux témoins, qui disaient : « Cet individu ne cesse pas de parler contre le Lieu saint et contre la Loi.
14 Nous l'avons entendu affirmer que ce Jésus, le Nazaréen, détruira le Lieu saint et changera les lois que Moïse nous a transmises. » Tous ceux qui siégeaient au grand conseil avaient les yeux fixés sur Étienne, et son visage leur apparut comme celui d'un ange.

1 Le grand prêtre demanda : « Cela est-il bien vrai ? »
2 Étienne dit alors : « Frères et pères, écoutez ! Dieu dans sa gloire est apparu à notre père Abraham, quand il était en Mésopotamie avant de venir habiter Harrane,
3 et il lui dit :
Pars de ton pays, laisse ta famille,
et va dans le pays que je te montrerai.
4 Alors, partant du pays des Chaldéens, il vint habiter Harrane ; et de là, après la mort de son père, Dieu l'envoya habiter dans le pays où vous-mêmes habitez maintenant.
5 Il ne lui donna rien en partage, pas même de quoi poser le pied. Il promit cependant de donner ce pays en possession à lui et à sa descendance après lui, alors qu'il n'avait pas d'enfant.
6 Dieu lui déclara que ses descendants séjourneraient en terre étrangère :
On les réduira en esclavage
et on les maltraitera pendant quatre cents ans ;
7 *mais la nation dont ils seront esclaves,*
moi, je la jugerai, dit Dieu, et après cela
ils sortiront et me rendront un culte en ce lieu.
8 Et il lui donna l'alliance de la circoncision. Alors Abraham engendra Isaac, et il le circoncit le huitième jour. Isaac fit de même pour Jacob, et Jacob pour les douze patriarches.
9 Les patriarches, jaloux de Joseph, le vendirent pour être mené en Égypte. Mais Dieu était avec lui,
10 et il le tira de toutes ses détresses. Il lui fit obtenir par sa sagesse

la faveur du Pharaon, roi d'Égypte, et celui-ci le mit à la tête de l'Égypte et de toute la maison royale.

11 Puis il arriva sur toute l'Égypte et sur Canaan une famine et une grande détresse : nos pères ne trouvaient plus aucun ravitaillement.

12 Alors Jacob apprit qu'il y avait du blé en Égypte, et il y envoya une première fois nos pères.

13 À la deuxième fois, Joseph se fit reconnaître par ses frères, et Pharaon découvrit ainsi la famille de Joseph.

14 Joseph envoya chercher son père Jacob et toute sa famille : soixante-quinze personnes.

15 Et Jacob descendit en Égypte ; il y mourut ainsi que nos pères.

16 On les transporta à Sichem, et on les mit dans le tombeau qu'Abraham avait acheté à prix d'argent aux fils d'Emmor, à Sichem.

17 Comme approchait le temps que Dieu avait solennellement promis à Abraham, le peuple devint fécond et se multiplia en Égypte,

18 jusqu'à l'arrivée au pouvoir en Égypte d'un autre roi qui n'avait pas connu Joseph.

19 Celui-ci prit des dispositions pour maltraiter nos pères, au point de leur faire abandonner leurs nouveau-nés pour qu'ils ne puissent pas vivre.

20 C'est à ce moment que Moïse vint au monde ; il était beau sous le regard de Dieu. Élevé pendant trois mois dans la maison de son père,

21 il fut ensuite abandonné. La fille de Pharaon le retira de là, et l'éleva comme son propre fils.

22 Moïse fut instruit de toute la sagesse des Égyptiens ; il était puissant par ses paroles et par ses actes.

23 Comme il arrivait à l'âge de quarante ans, l'idée lui vint d'aller voir ses frères les fils d'Israël.

24 Voyant qu'on faisait du mal à l'un d'eux, il prit sa défense et frappa l'Égyptien pour venger l'opprimé.

25 Il pensait que ses frères comprendraient que par lui Dieu leur apportait le salut ; mais eux ne comprirent pas.

26 Le lendemain, il se fit voir à eux pendant qu'ils se battaient, et il essayait de rétablir la paix entre eux en leur disant :

Mes amis, vous êtes frères : pourquoi vous faire du mal les uns aux autres ?

27 Mais celui qui faisait du mal à ses compagnons le repoussa en disant :

Qui t'a institué chef et juge sur nous,
28 ***Veux-tu me tuer comme tu as tué hier l'Égyptien ?***

29 **À ces mots, Moïse s'enfuit, et vint séjourner dans le pays de Madiane, où il eut deux fils.**
30 **Au bout de quarante ans, au désert du mont Sinaï, un ange lui apparut dans la flamme d'un buisson en feu.**
31 **Moïse était étonné de ce qu'il voyait, et lorsqu'il s'approcha pour regarder, la voix du Seigneur se fit entendre :**
32 ***Je suis le Dieu de tes pères,***
le Dieu d'Abraham, d'Isaac et de Jacob.
Moïse se mit à trembler, et il n'osait pas regarder.
33 **Le Seigneur lui dit :**
Retire tes sandales,
car le lieu où tu te tiens est une terre sainte.
34 ***J'ai vu, oui, j'ai vu***
la misère de mon peuple qui est en Égypte ;
j'ai entendu leurs gémissements
et je suis descendu pour les délivrer.
Et maintenant, va !
Je veux t'envoyer en Égypte.
35 **Ce Moïse qu'ils avaient rejeté en disant : *Qui t'a institué chef et juge ?*, Dieu l'a envoyé comme chef et libérateur, avec l'aide de l'ange qui lui était apparu dans le buisson.**
36 **C'est lui qui les a fait sortir en faisant des prodiges et des signes dans le pays d'Égypte, à la mer Rouge, et dans le désert pendant quarante ans.**
37 **C'est ce Moïse qui a dit aux fils d'Israël :**
Au milieu de vos frères,
Dieu fera se lever un prophète comme moi.
38 **C'est lui qui était là dans l'assemblée du désert, avec l'ange qui lui parlait sur le mont Sinaï et avec vos pères : il reçut des paroles de vie pour nous les donner,**
39 **mais nos pères n'ont pas voulu lui obéir ; ils le repoussèrent et, leur cœur déjà retourné en Égypte,**
40 **ils dirent à Aaron :**
Fabrique-nous des dieux qui marcheront devant nous,
Car ce Moïse,
cet homme qui nous a fait sortir du pays d'Égypte,
nous ne savons pas ce qui lui est arrivé ?
41 **En ces jours-là, ils firent un veau ; ils offrirent un sacrifice à leur idole : ils mettaient leur joie dans cet objet sorti de leurs mains !**
42 **Alors Dieu se détourna et les laissa rendre un culte à l'armée du ciel, comme il est écrit dans le livre des prophètes :**
M'avez-vous donc offert des victimes et des sacrifices
pendant quarante ans au désert, maison d'Israël ?

43 *Vous avez plutôt porté la tente de Molok*
et l'étoile de votre dieu Réphane,
ces images que vous avez fabriquées pour les adorer.
Je vous enverrai habiter au-delà de Babylone!
44 **Nos pères, dans le désert, avaient la tente de la charte de l'Alliance. Ils l'avaient faite d'après les ordres de Celui qui parlait à Moïse et qui lui en avait montré le modèle.**
45 **Ils se la transmirent d'une génération à l'autre et, avec Josué, nos pères la firent entrer dans la terre promise, quand ils dépossédèrent les nations que Dieu avait chassées devant eux. Cela dura jusqu'au temps de David.**
46 **Celui-ci trouva grâce devant Dieu et il pria pour trouver une demeure au Dieu de Jacob.**
47 **Mais ce fut Salomon qui lui construisit une maison.**
48 **Pourtant, le Très-Haut n'habite pas dans des bâtiments faits par l'homme. C'est ce que dit le prophète :**
49 *Le ciel est mon trône,*
et la terre mon marchepied.
Quelle maison pourriez-vous me bâtir,
dit le Seigneur,
quel est le lieu où je pourrais me reposer?
50 *N'est-ce pas moi qui a tout créé?*
51 **Hommes à la tête dure, votre cœur et vos oreilles ne veulent pas connaître l'Alliance: depuis toujours vous résistez à l'Esprit saint; vous êtes bien comme vos pères!**
52 **Y a-t-il un prophète que vos pères n'ont pas persécuté? Ils ont même fait mourir ceux qui annonçaient d'avance la venue du Juste, celui-là que vous venez de livrer et de mettre à mort.**
53 **Vous qui aviez reçu la loi communiquée par les anges, vous ne l'avez pas observée.»**
54 **En écoutant cela, ils s'exaspéraient contre lui, et grinçaient des dents.**
55 **Mais Étienne, rempli de l'Esprit saint, regardait vers le ciel; il vit la gloire de Dieu, et Jésus debout à la droite de Dieu.**
56 **Il déclara: «Voici que je contemple les cieux ouverts: le Fils de l'homme est debout à la droite de Dieu.»**
57 **Ceux qui étaient là se bouchèrent les oreilles et se mirent à pousser de grands cris; tous à la fois, ils se précipitèrent sur lui,**
58 **l'entraînèrent hors de la ville et commencèrent à lui jeter des pierres. Les témoins avaient mis leurs vêtements aux pieds d'un jeune homme appelé Saul.**
59 **Étienne, pendant qu'on le lapidait, priait ainsi: «Seigneur Jésus, reçois mon esprit.»**

[60] **Puis il se mit à genoux et s'écria d'une voix forte : « Seigneur, ne leur compte pas ce péché. » Et, après cette parole, il s'endormit dans la mort.**
[1] **Quant à Saul, lui aussi approuvait ce meurtre.**

Activité et arrestation d'Étienne (6, 8-14)

Sans transition par rapport au récit de l'institution des Sept, Luc focalise l'attention sur le premier d'entre eux, Étienne, dans une activité tout autre que celle du service des tables pour laquelle il vient d'être élu. Il est un témoin puissant de la Parole de Dieu en accomplissant parmi le peuple *des prodiges et des signes éclatants*, ce qui l'assimile aux apôtres eux-mêmes (*cf.* 2, 43 ; 5, 12). On voit par là que le narrateur n'est pas attaché à une distinction hiérarchique rigoureuse des ministères dans l'Église, et qu'à ses yeux l'Esprit saint garde une grande liberté d'action, bousculant les frontières sagement tracées entre le service de la parole et celui des tables (plus largement la diaconie) !

Étienne entre en discussion, sur leur initiative, avec *les gens d'une synagogue* que Luc présente avec précision. D'après ses indications, on comprend qu'il s'agit de juifs qui devaient avoir une certaine affinité culturelle avec Étienne, étant comme lui originaires de la diaspora, tout en résidant à Jérusalem où ils ont leurs propres synagogues. Ils sont incapables de tenir tête à leur adversaire, du fait de la sagesse irrésistible qui lui est donnée par l'Esprit saint. En faisant ce constat, Luc songe certainement à la promesse de Jésus, qui y trouve son accomplissement (*cf.* Lc 21, 15). En concentrant dans les v. 8-10, outre la mention des signes et prodiges, les termes *grâce*, *puissance* et *sagesse*, Luc a amorcé un parallèle, non seulement avec les apôtres, mais avec Jésus lui-même (*cf.* Lc 2, 40.52 ; 4, 14). Ce parallèle se poursuivra dans les versets suivants et jusqu'à la fin de la relation du procès et de la mort d'Étienne.

Les interlocuteurs d'Étienne ont alors recours à une arme des faibles et des lâches, la calomnie. Comme Jésus en Lc 5, 21, il est accusé de blasphème ; comme Jésus selon Mc 14, 56 ss, il est victime de la délation de *faux témoins*. Luc n'avait pas retenu ce trait, n'ayant pas voulu relater un véritable procès de Jésus devant le Sanhédrin. Il semble l'avoir réservé pour le présent récit : l'accusation d'avoir *parlé contre le Lieu saint* rappelle exactement le faux témoignage rapporté par Marc. Celle de violer la Loi de Moïse a été également portée contre Jésus (Lc 6, 2 ; etc.). Les deux accusations conjointes seront plus loin portées contre Paul (Ac 21, 28).

Le v. 14 est l'écho des paroles de Jésus sur la destruction du Temple, déformées, tout comme en Mc 14, 58 et 15, 29, car Jésus n'a pas dit qu'il serait l'auteur de cette destruction (*cf.* Lc 21, 6) ! Cependant, les faux témoins n'ont peut-être pas tout inventé : à en juger par la fin de son discours (7, 46-50) il est probable qu'Étienne, interprétant la pensée de Jésus, avait déjà tenu des propos qui critiquaient une religion trop centrée sur le Temple fait de mains d'hommes, et que l'on a interprétés comme blasphématoires. En cela, il est vrai, il allait au-delà de la position de la communauté de Jérusalem, que nous avons vue encore très attachée au Lieu saint, mais exprimait probablement la position plus critique des « Hellénistes ».

Comparaissant devant le Sanhédrin, Étienne apparaît à ses membres, selon le narrateur, avec un visage ***semblable à celui d'un ange***. Cette indication, unique dans le N.T. et qui n'a guère de parallèle formel qu'en Jg 13, 6, peut évoquer la transfiguration de Jésus (Lc 9, 29), et aussi la figure de Moïse descendant du Sinaï, dont « la peau du visage rayonnait » (Ex 34, 35), ce Moïse qui va jouer un rôle central dans le discours d'Étienne. Pour le lecteur, ce trait anticipe sur la vision finale accordée au premier martyr chrétien (v. 55 s).

Le discours d'Étienne (7, 1-53)

Le grand prêtre interroge Étienne sur l'exactitude des griefs portés contre lui. Le prévenu s'engage alors dans un interminable discours, dont on a peine à croire que le grand conseil ait pu l'écouter sans interruption ! De deux choses l'une : ou bien ils ne voient aucun rapport entre le rappel détaillé d'une histoire sainte qu'ils connaissent par cœur et les accusations portées contre Étienne (ce qui doit être le cas des lecteurs non spécialisés du livre des Actes !), ou bien ils saisissent les insinuations critiques très subtiles qu'Étienne parsème dans cette évocation ; dans les deux cas ils devraient le faire taire.

Pour comprendre la portée de cette défense qui va s'achever en réquisitoire, il est nécessaire de bien sentir que Luc a rédigé ici, sans souci excessif de vraisemblance anecdotique, une sorte de manifeste d'une position théologique nouvelle, incarnée par Étienne, mais qui devait être celle des Hellénistes chrétiens, et qui va beaucoup plus loin que les premiers discours de Pierre, en instaurant une critique radicale du judaïsme. La thèse fondamentale s'en trouve exprimée à la fin, dans les v. 51-53. Étienne, accusé de renverser la Loi de Moïse, retourne le compliment à ses accusateurs, qui *résistent à l'Esprit saint* comme l'ont constamment fait leurs pères.

Il n'est guère possible ici de commenter en détails les 51 versets de ce discours. On se contentera de quelques remarques générales et d'une mise en valeur des traits les plus marquants. La première chose à repérer, c'est que ce discours n'innove pas au niveau du genre littéraire. Il est fréquent dans la Bible que, pour l'instruction du peuple de Dieu, un personnage l'appelle à faire mémoire de son histoire, en proposant une relecture plus ou moins critique de ses traditions. C'est le cas de psaumes didactiques comme les Ps 78, 105 ou 106, d'une exhortation à la fidélité comme le discours de Josué (Jos 24), ou de pamphlets comme Ez 16 ou 20, dénonçant comme va le faire Étienne les constantes infidélités d'Israël.

Une seconde remarque générale, nécessaire pour éclairer le lecteur zélé qui chercherait dans sa Bible les références aux événements évoqués dans ce discours, c'est que Luc utilise plus d'une fois des traditions rabbiniques, qui commentaient l'histoire biblique, en ne craignant pas de suppléer à ses non-dits, voire de mêler plusieurs récits pour les besoins de la cause. Le discours d'Étienne est donc lui-même une sorte de *targum* (libre paraphrase araméenne du texte biblique, pratiquée dans les synagogues du temps), qui survole l'histoire sainte.

Il aborde successivement quatre thèmes : l'alliance avec Abraham (v. 2-8), Joseph en Égypte (v. 9-16), Moïse chef et libérateur (v. 17-43) et la construction du Temple (v. 44-50) pour préparer sa sévère invective finale. Les deux derniers thèmes ont *a priori* une relation avec l'accusation dont Étienne est censé se défendre, puisqu'on lui a reproché d'avoir parlé contre le Lieu saint et contre la Loi de Moïse. Il faudra essayer de comprendre pourquoi il a voulu évoquer en préalable les figures des patriarches et de Joseph.

Abraham (v. 2-8)

La figure du père du peuple n'est pas évoquée pour souligner la foi d'Abraham, comme chez Paul (*cf.* Rm 4). La mise à l'épreuve de cette foi est à peine suggérée dans la note du v. 5 : *alors qu'il n'avait pas d'enfant.* Il semble qu'Étienne veuille surtout rappeler qu'en ses ancêtres, la vocation du peuple de Dieu fut marquée d'emblée par la rupture et par l'errance, plutôt que par l'installation.

Les v. 2-4 racontent les débuts de cette migration en suivant une tradition attestée par Philon et Flavius Josèphe, car en Gn 12, 1 Abraham reçoit l'appel de Dieu à Harrane, après la mort de son père. La divergence a peu de poids : l'essentiel est que *le Dieu de gloire* s'est révélé à l'origine bien loin du *lieu* où aujourd'hui les juifs voudraient fixer cette gloire ! Les v. 6-7 combinent librement Gn 15, 13 s et Ex 3, 12 pour évoquer l'annonce de la servitude en Égypte et de la libération accordée par Dieu ; mais, alors que dans l'Exode Dieu s'adressant à Moïse parlait de lui rendre un culte *sur cette montagne,* c'est-à-dire l'Horeb, Étienne dit plus vaguement *en ce lieu,* c'est-à-dire, semble-t-il, la terre promise à Abraham et à sa descendance. Cependant, en évoquant l'alliance de la circoncision, il souligne que cette alliance est celle de l'appartenance à un peuple, dans la continuité de ses générations, plus que celle de l'attachement à une terre sacrée. Au pays de l'exil, Dieu n'en sera pas moins *avec Joseph.*

Joseph (v. 9-16)

Ici Étienne résume à grands traits l'histoire de Joseph et de ses frères (Gn 37–50), sans citer de texte particulier. L'Égypte n'a pas toujours été le pays de l'esclavage pour Israël. Paradoxalement, c'est là que Dieu fait trouver à Joseph *grâce et sagesse* devant Pharaon (traduction exacte), et c'est là que par lui, qu'ils avaient rejeté par jalousie, ses frères ont été sauvés de la famine ! Ici s'esquisse une lecture typologique, que le lecteur chrétien peut déjà repérer : Joseph plein de grâce et de sagesse, Joseph sauveur de ses frères ingrats n'est-il pas une figure qui annonce le Christ ? Cette lecture se confirmera dans la présentation de l'histoire de Moïse.

L'évocation de la sépulture des patriarches, au v. 16, paraît à première vue une confusion entre des passages différents de la Genèse : en Gn 23, 16-18, Abraham achète à Éphron le Hittite une grotte sise à Hébron, et c'est là qu'est enseveli Jacob (Gn 50, 13) ; tandis qu'en Gn 33, 19 Jacob acquiert des fils d'Emmor une pièce de terre où seront transportés les ossements de Joseph, selon Jos 24, 32 ! Mais l'hypothèse d'une grossière erreur de Luc n'est guère satisfaisante. Il est probable qu'il s'agit plutôt d'un amalgame fort conscient, qui correspond pense-t-on à une tradition orale des Samaritains : il y aurait là une pointe polémique à l'égard des interlocuteurs d'Étienne, l'insistance sur Sichem comme lieu du tombeau des patriarches signifiant que le mémorial des pères est peut-être mieux gardé en terre hérétique que dans l'orthodoxe Judée!

Moïse (v. 17-43)

Comme plus haut, nous avons, jusqu'au v. 25, un résumé du récit biblique (Ex 1, 1–2, 10), avec une petite touche bien intéressante empruntée à la tradition orale : à savoir que le jeune Moïse *fut instruit de toute la sagesse des Égyptiens*; mais lorsqu'Étienne ajoute qu'il était *puissant par ses paroles et ses actes,* on pressent que le rédacteur nous prépare à voir se développer un parallèle avec la personne et l'œuvre de Jésus (*cf.* Lc 24, 19; Ac 1, 1). Cela se confirme au v. 25 avec l'expression *par lui Dieu leur apportait le salut,* peut-être aussi, au verset suivant, avec la formule *il se fit voir à eux,* qui semble une discrète allusion aux apparitions du Ressuscité. La relation détaillée de cet épisode du meurtre d'un Égyptien et de la fuite de Moïse dans le pays de Madiane (*cf.* Ex 2, 11-22), où Étienne cite les dialogues entre Moïse et ses frères en style direct, trouvera plus loin sa raison d'être dans l'exploitation de la parole contestataire : *Qui t'a institué chef et juge sur nous?* Comme dans le cas des patriarches, le survol de la vie de Moïse montre qu'elle est jalonnée de ruptures douloureuses, de déplacements, de retournements inattendus. À ce stade, en effet, Moïse n'est qu'un émigré qui a échoué, malgré son désir de solidarité avec les siens.

L'épisode du buisson ardent et de la vocation de Moïse est relaté en citant dans le désordre Ex 3, 5-8.10. Dans la ligne de ce qu'on a pressenti à propos de la vocation d'Abraham, il faut retenir que Dieu a déclaré *terre sainte* le lieu où il s'est révélé, qui est une *terre étrangère* par rapport à la Judée (*cf.* v. 6).

À partir du v. 35, Étienne ramasse l'histoire en la commentant : il n'hésite pas à attribuer à l'ensemble du peuple la parole prononcée naguère par l'un d'entre eux, pour signifier que si les Israélites ont rejeté Moïse, c'est pourtant lui que Dieu leur avait *envoyé comme chef et libérateur.* Avec le rappel des *prodiges et des signes* qui ont marqué l'aventure de la sortie d'Égypte, cette présentation vise évidemment à faire ressortir que Moïse préfigurait le destin de Jésus,

Chef et Sauveur d'Israël (*cf.* Ac 5, 31), que son peuple a *rejeté* (3, 13) mais que Dieu a fait *Seigneur et Christ* (2, 36) et dont la mission était accompagnée de *prodiges et de signes* (2, 22). L'intention devient évidente lorsqu'Étienne cite la parole de Moïse annonçant que Dieu fera un jour « se lever un prophète comme lui » (Dt 18, 15), déjà citée par Pierre en 3, 22.

À partir de là, Étienne aborde la question de la Loi, rejoignant directement le thème de son procès. On lui a reproché de *parler contre elle* (6, 13) ; or, il en parle très positivement en la désignant comme *paroles de vie* données par Moïse à nos pères (v. 38). Ce sont eux qui l'ont gravement violée, notamment en fabriquant le Veau d'or, après quoi Dieu se détourna d'eux et les laissa se plonger dans l'idolâtrie. L'idole, c'est un *objet sorti de leurs mains* (v. 41). Le rapprochement qu'on entendra au v. 48 donnera une singulière force polémique aux propos d'Étienne sur le Temple. Auparavant, il fustige encore la désobéissance du peuple en citant le prophète Amos (5, 25 ss, selon le texte grec) ; en substituant audacieusement *Babylone* à Damas, il lui fait annoncer la grande déportation de l'exil au VIe siècle, suggérant ainsi que toutes les générations d'Israël, depuis Moïse jusqu'à la fin de la royauté, ont persévéré dans la désobéissance à la Loi et dans l'idolâtrie ! C'est une interprétation tendancieuse de l'histoire, mais qui a son précédent chez Ézéchiel 16 ou 20.

Le Temple (v. 44-50)

Au v. 44, Étienne évoque la *tente du témoignage* (le texte ne parle pas de l'Alliance), construite au désert selon le modèle donné à Moïse par Dieu et qui accompagna le peuple dans la conquête de la terre promise, jusqu'au temps de David. Puis c'est le rappel de la construction du premier Temple par Salomon. Citant Is 66, 1 s, l'orateur devient ouvertement critique : il objecte à cette initiative que *le Très-haut n'habite pas dans ce qui est fait par la main* (sous-entendu *des hommes,* traduction littérale). S'ils ont bien écouté, les auditeurs de ce discours, qui sont les maîtres d'un Temple tout neuf objet d'une immense fierté, doivent être absolument scandalisés. Étienne insinue que ce Temple construit de main d'homme peut être assimilé au Veau d'or, c'est-à-dire à une idole (v. 41) ! Il relèverait du même projet insensé de mettre la main sur la présence de Dieu, de l'avoir à sa disposition, alors qu'il est le Créateur transcendant, souverain, jamais en repos, selon les paroles du prophète. Ce discours, assurément, n'est pas de nature à écarter l'accusation selon laquelle Étienne a *parlé contre le Lieu saint*!

On notera que pour se concentrer sur cette vive critique, il a singulièrement raccourci l'évocation de l'histoire sainte, faisant l'impasse sur la longue période de la royauté où Israël était installé dans la terre promise ; il réussit même le tour de force de ne pas citer le nom de Jérusalem ! Aggravant son cas, la péroraison va montrer que, pour lui, les autorités religieuses de Jérusalem sont les représentants d'une religion installée, sclérosée, bien éloignée de l'obéissance au Dieu vivant qui inspirait les prophètes.

Péroraison (v. 51-53)

Étienne avait respectueusement ouvert son discours en s'adressant à ses *frères et pères* (v. 2). On mesure le chemin parcouru en entendant l'invective finale, que la version liturgique atténue malencontreusement en la paraphrasant. Le texte est celui-ci : *(Hommes) à la nuque raide et incirconcis de cœur et d'oreilles.* Étienne cumule ainsi, d'une part l'expression par laquelle Dieu désignait le peuple idolâtre après l'affaire du Veau d'or, pour exprimer son obstination dans la désobéissance (Ex 32, 9 ; 33, 5), d'autre part une audacieuse image lancée par Jérémie (6, 10 ; 9, 26) pour dire l'incapacité de Jérusalem à s'ouvrir aux réalités spirituelles. Étienne accuse gravement ses interlocuteurs de *résister à l'Esprit saint*, comme leurs pères, qui ont persécuté les prophètes (dans sa fougue, il généralise un peu abusivement ; mais Jésus avait fait de même, *cf.* Lc 6, 26 ; 11, 47 ; 13, 34).

Arrive enfin la seule allusion directe aux événements du présent, sans même nommer Jésus comme l'a toujours fait Pierre et sans proclamer sa Résurrection. Son propos étant seulement accusateur, il se borne à évoquer les prophètes *qui annonçaient d'avance la venue du Juste, celui-là que vous venez de livrer et de mettre à mort.* Sa dernière parole est pour tirer la conclusion de tout ce rappel historique : ceux qui l'accusent de parler contre la Loi ne l'ont pas observée eux-mêmes ! Procédé classique et vigoureux où le système de défense consiste à passer à la contre-attaque.

Lapidation d'Étienne (7, 54–8, 1)

Le discours d'Étienne a *exaspéré* ses auditeurs : c'est la même réaction qu'en 5, 33, où les mêmes voulaient faire mourir les apôtres, avant que Gamaliel ne les ramène à la raison. Ils ont maintenant des motifs bien plus graves de vouloir faire taire définitivement un adversaire aussi dangereux. Lui-même doit se rendre compte qu'il a signé son arrêt de mort, et qu'il va connaître le même sort que tous les prophètes à la parole insupportable dont il est l'héritier. Mais il est au-delà de toute crainte terrestre, car l'Esprit saint dont il est rempli le fait devenir visionnaire des choses célestes : la gloire invisible de Dieu et Jésus triomphant à la droite du Père. Et comme un ultime témoignage, qui loin de les toucher doit leur rappeler fâcheusement les paroles provocantes de Jésus prononcées devant eux (Lc 22, 69), il clame enfin la glorification de celui qu'ils ont mis à mort : *Voici que je contemple les cieux ouverts : le Fils de l'homme est debout à la droite de Dieu.* Un lecteur attentif du N.T. reconnaîtra ici le seul texte où ce titre apocalyptique de « Fils de l'homme » est mis dans une autre bouche que celle de Jésus lui-même. Jésus avait parlé du Fils de l'homme *assis* à la droite de Dieu, image classique tirée du Ps 110 ; Étienne le voit *debout*, dans l'attitude victorieuse du Ressuscité (*cf.* Jn 20, 14).

C'en est trop pour les membres du Sanhédrin, qui se mettent à hurler et se précipitent pour lapider Étienne. C'est une sorte de lynchage spontané, sans prendre le temps de prononcer une sentence de mort. S'ils avaient été de sang-froid, ils auraient pris, comme dans le cas de Jésus, la précaution de le faire comparaître devant Pilate. Étienne, premier martyr chrétien, meurt ainsi de la mort des prophètes, celle que Jésus semblait avoir imaginée pour lui (*cf.* Lc 13, 34).

La fin de ce court récit montre à l'évidence que Luc a dans l'esprit le parallèle entre la mort d'Étienne et celle de Jésus. Il n'avait pas montré le crucifié accablé par la solitude de l'abandon ; après l'angoisse exprimée au mont des Oliviers, Jésus avait été réconforté par l'apparition d'un ange (Lc 22, 43), comme Étienne par sa vision* du Fils de l'homme. Puis il était mort en remettant son esprit entre les mains du Père, après avoir demandé le pardon pour ses persécuteurs (Lc 23, 34.46) : les deux paroles d'Étienne avant de *s'endormir dans la mort* sont l'exacte réplique de celles du Christ, prononcées de même *d'une voix forte*, comme un ultime témoignage public. Simplement, pour son témoin fidèle jusqu'à la mort, c'est le *Seigneur Jésus* qui a pris la place du *Père* pour l'accueillir dans la gloire.

Avec sa coutumière habileté narrative, et pour des raisons tout autres qu'anecdotiques, on le verra, Luc fait apparaître ici pour la première fois, comme en passant, le nommé Saul. C'est parce qu'il était encore un «jeune homme» (de moins de trente ans) qu'il ne pouvait participer activement à la mise à mort, et qu'il s'est proposé comme gardien de vestiaire, car il *approuvait ce meurtre* (8, 1). L'apôtre Paul vieillissant, lui-même menacé de lynchage, confirmera le fait devant la foule de Jérusalem (22, 20).

Troisième partie

LA PAROLE PART DE JÉRUSALEM POUR ATTEINDRE LES PAÏENS

La Parole part de Jérusalem pour atteindre les païens (8, 1b–15, 39)

1. La persécution entraîne la diffusion de l'Évangile en Judée et en Samarie (8, 1b-40)

Comme pour les chapitres 3 et 4, il paraît judicieux de dédoubler ce long récit. Il est unifié par la présence et l'action de Philippe, mais comporte deux parties bien distinctes, l'une portant sur l'évangélisation de la Samarie, l'autre sur la conversion de l'eunuque éthiopien.

A. L'ÉVANGILE EN SAMARIE (8, 1b-25)

1b Ce jour-là, éclata une violente persécution contre l'Église de Jérusalem. Tous se dispersèrent dans les campagnes de Judée et de Samarie, à l'exception des apôtres.
2 Des hommes religieux ensevelirent Étienne et firent sur lui une grande lamentation.
3 Quant à Saul, il cherchait à détruire l'Église, il pénétrait dans les maisons, en arrachait hommes et femmes, et les mettait en prison.
4 Ceux qui s'étaient dispersés allèrent répandre partout la Bonne Nouvelle de la Parole.
5 C'est ainsi que Philippe, l'un des Sept, arriva dans une ville de Samarie, et là il proclamait le Christ.
6 Les foules, d'un seul cœur, s'attachaient à ce que disait Philippe, car tous entendaient parler des signes qu'il accomplissait, ou même ils les voyaient.
7 Beaucoup de possédés étaient délivrés des esprits mauvais, qui

les quittaient en poussant de grands cris. Beaucoup de paralysés et d'infirmes furent guéris.
8 Et il y eut dans cette ville une grande joie.
9 Or il y avait déjà dans la ville un homme du nom de Simon ; il pratiquait la magie et éblouissait la population de Samarie, prétendant être un grand personnage.
10 Et tous, du plus petit jusqu'au plus grand, s'attachaient à lui en disant : « Cet homme est la Puissance de Dieu, celle qu'on appelle la Grande Puissance. »
11 Ils s'attachaient à lui du fait que depuis un certain temps il les éblouissait par ses pratiques magiques.
12 Mais quand ils commencèrent à croire Philippe qui annonçait la Bonne Nouvelle du règne de Dieu et du nom de Jésus Christ, hommes et femmes se faisaient baptiser.
13 Simon lui-même se mit à croire ; ayant été baptisé, il suivait fidèlement Philippe ; voyant les signes et les actes de grande puissance qui se produisaient, il était ébloui.
14 Les apôtres, restés à Jérusalem, apprirent que la Samarie avait accueilli la parole de Dieu. Alors ils leur envoyèrent Pierre et Jean.
15 À leur arrivée, ceux-ci prièrent pour les Samaritains afin qu'ils reçoivent le Saint-Esprit ;
16 en effet, l'Esprit n'était encore venu sur aucun d'entre eux : ils étaient seulement baptisés au nom du Seigneur Jésus.
17 Alors Pierre et Jean leur imposèrent les mains, et ils recevaient le Saint-Esprit.
18 Simon, voyant que le Saint-Esprit était donné par l'imposition des mains des apôtres, leur offrit de l'argent en disant :
19 « Donnez-moi, à moi aussi, ce pouvoir : ainsi tous ceux à qui j'imposerai les mains recevront le Saint-Esprit. »
20 Pierre lui dit : « Périsse ton argent, et toi avec, puisque tu as cru pouvoir acheter le don de Dieu à prix d'argent !
21 Tu n'as droit ici à aucune part, à aucune place, car devant Dieu ton cœur n'est pas droit.
22 Détourne-toi donc de ce mal que tu veux faire, et prie le Seigneur : il te pardonnera peut-être cette idée que tu as dans le cœur.
23 Car je le vois bien : tu es plein d'aigreur amère, tu es enchaîné dans l'iniquité. »
24 Simon répondit : « Priez vous-mêmes pour moi le Seigneur, afin qu'il n'arrive rien de ce que vous avez dit. »
25 Quant à Pierre et Jean, ayant rendu témoignage et proclamé la parole du Seigneur, ils retournaient à Jérusalem en annonçant l'Évangile à un grand nombre de villages samaritains.

Les conséquences de la mort d'Étienne (v. 1b-4)

Les découpages dans un livre comme les Actes des Apôtres sont toujours un peu arbitraires. On aurait pu rattacher ces versets 1b-4 à la section précédente, car ils traitent des conséquences immédiates (*ce jour-là*) de la mort d'Étienne. Mais il est vrai que ces quelques lignes charnières donnent la clé de ce qui va suivre. Luc nous y montre comment, d'une apparente défaite, le Seigneur fait sortir une avancée victorieuse de son plan pour l'annonce de la Bonne Nouvelle au monde. Cette brève notice est très contrastée, évoquant à la fois la violence et l'élargissement du conflit déclenché par le martyre d'Étienne, et une sortie des chrétiens hors de Jérusalem, qui va s'avérer un événement très positif.

La rédaction de Luc laisse entendre que les apôtres seuls seraient restés à Jérusalem, comme pour braver courageusement le Sanhédrin hostile. On a de bonnes raisons de penser que la réalité historique fut un peu différente : c'est probablement le groupe des Hellénistes, dont Étienne était le porte-parole, qui a subi de plein fouet la persécution des autorités, et qui s'est *dispersé dans les campagnes de Judée et de Samarie* (v. 1). Dans la suite, on verra bien qu'une communauté assez large de judéo-chrétiens a subsisté à Jérusalem (*cf.* 9, 26 ; 11, 2 ; 12, 13 ; etc.).

Très contrastée encore, la double réaction notée dans les v. 2-3 à la suite du lynchage d'Étienne : ceux qui l'ensevelissent se lamentent sur le sort tragique d'un prophète assassiné, mais Saul, qui avait approuvé ce meurtre, reste cohérent avec cette position en s'acharnant lui-même activement contre l'Église. Dans sa sobriété le v. 4 marque un tournant décisif : l'annonce de la Bonne Nouvelle sort des murs de Jérusalem et *se répand partout*, c'est-à-dire en Judée et Samarie où se sont dispersés les chrétiens persécutés. C'est la deuxième phase du témoignage annoncé par Jésus en 1, 8, et il est remarquable de constater que cette avancée est le fait de simples chrétiens anonymes qui, loin de se laisser abattre et de déplorer la dislocation de leur Église, savent donner un sens positif à ce déracinement imposé, et ouvrir des voies nouvelles.

Philippe évangélise la Samarie (v. 5-13)

Luc précise qu'il s'agit de Philippe, *l'un des Sept*, car il existe un Philippe parmi les Douze (*cf.* Jn 6, 5 ; 14, 8). Celui-ci était le deuxième nommé dans la liste des Sept, et il prend le relais d'Étienne au service de la Parole : la remarque selon laquelle l'Esprit saint, en ces débuts de l'Église, prend la liberté de bousculer une spécialisation rigide des ministères, est ainsi pleinement confirmée.

L'étape de la Samarie constitue une avancée non seulement géographique, mais religieuse. Le lecteur des Actes symbolisé par Théophile doit savoir, par la lecture du premier livre de Luc, à quel point les Samaritains et les juifs étaient alors comme des frères ennemis, séparés par un schisme religieux source d'une véritable haine (*cf.* Lc 9, 52-55). Mais Jésus avait appelé à surmonter cet antagonisme : voir Lc 10, 29-37 ; 17, 16-19 ; et bien sûr Jn 4, 1-42. Nous assistons donc ici à l'ouverture que ces textes préfiguraient : c'est la première sortie du message évangélique hors du cadre strict du judaïsme où il a pris naissance.

Philippe *proclame le Christ* dans une ville de Samarie : cette formule condensée du message convient bien, dans la mesure où les Samaritains étaient au fait de l'attente messianique juive et y participaient d'une certaine manière (*cf.* Jn 4, 25). Quand d'autres messagers de l'Évangile s'adresseront aux Grecs d'Antioche, Luc adaptera son écriture pour dire qu'ils annoncent la Bonne Nouvelle de Jésus *Seigneur* (11, 20), titre qu'ils peuvent comprendre. Ces variations dans l'expression sont mûrement pesées.

Comme celle des apôtres et d'Étienne, la prédication de Philippe s'accompagne de signes prodigieux, guérisons et exorcismes spectaculaires (v. 6-7), en conséquence de quoi *il y eut dans cette ville une grande joie* (v. 8) : c'est là une note lucanienne typique, la joie ou l'allégresse étant constamment dans son œuvre le signe de la réception du salut (*cf.* Lc 2, 10 ; 10, 17 ; 13, 17 ; etc. ; Ac 2, 46 ; 8, 39 ; 13, 48 ; 16, 34).

Versets 9-13

Ce passage est consacré à une conversion individuelle particulièrement significative de la force merveilleuse de l'Évangile. Des effets de style concourent à le souligner, avec le jeu du verbe ici traduit par *éblouir* (on pourrait dire aussi « s'extasier ») et du vocabulaire de la *grandeur* et de la *puissance*. Le magicien, ou plutôt le *mage* Simon est un personnage connu par ailleurs. Certains Pères de l'Église le dénoncent comme un hérétique juif, fondateur d'une secte apparentée aux religions à mystère, qui attirait ses adeptes par ses pratiques magiques. Il avait donc un grand succès dans cette ville samaritaine (que Luc ne nomme pas), ses adeptes lui attribuant une puissance divine !

Le narrateur se plaît à lui opposer la puissance encore plus grande que manifestent les actes de Philippe, qui va détacher de lui ses admirateurs, et le convaincre lui-même de se faire baptiser. On notera au v. 12 la belle formule, encore lapidaire mais plus développée, avec laquelle Luc caractérise le message de Philippe : ***Il annonçait la Bonne Nouvelle du règne de Dieu et du nom de Jésus Christ.*** Avec le retour de la mention du Saint-Esprit dans les versets suivants, on n'est pas loin d'une approche de la foi trinitaire, qui ne sera définie doctrinalement que plus tard. La fin du v. 13 marque avec une certaine ironie que la vraie ***grande puissance*** appartient à l'évangéliste, et que celui qui ***éblouissait*** la population en est lui-même ***ébloui*** !

Pierre et Jean en Samarie (v. 14-25)

Ce troisième épisode de la séquence présente sous un double aspect une mission apostolique envoyée de Jérusalem en Samarie. On peut penser que les apôtres restés à Jérusalem ont été joyeux d'apprendre que ***la Samarie avait accueilli la parole de Dieu***, mais Luc ne le précise pas. Le récit souligne plutôt le fait qu'ils se sentent responsables de vérifier la validité d'une œuvre missionnaire dont ils n'ont pas pris l'initiative, en déléguant Pierre et Jean (v. 14). De fait, leur venue semble avoir été nécessaire pour parachever l'œuvre de Philippe, puisque, nous dit Luc, le baptême de ces Samaritains n'avait pas été accompagné de la réception du Saint-Esprit, contrairement à la promesse de Pierre en 2, 38 qui liait ce don au baptême ***au nom de Jésus Christ.*** Le rapprochement fait problème quand nous lisons ici qu'ils étaient ***seulement*** baptisés au nom de Jésus Christ ! Le v. 17 lie donc le don du Saint-Esprit à un geste d'imposition des mains, indépendant du baptême, et qui peut sembler l'apanage des seuls apôtres. D'autres cas de figure se présenteront encore ; les questions que cela pose sont éclairées dans un encadré sur ce thème (cf. p. 98).

Versets 18-24

Ce passage traite d'un épisode dramatique où réapparaît l'étrange personnage de Simon. Celui-ci *voit* que le Saint-Esprit est donné par l'imposition des mains des apôtres : l'expression sous-entend qu'il y a eu quelque manifestation évidente de cette réception, peut-être le parler en langues (comme bientôt en 10, 46)? Simon, pas entièrement délivré sans doute du désir de pouvoir religieux qui devait l'habiter naguère, convoite ce qui lui semble une faculté peut-être un peu magique, et transmissible, et offre de l'argent aux apôtres pour qu'ils lui en fassent part. C'est là, après l'histoire d'Ananie, une nouvelle offensive de l'argent corrupteur. Comme dans le premier cas, elle suscite une violente réprobation de la part de Pierre, en forme de malédiction (par certains traits, la rédaction paraît s'inspirer de Dt 29, 17 ss).

Simon témoigne d'une totale méconnaissance de la gratuité des dons de Dieu, en même temps que d'une excessive confiance dans le pouvoir de l'argent, cette idole que Jésus a dénoncée sous le nom de «Mamon d'injustice» (Lc 16, 9-13 : *l'argent trompeur* dans la version liturgique). Cette perversion du cœur exclut Simon de la communauté des croyants. Cependant, contrairement au cas d'Ananie et Saphire, Pierre lui ouvre, mais sans la lui assurer, une possibilité de pardon (v. 22). Il l'appelle à se *détourner de ce mal*, littéralement à se convertir, à changer de mentalité (le même verbe qu'en 2, 38 ou 3, 19), ce qui implique que sa demande du baptême, fruit d'un certain *croire* (v. 13) ne relevait pas d'une conversion en profondeur. Simon, fortement impressionné, demande alors l'intercession des apôtres (v. 24). Le texte occidental ajoute ici que Simon *ne cessait de pleurer beaucoup*, note qui le rapproche du repentir de l'autre Simon (Pierre) après son reniement (Lc 22, 62). Il est donc permis de penser que le personnage historique de Simon, l'ancien mage, a été lui aussi réintégré dans la communauté. Mais du fait de sa malheureuse proposition, qui n'a pas abouti, la réprobation est restée attachée à son nom, puisqu'on a forgé le mot «simonie» pour désigner globalement toutes formes de trafic des sacrements, qui ont trop souvent accompagné l'histoire de l'Église!

Le récit s'achève au v. 25 avec la mention du retour à Jérusalem de Pierre et Jean. La notice est intéressante car elle montre que ces deux apôtres ne s'enferment pas dans un rôle d'inspecteurs ecclésiastiques, et qu'ils profitent de ce voyage pour annoncer eux-mêmes l'Évangile *à un grand nombre de villages samaritains*, participant ainsi à l'évangélisation amorcée par Philippe dans la ville.

B. PHILIPPE ET L'EUNUQUE ÉTHIOPIEN (8, 26-40)

26 **L'Ange du Seigneur adressa la parole à Philippe : « Mets-toi en marche vers le midi, prends la route qui descend de Jérusalem à Gaza ; elle est déserte. »**

27 **Et Philippe se mit en marche. Or, un Éthiopien, un eunuque, haut fonctionnaire de Candace, reine d'Éthiopie, administrateur de tous ses trésors, était venu à Jérusalem pour adorer Dieu.**

28 **Il en revenait, assis dans son char, et lisait le prophète Isaïe.**

29 **L'Esprit du Seigneur dit à Philippe : « Avance, et rejoins ce char. »**

30 **Philippe s'approcha en courant, et il entendit que l'homme lisait le prophète Isaïe ; alors il lui demanda : « Comprends-tu vraiment ce que tu lis ? »**

31 **L'autre lui répondit : « Comment pourrais-je comprendre s'il n'y a personne pour me guider ? » Il invita donc Philippe à monter et à s'asseoir à côté de lui. Le passage de l'Écriture qu'il lisait était celui-ci :**

32 ***Comme une brebis, on l'a conduit à l'abattoir,***
comme un agneau muet devant le tondeur,
il n'ouvre pas la bouche.

33 ***À cause de son humiliation,***
sa condamnation a été levée.
Sa destinée, qui la racontera ?
Car sa vie a été retranchée de la terre.

34 **L'eunuque dit à Philippe : « Dis-moi, je te prie : de qui parle-t-il ? De lui-même, ou bien d'un autre ? »**

35 **Alors Philippe prit la parole, et, à partir de ce passage de l'Écriture, il lui annonça la Bonne Nouvelle de Jésus.**

36 **Comme ils poursuivaient leur route, ils arrivèrent à un point d'eau, et l'eunuque dit : « Voici de l'eau : qu'est-ce qui empêche que je reçoive le baptême ? »**

38 **Il fit arrêter le char, ils descendirent dans l'eau tous les deux, et Philippe baptisa l'eunuque.**

39 **Quand ils furent remontés de l'eau, l'Esprit du Seigneur emporta Philippe ; l'eunuque ne le voyait plus, mais il poursuivit sa route, tout joyeux.**

40 **Philippe se retrouva dans la ville d'Ashdod, il annonçait la Bonne Nouvelle dans toutes les villes où il passait jusqu'à son arrivée à Césarée.**

La rencontre sur la route (v. 26-29)

Ce récit, fort bien construit, commence par une mise en route étrange. Le lecteur se demande pourquoi *l'Ange du Seigneur* ordonne à Philippe, l'homme de la communication, de se rendre sur une route déserte. L'évangéliste, obéissant sans demander d'explication (comme Abraham lors de son appel), se met donc en marche. Le suspense est de courte durée et l'ordre reçu va bientôt prendre sens, car la route n'est pas totalement déserte, et l'on pressent qu'elle va être le lieu d'une importante rencontre.

Luc présente en effet un nouveau personnage, et tous les traits de sa présentation détaillée doivent être retenus. Cet homme est un étranger, un Africain qui retourne dans son lointain pays, l'Éthiopie. C'est un homme qui a subi une mutilation, un eunuque qui, selon la Loi juive, ne devrait pas être admis dans l'assemblée d'Israël (Dt 23, 2). Socialement, dans son pays, c'est un personnage important, trésorier, peut-être même ministre des finances, de la reine d'Éthiopie. Il a les moyens de se payer un long voyage avec tout un équipage personnel, et aussi d'acquérir un coûteux rouleau manuscrit des Écritures juives. On peut supposer qu'il l'a acheté en passant à Alexandrie, dans la version grecque des Septante, lorsqu'il se rendait à Jérusalem, dont il revient maintenant. Il y est allé *pour adorer Dieu* (litt. *se prosterner*). Certains en déduisent que c'était un juif vivant en Éthiopie. Ce ne serait pas impossible, mais il est plus probable que Luc le considère comme un «prosélyte», un païen converti au judaïsme, pour montrer une nouvelle avancée de l'Évangile, atteignant des catégories religieuses de plus en plus éloignées de son point de départ. Dans ce cas, cet eunuque éthiopien aurait bénéficié des promesses qu'on lit en Is 56, 3-7, où précisément il est offert aux «fils de l'étranger» et aux «eunuques» d'entrer dans l'alliance du Seigneur, parce que sa Maison «sera appelée Maison de prière pour tous les peuples» (texte cité en Lc 19, 46).

L'Esprit du Seigneur dit à Philippe d'avancer et de rejoindre le char (v. 29). Luc fait jouer sans problème à l'Esprit le même rôle qu'il attribuait à l'Ange du Seigneur au v. 26 : cette liberté d'écriture, qu'on trouve déjà dans l'A.T., incite à ne pas faire une lecture littéraliste des récits de ce genre, l'auteur usant de diverses figures littéraires pour exprimer la conviction qu'une telle rencontre a été préparée et conduite par Dieu. On retrouvera pareille liberté dans le récit d'une nouvelle rencontre décisive, celle de Pierre et Corneille, où interviendront indifféremment *l'Ange du Seigneur*, la *vision*, *l'Esprit*, la *Voix*, pour donner des directives aux acteurs du récit.

Le dialogue décisif (v. 30-35)

En s'approchant avec empressement, Philippe *entend* que l'homme lisait le prophète Isaïe : c'était une lecture à haute voix, selon l'habitude de l'époque. Comme on le verra encore dans le récit du chapitre 10, l'Esprit ne dicte pas tout à celui qu'il conduit ; le serviteur de Dieu doit faire jouer sa réflexion, son attention à l'autre. Philippe, qui doit se demander dans quel but il a été envoyé vers cet homme, pressent que sa lecture du texte prophétique doit faire difficulté. Il le questionne, dans un jeu de mots intraduisible (*comprendre* et *lire* sont deux verbes de la même racine, en grec) : *Comprends-tu ce que tu lis?* L'adjonction de *vraiment* atténue la force de cette interpellation, assez audacieuse car Philippe s'adresse ainsi sans préliminaires à un inconnu, de surcroît un grand personnage ! Mais loin d'être choqué par une question qui aurait pu lui paraître impertinente, ce haut dignitaire étranger avoue avec simplicité qu'effectivement le texte qu'il lit lui reste fermé.

Sa réponse est très finement exprimée, et bien traduite en gardant la forme verbale : *Comment pourrais-je (comprendre) s'il n'y a personne pour me guider* (litt. : *me conduire sur le chemin*, le rôle que Jésus attribue à l'Esprit de vérité en Jn 16, 13). Ce lecteur ne demande pas qu'on lui livre tout fait le sens du texte, il demande à être aidé dans sa quête personnelle de cette signification qui fait problème. L'invitation qu'il fait à Philippe de *monter s'asseoir à côté de lui*, dans une relation d'égalité, montre qu'il pressent chez celui qui l'a mystérieusement rejoint le guide fraternel dont il a besoin pour interpréter ce passage difficile de l'Écriture.

Ce texte, cité selon le grec dans les v. 32-33, est un fragment du quatrième poème du « Serviteur du Seigneur », dans le deuxième Isaïe (Is 53, 7-8). Il est clair que l'enjeu est la compréhension de l'ensemble du poème. La description du Serviteur souffrant en tant qu'humble victime innocente, dont la mort est bénéfique aux foules, et que Dieu élève et glorifie au-delà de la mort, n'est pas difficile à saisir, au moins dans les grandes lignes. Ce qui est énigmatique, c'est l'identification de ce personnage. L'eunuque est un lecteur intelligent qui pose exactement la question que depuis toujours se posent les exégètes à ce sujet : *De qui le prophète parle-t-il, de lui-même ou bien d'un autre?* (v. 34). Bien des interprétations sont en effet possibles, et les rabbins les avaient explorées. Isaïe pourrait annoncer son propre destin, ou évoquer la persécution d'un autre prophète comme Jérémie, ou encore prophétiser le sort tragique et mystérieux du «serviteur de Dieu» qu'est le peuple d'Israël, ou d'une minorité fidèle de ce dernier.

Philippe va transmettre une interprétation *chrétienne* de ce texte d'Is 53. Quoique le N.T. ne s'y réfère explicitement qu'assez rarement, c'est un de ceux qui ont certainement le plus aidé les premières générations chrétiennes à surmonter le scandale de la croix, et à donner sens au sacrifice du Christ. Quelle que soit la conscience qu'ait pu avoir le prophète de décrire le destin futur du Messie, ce qui est très douteux, la réalité historique de la Passion, de la mort et de la glorification de Jésus vient donner un contenu à l'hymne du Serviteur souffrant. Réciproquement, cette Écriture permet de découvrir que ces événements ont un sens, qui s'inscrit dans le dessein de salut de Dieu. *Alors Philippe, à partir de ce passage de l'Écriture, lui annonça la Bonne Nouvelle de Jésus* (v. 35).

Le lecteur attentif du premier livre de Luc reconnaîtra une frappante analogie entre ce verset et l'enseignement de Jésus aux disciples d'Emmaüs : «Partant de Moïse et de tous les prophètes, il leur expliqua, dans toute l'Écriture, ce qui le concernait» (Lc 24, 27). Il s'agit dans les deux cas d'une catéchèse chrétienne sur la base de l'A.T. La démarche est simplement inversée : les disciples se heurtaient à l'événement incompréhensible qu'était la mort de leur Maître : Jésus lui donne sens en leur montrant que ce cheminement de la souffrance à la gloire était annoncé, de manière voilée, dans bien des passages de l'Écriture. L'eunuque, lui, se heurtait à une Écriture énigmatique, et Philippe la lui éclaire en lui racontant les événements évangéliques qui lui donnent sens en l'accomplissant. Ce va-et-vient de Jésus à l'Écriture et de l'Écriture à Jésus reste un élément essentiel de toute catéchèse chrétienne. Luc a certainement pris un grand soin à rédiger dans cette intention ces deux récits complémentaires.

Sans s'y attarder dans le détail, on peut faire remarquer que la structure des deux récits est très parallèle : dans les deux cas, il s'agit de voyageurs affrontés à un problème difficile, de l'arrivée inopinée d'un inconnu qui va aider à le résoudre, d'un questionnement indiscret de ce compagnon de voyage, d'un honnête aveu de la difficulté par ceux qui sont interpellés, et d'une réponse, centrée sur le mystère de Jésus, qui fait jaillir la lumière. En fait, dans les deux cas, cette instruction décisive est évoquée dans une phrase très condensée. Le narrateur nous laisse supposer que cette « catéchèse en chemin » a pu être développée assez longuement, pour faire brûler le cœur des disciples (Lc 24, 32), ou pour amener l'eunuque à demander le baptême.

Baptême et séparation (v. 36-40)

La catéchèse improvisée de Philippe a dû être assez complète et persuasive pour que son interlocuteur, déjà nourri des Écritures, comprenne que ce message appelle la décision de la foi et que cette décision doit se manifester dans la demande du baptême chrétien. On a vu, depuis le récit de la Pentecôte, que cette réponse de la foi et cet engagement pouvaient suivre immédiatement une première proclamation de l'Évangile, un enseignement plus approfondi se faisant par la suite. La formulation de la question de l'eunuque à Philippe : *Qu'est-ce qui empêche que je reçoive le baptême?* (v. 36) est peut-être un écho d'anciennes liturgies baptismales, où l'on trouve cette mention d'un « empêchement » éventuel (*cf.* 10, 47 ; 11, 17). Le texte traditionnel que suit la version liturgique, curieusement, ne comporte pas de réponse de Philippe, autre que le passage à l'acte, et semble signaler une lacune en n'ayant pas de verset 37 ! La TOB donne en note ce verset, tel qu'on le trouve dans des manuscrits occidentaux : *« Si tu crois de tout ton cœur, c'est permis. » L'eunuque répondit : « Je crois que Jésus Christ est le Fils de Dieu. »* L'auteur de cette adjonction, peut-être Luc lui-même en révisant son texte, a voulu compléter par ce dialogue traditionnel de confession de foi baptismale l'évocation du baptême de l'Éthiopien, par ailleurs concrètement décrit.

On s'arrête au bord d'un oued rencontré sur la route de Gaza, et l'acte du baptême est présenté aux v. 38-39a comme une *descente dans l'eau* et une *remontée de l'eau* (*cf.* Mc 1, 10) qui symbolisent bien le sens du baptême comme une participation à l'abaissement et à l'élévation du Christ (à sa mort et à sa résurrection, *cf.* Rm 6, 1-11).

BAPTÊME, IMPOSITION DES MAINS, DON DE L'ESPRIT

La manière dont le récit des Actes présente l'entrée dans l'Église de nouveaux membres, et leur réception de l'Esprit saint, est extrêmement diverse, et cela peut surprendre. L'ordre indiqué par Pierre en 2, 38 : conversion, baptême au nom de Jésus Christ et réception de l'Esprit ne se retrouve guère au long du livre. On ne s'étonnera pas que dans de brèves notices évoquant de nouvelles conversions (2, 47 ; 4, 4 ; 6, 7 ; 11, 21 ; 13, 48 ; 14, 1) le baptême ne soit pas mentionné : cela est certainement sous-entendu. Mais là où le baptême est relaté comme sanctionnant l'adhésion des néophytes à la foi, comme en 8, 36-39 ; 16, 15.33 ; 18, 8, on peut se demander pourquoi le don de l'Esprit n'y est pas associé. Il y a par ailleurs des cas où l'ordre classique est nettement bousculé : en 8, 14-17, le baptême *au nom de Jésus Christ* n'ayant pas conféré le don de l'Esprit saint, Pierre et Jean y pourvoient par la prière et l'imposition des mains. On pourrait penser que c'est là un pouvoir spécifique accordé aux apôtres. Mais en 9, 17 s, c'est un simple chrétien qui impose les mains à Saul, pour qu'il guérisse et soit rempli du Saint-Esprit. Il reçoit ensuite le baptême. En 10, 44-48, l'Esprit fait soudain irruption sur ceux qui écoutent la Parole, et le baptême leur est donné comme une sorte de «régularisation» ecclésiale ! En 18, 25, Apollos, qui enseigne exactement ce qui concerne Jésus, ne connaît que le *baptême de Jean* : lorsqu'on lui présente plus exactement la Voie de Dieu, le récit ne dit rien de son baptême «chrétien» ou de sa réception de l'Esprit. Mais curieusement, juste après, des disciples, comme lui baptisés du baptême de Jean, et mieux instruits par Paul, sont baptisés *au nom du Seigneur Jésus* puis Paul leur impose les mains et l'Esprit saint vient sur eux (19, 3-6).

Naturellement, on peut expliquer cette diversité, voire ces divergences, comme relevant de diverses sources, qui témoignent d'expériences ou de pratiques différentes selon les communautés dont Luc a recueilli les traditions. Mais le fait qu'il n'ait nullement cherché à les harmoniser montre qu'il n'était pas soucieux de présenter un schéma normatif à cet égard, pas plus qu'en ce qui concerne l'organisation ecclésiale ou les ministères. Son livre témoigne ainsi de la liberté et du dynamisme créateur de l'Esprit saint aux premiers temps de l'Église. En canonisant le livre des Actes, l'Église du second siècle a canonisé cette diversité et cette souplesse. Les débats œcuméniques contemporains seraient bienvenus de s'en inspirer.

Le rapprochement esquissé plus haut avec le récit des disciples d'Emmaüs peut se poursuivre en remarquant à nouveau le caractère complémentaire des deux récits. Au terme d'un parcours biblique, ils mentionnent chacun, comme un moment décisif de la reconnaissance de la foi, soit la *fraction du pain* (Lc 24, 30), soit le *baptême,* c'est-à-dire les deux signes essentiels de la participation des croyants à la vie que le Christ communique. Dans les deux cas, Luc veut rappeler à ses lecteurs un cheminement toujours valable de l'éveil de la foi, qui passe par l'écoute de la Bonne Nouvelle de Jésus Christ, en lien avec l'explication de l'Écriture, et par la réception des signes concrets du salut, le baptême et l'eucharistie.

À l'instant même de la reconnaissance, Jésus disparaissait aux yeux des deux disciples, à Emmaüs (Lc 24, 31). De la même manière, le récit s'achève ici très brusquement : *L'Esprit du Seigneur emporta Philippe ; l'eunuque ne le voyait plus, mais il poursuivait sa route, tout joyeux* (v. 39b). Ayant reçu l'essentiel, le nouveau baptisé sera capable de se passer du guide providentiel que Dieu lui a envoyé, en réponse à sa quête de vérité. Malgré la soudaine disparition de Philippe, il repart vers son pays plein de joie, joie de la découverte de l'Évangile, souvent soulignée par Luc.

Quant à l'évangéliste, à la manière des récits épiques du cycle d'Élie, il est *emporté par l'Esprit* (*cf.* 1 R 18, 12 ; 2 R 2, 11), mais pas pour le ciel ! Il est envoyé poursuivre l'annonce de la Bonne Nouvelle aux villes de la côte méditerranéenne, en remontant vers le nord jusqu'à *Césarée,* métropole de la Palestine romaine, où il s'établira (*cf.* Ac 21, 8). Une fois de plus, Luc introduit habilement une sorte d'information anticipatrice : cette première mention de Césarée fait pressentir la prochaine évangélisation des païens, dont le principe sera découvert par Pierre précisément dans cette ville.

2. Le Seigneur Jésus se manifeste à Saul, qui commence aussitôt à annoncer l'Évangile (9, 1-30)

1 Saul était toujours animé d'une rage meurtrière contre les disciples du Seigneur. Il alla trouver le grand prêtre

2 et lui demanda des lettres pour les synagogues de Damas, afin de faire prisonniers et de ramener à Jérusalem tous les adeptes de la Voie de Jésus, hommes et femmes, qu'il découvrirait.

3 **Comme il était en route et approchait de Damas, une lumière venant du ciel l'enveloppa soudain de sa clarté.**
4 **Il tomba par terre, et il entendit une voix qui lui disait : « Saul, Saul, pourquoi me persécuter ? »**
5 **Il répondit : « Qui es-tu, Seigneur ? — Je suis Jésus, celui que tu persécutes.**
6 **Relève-toi et entre dans la ville : on te dira ce que tu dois faire. »**
7 **Ses compagnons de route s'étaient arrêtés, muets de stupeur : ils entendaient la voix, mais ne voyaient personne.**
8 **Saul se releva et, bien qu'il eût les yeux ouverts, il ne voyait rien. Ils le prirent par la main pour le faire entrer à Damas.**
9 **Pendant trois jours, il fut privé de la vue et il resta sans manger ni boire.**
10 **Or, il y avait à Damas un disciple nommé Ananie. Dans une vision, le Seigneur l'appela ; « Ananie ! » Il répondit : « Me voici, Seigneur. »**
11 **Le Seigneur reprit : « Lève-toi, va dans la rue Droite, chez Jude : tu demanderas un homme appelé Saul, de Tarse. Il est en prière,**
12 **et il a eu cette vision : un homme, du nom d'Ananie, entrait et lui imposait les mains pour lui rendre la vue. »**
13 **Ananie répondit : « Seigneur, j'ai beaucoup entendu parler de cet homme, et de tout le mal qu'il a fait à tes fidèles à Jérusalem.**
14 **S'il est ici, c'est que les chefs des prêtres lui ont donné le pouvoir d'arrêter tous ceux qui invoquent ton nom. »**
15 **Mais le Seigneur lui dit : « Va ! Cet homme est l'instrument que j'ai choisi pour faire parvenir mon nom auprès des nations païennes, auprès des rois et des fils d'Israël.**
16 **Et moi, je lui ferai découvrir tout ce qu'il lui faudra souffrir pour mon nom. »**
17 **Ananie partit donc et entra dans la maison. Il imposa les mains à Saul, en disant : « Saul, mon frère, celui qui m'a envoyé, c'est le Seigneur, c'est Jésus, celui qui s'est montré à toi sur le chemin que tu suivais pour venir ici. Ainsi, tu vas retrouver la vue et tu seras rempli d'Esprit saint. »**
18 **Aussitôt tombèrent de ses yeux comme des écailles, et il retrouva la vue. Il se leva et reçut le baptême.**
19 **Puis il prit de la nourriture et les forces lui revinrent.**
20 **Il passa quelques jours avec les disciples de Damas, et, sans plus attendre, il proclamait Jésus dans les synagogues, affirmant qu'il est le Fils de Dieu.**
21 **Tous ceux qui l'entendaient étaient déconcertés et disaient : « N'est-ce pas lui qui, à Jérusalem, s'acharnait contre tous**

ceux qui invoquent ce nom-là, et qui était venu ici pour les faire prisonniers et les ramener devant les chefs des prêtres ? »

22 **Mais Saul, avec une force croissante, réfutait les juifs de Damas en démontrant que Jésus est le Messie.**

23 **Au bout d'un certain nombre de jours, les juifs tinrent conseil en vue de le faire mourir.**

24 **Saul fut informé de leur machination. On faisait même garder les portes de la ville de jour et de nuit pour pouvoir le faire mourir.**

25 **Alors ses disciples le prirent de nuit, et, dans une corbeille, le firent descendre jusqu'en bas de l'autre côté du rempart.**

26 **Arrivé à Jérusalem, il cherchait à entrer dans le groupe des disciples, mais tous avaient peur de lui, car ils ne pouvaient pas croire que lui aussi était un disciple du Christ.**

27 **Alors Barnabé le prit avec lui et le présenta aux apôtres ; il leur raconta ce qui s'était passé : sur la route, Saul avait vu le Seigneur, qui lui avait parlé ; à Damas, il avait prêché avec assurance au nom de Jésus.**

28 **Dès lors, Saul allait et venait dans Jérusalem avec les apôtres, prêchant avec assurance au nom du Seigneur.**

29 **Il parlait aux juifs de langue grecque, et discutait avec eux. Mais ceux-ci cherchaient à le supprimer.**

30 **Les frères l'apprirent ; alors ils l'accompagnèrent jusqu'à Césarée, et le firent partir pour Tarse.**

Sur le chemin de Damas (v. 1-9)

Par-delà l'histoire de Philippe qui a occupé le chapitre 8, ce récit se rattache à 8, 3, où Luc avait mentionné l'activité de Saul comme persécuteur de l'Église, à Jérusalem. Il réapparaît, encore plus « enragé », réclamant la caution officielle du grand prêtre pour aller porter l'offensive contre les chrétiens jusqu'à Damas. Les Actes n'avaient pas encore parlé de la Syrie comme lieu de diffusion de l'Évangile, puisqu'en 8, 1 il n'était question que de la Judée et de la Samarie. Peut-être était-elle incluse implicitement dans la brève notice de 8, 4. C'est l'occasion de souligner que le propos de Luc n'est pas de dresser un panorama historique complet de la diffusion de l'Évangile dans les premières décennies de l'Église. Sans doute n'en aurait-il pas eu les moyens, mais nous constaterons de plus en plus que, de toute façon, sa visée est autre. Il choisit un certain nombre d'épisodes significatifs pour faire saisir au lecteur les caractéristiques et les étapes principales d'une progression qui est théologique plus encore que géographique.

Sans donc savoir qui les a évangélisés, nous apprenons qu'il y avait à Damas des hommes et des femmes *qui étaient de la Voie** (v. 2, traduction littérale). Cette expression propre au livre des Actes, où elle revient 7 fois (*cf.* 18, 25 s; 19, 9.23; 22, 4; 24, 4.22) désigne métaphoriquement le «mouvement» chrétien, spécifié comme *Voie du Seigneur* en 18, 25 ou *Voie du salut* en 16, 17. Elle est certainement liée à la définition des disciples comme ceux qui «suivent» Jésus, fréquente dans les évangiles.

Il faut noter que l'acharnement de Saul contre les chrétiens va jusqu'à souhaiter leur mort. À la fin du récit, c'est lui qui sera menacé de mort par les juifs de Damas, puis de Jérusalem. C'est là une inclusion qui incite à garder comme une unité ce long récit : elle manifeste fortement le sens d'une narration qui va faire découvrir au lecteur pourquoi et comment ce persécuteur de l'Église devient à son tour un persécuté !

Rien dans le récit de Luc ne laisse supposer quelque préparation psychologique à ce retournement. C'est une intervention soudaine du Seigneur qui stoppe dans son entreprise cet homme *animé d'une rage meurtrière* contre ses disciples. Lorsqu'il en parle lui-même dans ses lettres, Paul assimile ce qu'il a vécu sur le chemin de Damas à une apparition du Ressuscité (*cf.* 1 Co 15, 5-8), et cela lui permet de revendiquer le titre d'apôtre pour avoir «vu Jésus notre Seigneur» (1 Co 9, 1). Luc, lui, a soin de présenter l'événement comme une révélation d'un type particulier, qui le distingue à la fois des apparitions pascales auxquelles l'Ascension a mis fin, et des *visions** ultérieures qui transmettront des instructions particulières à Paul, comme à d'autres personnages (*cf.* 9, 10; 10, 3.17; 16, 8; 18, 9; 26, 16). Une manifestation extraordinaire de la présence divine précède un dialogue de vocation, comme dans le cas de Moïse au buisson ardent (Ex 3, 2 ss; *cf.* aussi Is 6, 1-8). L'événement concerne Saul et lui seul. Une lumière venant du ciel, et qui va l'aveugler (v. 8), *l'enveloppe soudain de sa clarté* et le terrasse, le faisant tomber à terre. Il ne voit pas Jésus, mais il entend sa voix.

C'est le dialogue relaté dans les v. 4 à 6 qui est essentiel. En comparant plus tard les trois récits de cette vocation que l'on trouve dans le livre (voir encadré p. 236), nous verrons que s'il y a d'importantes variations dans les éléments narratifs, ce dialogue en est le noyau invariant, sûrement fixé très tôt dans la tradition orale de l'événement. La question initiale posée par cette voix mystérieuse est déconcertante : comment Saul pourrait-il persécuter un être céleste ? Malgré son état de choc, il a la lucidité de s'enquérir de l'identité de celui qui l'interpelle, et la réponse qu'il reçoit est remarquable dans sa brièveté. Un lecteur familier de l'A.T. grec et des évangiles (en grec) y entend le fameux « Moi, Je suis », qui évoque la révélation de Dieu à Moïse (Ex 3, 14). Jésus l'emploie dans des formules où il révèle le mystère de sa personne et de son œuvre, en de nombreux textes de Jean (6, 35 ; 8, 12 ; 10, 11 ; etc.). Luc l'a mise dans la bouche du Ressuscité en Lc 24, 39.

Ici, elle identifie l'homme Jésus (jusque-là considéré par Saul comme un faux Messie rejeté par les autorités de son peuple) à un être céleste plein de gloire qui se révèle à lui. Plus encore, elle établit un lien personnel étroit entre ce Seigneur et les êtres de chair que Saul poursuit comme hérétiques : les persécuter, c'est le rejeter lui-même. La source de l'image de l'Église « corps du Christ » que Paul développera pourrait bien remonter à cette révélation première. Mais l'ordre d'envoi tout provisoire que reçoit Saul reste évasif quant à la mission que le Seigneur veut lui confier (v. 6).

Les v. 7-9 décrivent la suite immédiate des événements, montrant que les compagnons de route de Saul ont eu conscience d'une intervention surnaturelle, mais dont le sens leur échappe, et qu'ils le conduisent par la main comme un aveugle jusqu'à la ville proche. Il y reste prostré *pendant trois jours* dans un jeûne total. Cette indication vise peut-être à marquer le passage par une sorte de mort, qui associe Saul au mystère de la mort du Christ. Son aveuglement physique peut aussi avoir une valeur symbolique, à laquelle Paul semblera se référer en exposant en 26, 17 s le sens spirituel de sa vocation : *ouvrir les yeux* des nations païennes pour *les ramener des ténèbres à la lumière.*

Saul à Damas (v. 10-25)

Luc utilise ici, et il le fera de nouveau au chapitre 10 de manière très développée, le procédé littéraire connu de la « double vision » manière de souligner le caractère providentiel d'une rencontre (on en a de nombreux exemples dans la littérature hellénistique ancienne). Le Seigneur, dans une vision, révèle à Ananie (un disciple que Paul dépeindra comme un pieux judéo-chrétien en 22, 12) qu'au même moment Saul le voit en vision venir à lui pour lui imposer les mains et lui rendre la vue (v. 10-12). C'est ici que nous apprenons en passant que Saul était originaire de Tarse : il devait donc faire partie, à Jérusalem, de ces gens de Cilicie (région du Sud-Est de la Turquie) entrés en discussion avec Étienne (6, 9).

Le bref dialogue entre le Seigneur et Ananie rappelle celui de Dieu et d'Abraham en Gn 22, 1 s. Ananie est plus que réticent à obéir à l'ordre reçu : le Seigneur lui demande d'aller se mettre dans la gueule du loup ! On voit que la triste réputation de Saul l'avait précédé à Damas (v. 13-14). Pour le rassurer, le Seigneur apprend alors à Ananie le vaste dessein qu'il a concernant cet homme, instrument destiné à *faire parvenir son Nom auprès des nations païennes*, ce qui n'ira pas sans souffrances (v. 15-16). C'est toute la dernière partie du récit des Actes qui est ainsi suggérée à l'avance. On peut être surpris de voir qu'Ananie ne soufflera mot de cette vocation à Saul. Luc veut sans doute respecter le cheminement historique selon lequel Saul n'a découvert que progressivement ce à quoi il était appelé. Plus tard, Paul affirmera en avoir reçu la révélation dans une vision au Temple (22, 19 ss). Mais le narrateur, très habilement, trouve le moyen de mettre tout de suite le lecteur dans la confidence, par le biais de la révélation accordée à Ananie !

Ce dernier, ayant vu son objection réfutée, va remplir sa mission très consciencieusement. C'est un simple chrétien, mais il représente l'Église accueillant comme un *frère* l'ancien persécuteur, et il agit avec une véritable autorité apostolique en imposant les mains à Saul pour sa guérison et le don de l'Esprit saint. Son petit discours suppose que le Seigneur lui en avait dit plus long, en lui relatant aussi l'expérience faite sur le chemin de Damas. Saul, miraculeusement délivré de sa cécité, se lève alors pour recevoir le baptême. C'est une sorte de passage de la mort à la vie. Affaibli par son jeûne et l'expérience bouleversante qu'il vient de vivre, *il prit de la nourriture et les forces lui revinrent* : cette petite note réaliste rappelle Lc 8, 55 (v. 17-19).

Dans le vécu de Saul de Tarse, ce qui vient d'être raconté est davantage de l'ordre d'une conversion que d'une vocation. Une conversion spectaculaire, car c'est le retournement d'un farouche adversaire de la foi chrétienne. Nous pourrions penser qu'il lui aura fallu du temps pour «digérer» un tel bouleversement de ses valeurs religieuses. C'est peut-être ce à quoi Paul fait allusion en Ga 1, 17, où il évoque sans autre explication un séjour *en Arabie* aussitôt après avoir eu la révélation du Fils de Dieu (mais ce pourrait être déjà pour y exercer son apostolat)? Toujours est-il que, selon Luc, c'est *sans plus attendre* que Saul, alors qu'il était mandaté auprès des synagogues de Damas pour faire arrêter les disciples de Jésus, se met à y proclamer ce Nom, avec la fougue d'un homme au caractère entier, qui va jusqu'au bout des conséquences de sa foi nouvelle. Cela met littéralement *hors d'eux-mêmes* les juifs de Damas, qui n'y comprennent plus rien, ayant peine à croire que ce soit bien celui qui venait dans leur ville pourchasser *ceux qui invoquent ce nom-là* (v. 20-21).

L'insistance répétitive sur ce projet avorté (*cf.* v. 2 et 14) accentue le caractère paradoxal d'un tel revirement. Et comme Saul acquiert une force croissante pour *démontrer que Jésus est le Messie,* avec une dialectique irrésistible qui fait penser à celle d'Étienne, ces juifs de Damas se concertent pour faire mourir un transfuge aussi dangereux (litt. : *le supprimer*, *cf.* Lc 22, 2). Ce n'est que le début d'une série de complots auxquels l'apôtre des nations païennes, objet de la haine tenace de certains juifs, réussira à échapper, jusqu'à son arrestation à Jérusalem, beaucoup plus tard. Pour l'heure, il s'en sort par une évasion nocturne rocambolesque. Paul l'évoque quand il fait le compte de ses multiples aventures périlleuses, en 2 Co 11, 33.

Saul à Jérusalem (v. 26-30)

Saul revient à Jérusalem, d'où il était parti pour étendre la persécution des chrétiens jusqu'en Syrie. On comprend que son insertion dans le groupe des disciples, à Jérusalem, ne se fasse pas sans difficulté, car ils doivent garder un souvenir cuisant des ravages commis par lui dans leurs rangs (*cf.* 8, 3), et sa conversion soudaine leur paraît incroyable. Mais Barnabé, homme à l'esprit ouvert, lui fait confiance et l'introduit auprès des apôtres, se portant garant de l'authenticité de sa rencontre avec le Seigneur et du témoignage déjà rendu par lui à Damas (v. 26-27).

Dès lors, Saul est admis, non seulement comme un membre de l'Église, mais comme un prédicateur de l'Évangile qui sillonne la cité sainte avec les apôtres, ayant comme eux cette façon de *prêcher avec assurance* qui manifeste que lui aussi est rempli d'Esprit saint, comme le lui avait annoncé Ananie (9, 17). Lui qui avait approuvé la «suppression» d'Étienne (8, 1) prend maintenant le relais de ce dernier, étant comme lui de culture grecque, pour s'adresser aux juifs hellénistes de la ville; mais il soulève contre lui la même hostilité, jusqu'au dessein de le *supprimer* (même verbe qu'au v. 23). La communauté ne cherche pas systématiquement le martyre : les *frères*, apprenant le danger de mort qui menace Saul, le font alors partir pour Tarse, après l'avoir accompagné par précaution jusqu'à Césarée (v. 28-30). Il n'est pas dit qu'il soit chargé d'une mission particulière, et nous ne saurons rien de l'activité de Saul dans sa ville natale. Luc n'écrit pas une biographie de Paul, pas plus qu'il ne l'a fait pour Pierre ou pour Jésus lui-même. Narrativement, le personnage est en quelque sorte mis en réserve pour sa mission future.

Auparavant, le narrateur a le désir de fonder théologiquement l'évangélisation des païens, annoncée comme devant être principalement l'œuvre de Saul, en la rattachant à une expérience décisive de l'apôtre Pierre, qui réapparaîtra au cœur de l'action dans les prochains chapitres.

3. Ministère de Pierre en Judée : deux miracles chez les fidèles (9, 31-43)

31 L'Église était en paix dans toute la Judée, la Galilée et la Samarie. Dans la crainte du Seigneur, elle se construisait et elle avançait ; elle se multipliait avec l'assistance de l'Esprit saint.
32 Or, il arriva que Pierre, parcourant tout le pays, descendit jusqu'à Lod et visita les fidèles de cette ville.
33 Il y trouva un certain Énéas alité depuis huit ans parce qu'il était paralysé.
34 Pierre lui dit : « Énéas, Jésus Christ te guérit, lève-toi et fais ton lit toi-même. » Et aussitôt il se leva.
35 Tous les habitants de Lod et de la plaine de Saron purent voir cet homme, et ils se convertirent au Seigneur.
36 Il y avait aussi à Jaffa une femme disciple du Seigneur, appelée Tabitha (ce nom veut dire : « Gazelle »). Toute sa vie se passait en bonnes actions et en aumônes.
37 Or, il arriva en ces jours-là qu'elle tomba malade et qu'elle mourut. Après la toilette funèbre, on la déposa dans la chambre du haut.

38 Comme Lod est près de Jaffa, les disciples apprenant que Pierre s'y trouvait, lui envoyèrent deux hommes avec cet appel : « Viens chez nous sans tarder. »
39 Pierre se mit en route avec eux. À son arrivée on le fit monter dans la chambre du haut, où se trouvaient toutes les veuves en larmes : elles lui montraient les tuniques et les manteaux que Tabitha faisait quand elle était avec elles.
40 Pierre fit sortir tout le monde, se mit à genoux et pria, puis il se tourna vers le corps, et il dit : « Tabitha, lève-toi ! » Elle ouvrit les yeux et s'assit.
41 Pierre, lui donnant la main, la fit lever. Puis il appela les fidèles et les veuves et la leur présenta vivante.
42 Toute la ville de Jaffa en fut informée, et beaucoup crurent au Seigneur.
43 Pierre resta à Jaffa un certain nombre de jours, chez un nommé Simon, qui travaillait le cuir.

Un nouveau sommaire (v. 31)

Ce verset arrive comme un refrain, après une série de récits détaillés (depuis 6, 7), pour donner au lecteur un panorama sur la vie de l'Église et sa croissance. On note que la persécution momentanée qui avait suivi la lapidation d'Étienne semble s'être apaisée.

L'Église s'est installée dans l'ensemble de la Palestine, y compris la Galilée dont Luc n'a pas encore évoqué l'évangélisation (lacune analogue à celle qui concernait la Syrie, *cf.* p. 101, et qui appelle la même remarque). Le vocabulaire de ce bref sommaire est intéressant : *l'Église*, au singulier, semble désigner l'ensemble des communautés ; ce sera encore le cas en 20, 28. Partout ailleurs (17 cas) ce vocable désigne une communauté locale particulière. On trouve le pluriel *les Églises* en 16, 5. C'est une image très paulinienne d'écrire que l'Église *se construisait* (ou *s'édifiait*, *cf.* Rm 14, 9 ; 1 Co 3, 9 ss ; 14, 3 ss ; etc.).

Enfin, parler de *l'assistance* de l'Esprit saint rejoint les textes johanniques où Jésus nomme l'Esprit le *Paraclet*, c'est-à-dire « l'assistant » (Jn 14, 26 etc.). Pour ce qui est de l'accroissement de la communauté, il est équivalent pour Luc de dire que c'est l'œuvre du Seigneur (*cf.* 2, 47) de la fécondité de sa Parole (6, 7) ou comme ici de l'Esprit saint.

Guérison d'Énéas : v. 32-35

Au v. 32, Pierre nous est montré comme exerçant un ministère itinérant, mais plutôt d'affermissement des communautés que d'évangélisation, une sorte de tournée apostolique dans *tout le pays* (litt. *il circulait partout*), ce qui, en fonction du verset précédent, semble désigner la Palestine. Il arrive à Lod (nom hébreu de cette ville, qui s'appelle *Lydda* au temps du N.T.), ville située au sud de la riche plaine de Saron. Luc va illustrer à nouveau l'activité thaumaturgique de l'apôtre, prolongement de celle de Jésus, par deux récits couplés, comme il l'a souvent fait dans son évangile. Tous deux ont les caractéristiques des récits de miracles forgés par la tradition orale.

C'est d'abord la guérison d'un paralytique, qui ressemble à celle relatée en 3, 1-10, comme celle-ci rappelait des traits de Lc 5, 17 ss. Dans ce cas, la tradition a retenu le nom de l'infirme guéri. L'injonction de *faire son lit lui-même* peut paraître curieuse ; c'est un écho de l'ordre de Jésus en Lc 5, 24, transposé puisque l'homme est guéri, semble-t-il, dans sa propre maison. Cette guérison est immédiate, comme presque toujours dans les récits de miracles, et la sanction glorifiante est rapportée non pas à l'apôtre, mais au Seigneur, *vers lequel se tournent tous les habitants de Lod et de la plaine de Saron*. Luc ne craint pas, à l'occasion, d'embellir quelque peu le tableau par de telles généralisations !

Résurrection de Tabitha (v. 36-43)

Ce second miracle, plus extraordinaire encore, manifeste à nouveau que les apôtres ont reçu un pouvoir spirituel aussi grand que celui de Jésus lui-même, pour donner des signes de sa victoire sur la mort. Luc avait rapporté deux « résurrections » faites par Jésus (Lc 7, 11-17 ; 8, 49-56), il en relate deux dans le livre des Actes, la seconde étant le fait de Paul (*cf.* 20, 7-12). Le présent récit offre quelques analogies avec celles de l'évangile, mais aussi avec le récit des miracles attribués à Élie (1 R 17, 17-24) et à Élisée (2 R 4, 24-30).

Nous avons peine à croire à la possibilité de réanimer un cadavre. Le pouvoir des guérisseurs nous semble devoir s'arrêter en tous cas devant le caractère radical et irrémédiable de la mort. C'était le cas des amis de Lazare (*cf.* Jn 11, 37). Sans prétendre expliquer l'inexplicable, un lecteur de l'Écriture sait que pour la foi biblique, ces quelques cas exceptionnels ne sont pas d'une autre nature que les guérisons miraculeuses : la notion de surnaturel lui est étrangère. Sa conviction est que Dieu, le Créateur, est le maître de la vie et de la mort ; lui qui tire la vie du néant, peut aussi souverainement rendre la vie aux morts. Déjà les guérisons ou les délivrances merveilleuses qu'il accorde dans sa grâce manifestent son pouvoir plus fort que celui de la mort, ce dernier étant à l'œuvre dans la maladie et toutes les formes de servitude qui menacent la vie des hommes.

À Jaffa (*Joppé* en grec) meurt *une disciple* (seul exemple dans le N.T. de ce terme féminin), qui était riche en bonnes œuvres, selon le modèle de la femme pieuse esquissé en 1 Tm 2, 10. Luc aime mentionner les *aumônes*, une forme de partage des biens pratiquée par les chrétiens comme par les juifs (*cf.* 10, 2). Son corps est déposé dans *la chambre du haut* (un contact avec 2 R 4, 11.21 ?). On lance un appel d'urgence à Pierre, qui se trouvait près de là à Lod ; le récit ne précise pas si on lui en dit le motif (v. 36-38). La présence de veuves en pleurs rappelle Lc 8, 52, et l'ordre de les faire sortir le récit de Mc 5, 40 ; la prière de Pierre (note qui manquait en Ac 3, 6) évoque celles d'Élie ou Élisée dans les récits du livre des Rois. La parole efficace : *lève-toi !* (un des verbes classiques pour dire la résurrection) correspond à celle de Jésus faisant se relever le fils de la veuve de Naïm et la fille de Jaïre, en Lc 7, 14 et 8, 54 (exprimée par l'autre verbe pour dire la résurrection : *réveille-toi !*). Il n'y a pas de consigne de silence comme en Lc 8, 56 ; au contraire la nouvelle du miracle se répand (*cf.* Lc 7, 16 s.) Comme au v. 35, c'est *toute la ville de Jaffa* qui est informée du miracle, de sorte que *beaucoup crurent au Seigneur*.

Le v. 43 pose une pierre d'attente en vue du récit suivant. On y découvrira que la mention de ce Simon, *travailleur du cuir*, pourrait ne pas être purement anecdotique.

4. Corneille et les siens sont les premiers païens à recevoir l'Esprit saint et le baptême (10, 1–11, 18)

Nous trouvons ici le plus long récit suivi du livre des Actes. Il a une unité thématique indéniable, tout en comportant de nombreuses répétitions qui peuvent paraître lassantes à première vue. Mais outre un effet de redondance qui l'apparente aux contes populaires, et permet de graver des choses importantes dans l'esprit du lecteur, nous verrons que ces multiples reprises sont remplies de nuances subtiles. Les exégètes, qui sont à la recherche des couches rédactionnelles successives de ce livre, imaginent naturellement un premier récit plus simple, que les rédactions successives ont surchargé. En le lisant au niveau de la rédaction finale, et en étant attentif aux effets de style, on découvre que ces surcharges, loin d'être malhabiles, témoignent de l'art consommé de Luc, et parfois de son humour. À l'encontre de discours théologiques abstraits, il excelle à faire passer dans la manière de raconter un enseignement catéchétique très profond. Pour la commodité de l'exposé et de la lecture, nous subdivisons l'ensemble en trois sections.

A. LA DOUBLE VISION (10, 1-23a)

1 Il y avait à Césarée un homme du nom de Corneille, centurion de la cohorte dite « cohorte italique ».
2 C'était un homme religieux ; avec tous les gens de sa maison, il adorait le vrai Dieu, il donnait de larges aumônes au peuple juif et priait Dieu sans cesse.
3 Vers trois heures de l'après-midi, il eut la vision très claire d'un ange qui entrait chez lui et lui disait : « Corneille ! »
4 Celui-ci le regarda et, saisi de crainte, il dit : « Qu'y a-t-il, Seigneur ? » Il répondit : « Tes prières et tes aumônes sont montées devant Dieu pour qu'il se souvienne de toi.
5 Et maintenant, envoie des hommes à Jaffa et convoque un certain Simon surnommé Pierre :
6 il loge chez un autre Simon qui habite au bord de la mer et qui travaille le cuir. »
7 Après le départ de l'ange qui lui avait parlé, il appela deux de ses serviteurs et un soldat, un homme religieux, un de ceux qui lui étaient attachés.
8 Leur ayant tout expliqué, il les envoya à Jaffa.
9 Le lendemain, tandis qu'ils étaient en route et s'approchaient de la ville, Pierre monta sur la terrasse de la maison pour prier vers midi.
10 Il se mit à avoir faim et voulut prendre quelque chose. Pendant qu'on lui préparait à manger, il tomba en extase.
11 Il vit le ciel ouvert et un objet qui descendait : on aurait dit une grande toile, et cela se posait sur la terre par les quatre coins.
12 Il y avait dedans tous les quadrupèdes et tous les reptiles de la terre et tous les oiseaux du ciel.

13 **Et une voix s'adressa à lui : « Allons, Pierre, immole ces bêtes, et mange-les ! »**
14 **Pierre dit : « Certainement pas, Seigneur ! Je n'ai jamais mangé aucun aliment interdit ou impur ! »**
15 **Une deuxième fois, la voix s'adressa à lui : « Ce que Dieu a déclaré pur, toi, ne le déclare pas interdit. »**
16 **Cela recommença une troisième fois, puis aussitôt l'objet fut emporté au ciel.**
17 **Comme Pierre n'arrivait pas à comprendre ce que pouvait bien être la vision qu'il avait eue, voilà que les hommes envoyés par Corneille, s'étant renseignés sur la maison de Simon, survinrent à la porte.**
18 **Ils appelèrent pour demander : « Est-ce que Simon surnommé Pierre loge ici ? »**
19 **Comme Pierre réfléchissait encore à sa vision, l'Esprit lui dit : « Voilà trois hommes qui te cherchent.**
20 **Allons descends et pars avec eux sans te faire de scrupule, car c'est moi qui les ai envoyés. »**
21 **Pierre descendit trouver les hommes et leur dit : « Me voilà, je suis celui que vous cherchez. Pour quelle raison êtes-vous là ? »**
22 **Ils répondirent : « Le centurion Corneille, un homme juste, qui adore le vrai Dieu, estimé de toute la population juive, a été averti par un ange saint de te convoquer chez lui et d'écouter tes paroles. »**
23a **Il les fit entrer et leur donna l'hospitalité.**

Voici un premier épisode où les deux principaux personnages sont mis en place, et où le lecteur va vite comprendre que leur rencontre a été préparée de manière providentielle. Comme on l'a fait remarquer plus haut, les agents de cette direction d'En-haut sont indifféremment l'ange, la vision, la voix, l'Esprit. Et le schéma littéraire de la double vision, esquissé à propos de la rencontre de Saul et d'Ananie (*cf.* p. 104) trouve ici un plein développement. Le terme traduit par *vision* revient 4 fois dans notre récit, et 11 fois dans les Actes, sur 12 emplois dans le N.T. !

La vision de Corneille (v. 1-8)

Les deux premiers versets s'attachent à présenter avec soin ce Corneille, nouveau venu dans le récit, comme ce fut le cas pour l'eunuque éthiopien. Il habite Césarée, siège habituel du gouverneur romain de la Judée, et il est centurion de la cohorte italique :

c'est donc un officier païen de l'armée d'occupation, probablement lui-même un romain, d'après son nom. Mais, tout comme l'autre centurion anonyme que Luc avait présenté en Lc 7, 1-10, il est un sympathisant du judaïsme. Littéralement, il est un *craignant Dieu**, terme technique qui désignait alors des païens adorant le Dieu unique et observant sa loi morale, sans être allés jusqu'à se faire juifs par la circoncision, et sans pratiquer toutes les lois rituelles. Il est particulièrement généreux envers la communauté juive de la ville et c'est un homme de prière. Dans ce récit qui vise à combler l'abîme religieux qui séparait les juifs des païens, le personnage mis en vedette a donc déjà, au point de départ, effectué un certain rapprochement, que l'Esprit saint va exploiter.

À partir du début de l'action, au v. 3, on note combien le récit est plein de dialogues rapportés *en style direct*. Le messager de Dieu que Corneille voit entrer dans sa maison, l'interpelle par son nom, comme en de nombreux récits bibliques d'apparition et de vocation, et comme toujours en pareil cas, Corneille est *saisi de crainte*. L'ange le rassure aussitôt, car c'est très positivement que le Seigneur pense à lui — litt. : ses prières et ses aumônes *sont montées en mémorial devant Dieu* (v. 4). L'expression est peut-être empruntée aux paroles de l'ange Raphaël dans l'histoire de Tobie (*cf.* Tb 12, 12) et veut dire que ces actes ont incité Dieu à se souvenir favorablement de leur auteur.

L'ordre transmis à Corneille par l'ange (v. 5-6) est plein de détails sur les noms de personnes et de lieux, nécessaires pour remplir la mission d'aller quérir Simon Pierre, mais rien n'est dit sur le but de cette quête : ainsi tout au long de ce récit, les personnages «manipulés» par des messages célestes auront à réfléchir pour trouver le sens des signes qu'on leur adresse.

Luc, quant à lui, en répétant que le logeur de Pierre *travaille le cuir*, adresse aussi un signe au lecteur averti. Le métier de corroyeur est en effet un métier «impur», selon les codes juifs de l'époque. On ne sait si ce Simon était un juif converti à la foi chrétienne (c'est probable), mais la mention de son métier semble vouloir indiquer, discrètement, que de son côté (malgré ses prochaines assertions) Pierre avait déjà dans la pratique pris quelque distance avec les règles strictes édictées par les rabbins en matière de pureté : un petit pas, qui n'est peut-être pas délibéré, en direction des païens, ces «impurs». Le texte grec qui ouvre le v. 6 est suggestif en ce sens, car le verbe traduit par *loger* signifie étymologiquement *accueillir l'étranger*. Le lecteur du texte original peut pressentir dès ce moment que le récit conduira Pierre vers une « ouverture à l'étranger » infiniment plus large.

Sans tarder, Corneille organise la mission qui lui a été prescrite. Luc a déjà noté au v. 2 que Corneille faisait partager sa piété aux gens de sa maison. Nous le voyons, au v. 8, agir en chef qui tient à justifier les ordres qu'il donne, particulièrement ici à partager ce qui lui arrive avec ces trois hommes : ***il leur a tout expliqué*** avant de les envoyer à Jaffa, signe remarquable de confiance à leur égard.

La vision de Pierre (v. 9-16)

Avec une grande habileté narrative, Luc relie cette nouvelle scène à la précédente : les envoyés de Corneille sont en route et, pendant ce temps, il se passe quelque chose dans le lieu où ils se rendent, et pour le personnage qu'ils vont chercher. Pierre, resté un juif pieux, a gardé sans doute les habitudes horaires d'une triple prière quotidienne, et s'est isolé sur la terrasse de la maison pour la prière de midi. En attendant le repas qu'on lui prépare, ***une extase* advint sur lui*** (traduction littérale).

Ce terme, « extase », est assez rare (7 emplois dans le N.T., dont 5 par Luc ; le verbe correspondant se trouve 8 fois dans les Actes, pour exprimer une forte stupéfaction). Il a ici le sens technique qu'a le mot en français, pour désigner une expérience spirituelle où l'homme est comme *hors de soi*. Paul emploiera la même expression pour évoquer une révélation reçue pendant qu'il priait au Temple (*cf.* 22, 17). Mais aux v. 17 et 19, Luc parlera d'une *vision*, les deux termes sont donc équivalents. De fait Pierre *voit* (au sens fort de « contempler ») *le ciel ouvert* : l'expression, en langage apocalyptique, annonce toujours une révélation divine.

Ce que voit Pierre est très étrange. Les anciennes versions, influencées sans doute par le contexte du repas, parlaient d'une *nappe* ; en fait, il s'agit d'un vaste contenant de toile, dans lequel se trouvent quasiment tous les animaux de la création, hormis les poissons ! L'apôtre doit être fort déconcerté par ce spectacle, qui ressemble à un rêve bizarre. Mais la voix qui s'adresse à lui, comme dans toutes les visions bibliques où une parole accompagne (et souvent interprète) le signe visible, cette voix doit le troubler plus encore. Ce n'est pas une explication, mais un ordre, saisissant de concision, littéralement : *Lève-toi, Pierre, tue et mange!* Pierre est en droit de se demander si cette vision n'est pas une tentation satanique, car ce qui lui est commandé est sacrilège : il y a dans cette sorte d'arche de Noé de toile des animaux considérés comme impurs, interdits à la consommation (*cf.* Lv 11). Conditionné par son éducation juive, Pierre rétorque aussitôt qu'il n'est pas question pour lui de manger une nourriture interdite : jamais de sa vie il n'a violé ces règles alimentaires impératives, qui séparent le juif du païen ! Mais il s'entend répondre sévèrement : *Ce que Dieu a déclaré pur, toi, ne le déclare pas interdit.* Si cette voix n'est pas porteuse d'un mensonge diabolique, elle signifie rien moins qu'une véritable révolution religieuse : Dieu a changé sa propre Loi ! La distinction entre aliments purs et impurs est abolie !

Or la voix persiste : pour être sûre de se faire bien entendre, elle réitère deux fois le message. Le texte elliptique du v. 16 ne permet pas de savoir si c'est toute la scène qui se répète, ou seulement cette déclaration finale. Mais la note à relever est celle d'une forte insistance, qui va laisser Pierre dans une grande perplexité, car l'affirmation est quasi inconcevable pour un juif tout récemment venu à la foi chrétienne, et qui reste profondément marqué par le dégoût pour les viandes impures qui lui a été inculqué dès sa jeunesse.

Pierre et les envoyés de Corneille (v. 17-23a)

Pierre est en pleine réflexion au sujet de l'énigme que représente pour lui la vision qu'il vient d'avoir, car il ne comprend pas où cela peut le conduire, quand surviennent les hommes envoyés par Corneille. Le conteur se plaît à décrire leur démarche, leur demande en style direct (v. 17-18) et insiste encore sur le fait que Pierre était tout à ses réflexions (avec un verbe qui suggère une grande concentration intérieure), quand il reçoit une nouvelle consigne, attribuée cette fois à l'Esprit, et qui est tout à fait concrète. Il y a (dans le grec) la même injonction qu'au v. 13 — *lève-toi!* —, mais c'est pour passer à un acte tout simple qui consiste à suivre les trois hommes qui sont venus le chercher. L'Esprit prévient d'emblée l'objection que pourrait avancer l'apôtre, quand il aura compris qu'il s'agit de se rendre chez un païen. Il vaudrait mieux traduire, ce qui est le sens littéral : *pars avec eux sans faire de discrimination* (v. 20). C'est précisément la discrimination traditionnelle interdisant à un juif d'entrer dans la maison d'un païen qui va être mise en question. L'Esprit parle comme une personne, dont la volonté est à l'origine de toute l'affaire. C'est donc sur son initiative qu'un ange est venu chez Corneille : c'est du moins ce que nous, lecteurs, pouvons comprendre, car Pierre ne sait encore rien de précis. C'est pourquoi, descendant de sa terrasse à la rencontre des messagers, il les interroge sur le but de leur venue (v. 21).

Leur réponse est un premier «résumé» de la scène initiale chez Corneille : cela commence à conférer au grand récit ce caractère répétitif qui le caractérisera jusqu'au bout et lui donne l'allure d'une sorte de conte populaire (mais en même temps un conte très théologique !). Le lecteur réentend l'éloge du centurion, dans la bouche de ses serviteurs, ce qui confirme leurs bonnes relations. Mais il y a un plus : ces hommes disent à Pierre que c'est *pour écouter ses paroles* que leur Maître le fait chercher (v. 22). Or l'ange n'avait rien dit de tel à Corneille ! Luc suggère donc habilement que le centurion avait tiré de lui-même cette conclusion : ce Simon surnommé Pierre doit avoir un message à me transmettre de la part de Dieu. Et il avait fait part de cette conviction à ses envoyés.

Un dernier détail qui pourrait ne sembler qu'anecdotique, dans ce petit récit de transition, marque en fait une étape dans le cheminement spirituel de Pierre. En *donnant l'hospitalité* à ces trois hommes, littéralement *en accueillant ces étrangers* (même verbe qu'au v. 6), il commence à mettre en pratique le conseil de l'Esprit, il ne fait plus de discrimination entre lui, le bon juif d'origine, et ces païens qui ne devraient pas loger sous le même toit que lui ! Ce passage à l'acte a été spontané, non prémédité semble-t-il ; Pierre va avoir le loisir d'y réfléchir et de tirer toutes les conséquences de l'étrange aventure où l'Esprit l'entraîne, pendant les deux jours de marche qui vont le mener à Césarée.

B. PIERRE CHEZ CORNEILLE (10, 23b-48)

23b **Le lendemain, il se mit en route avec eux ; quelques frères de Jaffa l'accompagnèrent.**

24 **Le jour suivant, il fit son entrée à Césarée. Corneille les attendait, et avait rassemblé sa famille et ses meilleurs amis.**

25 **Comme Pierre arrivait, Corneille vint à sa rencontre, et se jetant à ses pieds, il se prosterna.**

26 Mais Pierre le releva et lui dit : « Reste debout. Je ne suis qu'un homme, moi aussi. »
27 Tout en parlant avec lui, il entra et trouva tous ces gens réunis.
28 Il leur dit : « Vous savez à quel point il est interdit à un juif de fréquenter un païen ou d'entrer chez lui. Mais à moi, Dieu m'a montré à ne déclarer aucun homme interdit ou impur.
29 C'est pourquoi j'ai répondu à votre convocation sans aucune objection. Je vous demande donc pour quelle raison vous m'avez convoqué. »
30 Corneille dit alors : « Il y a maintenant trois jours, à trois heures de l'après-midi, j'étais en train de prier chez moi, quand un homme au vêtement éclatant se tint devant moi,
31 et me dit : "Corneille, ta prière a été entendue, et Dieu s'est souvenu de tes aumônes.
32 Envoie donc quelqu'un à Jaffa pour faire venir Simon surnommé Pierre, qui loge chez un autre Simon qui travaille le cuir."
33 Je t'ai donc aussitôt envoyé chercher, et toi, tu as bien fait de venir ici. Maintenant donc, nous sommes tous là devant Dieu pour écouter tout ce que le Seigneur t'a chargé de nous dire. »
34 Alors Pierre prit la parole : « En vérité je le comprends : Dieu ne fait pas de différence entre les hommes ;
35 mais quelle que soit leur race, il accueille les hommes qui l'adorent et font ce qui est juste.
36 Il a envoyé la Parole aux fils d'Israël, pour leur annoncer la paix par Jésus Christ : c'est lui, Jésus, qui est le Seigneur de tous.
37 Vous savez ce qui s'est passé à travers tout le pays des juifs, depuis les débuts en Galilée, après le baptême proclamé par Jean :
38 Jésus de Nazareth, Dieu l'a consacré par l'Esprit saint et rempli de sa force. Là où il passait, il faisait le bien, et il guérissait tous ceux qui étaient sous le pouvoir du démon. Car Dieu était avec lui.
39 Et nous, nous sommes témoins de tout ce qu'il a fait dans le pays des juifs et à Jérusalem. Ils l'ont fait mourir en le pendant au bois du supplice.
40 Et voici que Dieu l'a ressuscité le troisième jour.
41 Il lui a donné de se montrer, non pas à tout le peuple, mais seulement aux témoins que Dieu avait choisis d'avance, à nous qui avons mangé et bu avec lui après sa résurrection d'entre les morts.
42 Il nous a chargés d'annoncer au peuple et de témoigner que Dieu l'a choisi comme Juge des vivants et des morts.

43 **C'est à lui que tous les prophètes rendent ce témoignage : Tout homme qui croit en lui reçoit par lui le pardon de ses péchés.»**
44 **Pierre parlait encore quand l'Esprit saint s'empara de tous ceux qui écoutaient la Parole.**
45 **Tous les croyants qui accompagnaient Pierre furent stupéfaits, eux qui étaient juifs, de voir que même les païens avaient reçu à profusion le don de l'Esprit saint.**
46 **Car on les entendait dire des paroles mystérieuses et chanter la grandeur de Dieu. Pierre dit alors :**
47 **«Pourrait-on refuser l'eau du baptême à ces gens qui ont reçu l'Esprit saint tout comme nous ?»**
48 **Et il donna l'ordre de les baptiser au nom de Jésus Christ. Alors ils lui demandèrent de rester quelques jours avec eux.**

La rencontre à Césarée (v. 23b-33)

Pierre n'a pas voulu vivre seul l'aventure dans laquelle l'Esprit le conduit : il se fait accompagner de quelques *frères* de Jaffa, évidemment des judéo-chrétiens comme lui. De son côté, pour vivre le grand événement qu'il attend, Corneille a rassemblé sa famille et ses amis (v. 23-24). Ce sont donc deux groupes qui vont se rencontrer, un groupe de chrétiens d'origine juive, et un groupe de païens sympathisants du judaïsme. C'est bien une aventure commune qu'ils vont vivre ensemble, qui révélera à Pierre lui-même les vraies dimensions de la communauté nouvelle que le Christ fonde entre les hommes. Il y a ici dans le grec de Luc un effet de style, malheureusement impossible à rendre en français, qui suggère déjà cet aspect du message : la préposition *avec* du v. 23b se retrouve 6 autres fois en tant que préfixe d'un verbe ou d'un nom, jusqu'au v. 27 ! Or, malgré leur cheminement spirituel préalable, au regard de la Loi juive strictement entendue, le fossé qui sépare les juifs des païens subsiste entre ces deux groupes. Pierre va le rappeler au v. 28, et la stupéfaction de ceux qui l'accompagnent, *eux qui étaient juifs* (ils l'étaient donc encore, quoique devenus chrétiens) le confirmera au v. 45.

Corneille, très ému à l'arrivée de Pierre, se prosterne devant lui, le considérant comme un envoyé du ciel ; mais Pierre refuse cet hommage excessif : *Je ne suis qu'un homme, moi aussi* (v. 26), donc un homme comme toi, Corneille. L'apôtre est en train de réaliser ce que c'est qu'être frères en humanité, en dépit des barrières raciales, culturelles ou religieuses. Cela n'allait pas de soi pour lui auparavant, c'est ce que présuppose sa première déclaration devant la petite assemblée réunie chez Corneille (v. 28-29).

Pierre commence par rappeler la sévère loi de ségrégation qui interdit à un juif de *fréquenter un étranger ou d'entrer chez lui*. Jusqu'alors, la communauté judéo-chrétienne ne s'était pas affranchie de ces interdits. Il faut entendre comme l'aveu d'une prise de conscience toute récente l'affirmation de l'apôtre : *Dieu m'a montré* signifie en fait *Dieu vient de me montrer* qu'il ne faut *déclarer impur ou interdit aucun homme*.

La formulation mérite qu'on s'y arrête. Pierre ne prétend pas que Dieu lui ait fait explicitement part de cette vérité qui bouleverse ses conceptions religieuses ; dans sa vision, à laquelle il fait implicitement allusion, la voix disait à propos des aliments impurs : *ce que Dieu a déclaré pur, toi, ne le déclare pas interdit*. Pierre reprend les deux mêmes adjectifs, mais à propos des hommes. Il a transposé au plan des relations humaines ce qui concernait la nourriture, il a su interpréter le sens de sa vision en la mettant en relation avec l'appel de Corneille : si les animaux tenus pour impurs ne le sont plus, alors la fréquentation des païens qui consomment ces nourritures interdites devient possible ; c'est cela que Dieu a voulu me faire comprendre ! Pierre a abouti à cette conclusion, révolution mentale pour le juif qu'il était, par un travail de pensée, que l'on pourrait appeler symbolique, car il a rapproché, « mis ensemble » (traduction littérale de « sym-bole ») le signe reçu en vision et l'événement qui a suivi. C'est au terme de cette réflexion personnelle qu'il a pu conclure : *Dieu m'a montré*. Il a vécu une expérience, il a réfléchi sur elle, puis est arrivé à en dire le sens en termes clairs, comme une évidente révélation de Dieu. Sans avoir l'air d'y toucher, Luc nous fait ainsi saisir très exactement, sans le moindre jargon abstrait, ce que peut être le travail de la théologie : reconnaître et formuler la vérité de Dieu en interprétant les signes qu'il nous adresse, dans sa Parole et dans ce qu'il nous donne de vivre.

Il n'y a pas lieu de s'arrêter aussi longuement sur les versets suivants. Après cette déclaration liminaire, Pierre, qui connaît déjà la réponse, semble avoir envie d'entendre Corneille lui-même redire la motivation de son appel (v. 29). C'est l'occasion pour le narrateur de nous fournir un deuxième résumé de la vision initiale, avec une légère variante : l'ange est devenu *un homme au vêtement éclatant* (*cf.* Lc 24, 4 ; Ac 1, 10), puis Corneille dit sa reconnaissance à Pierre pour avoir répondu à son appel, et exprime dans une belle formule l'attente de la petite assemblée, d'avance réceptive au message de celui qui va être le porte-parole du Seigneur (v. 30-33). On aimerait que toutes les assemblées d'Église offrent une telle qualité d'écoute, un tel accueil à la prédication de l'Évangile !

Le discours de Pierre (v. 34-43)

Avant de passer au schéma classique de l'annonce de l'Évangile, maintenant bien connu du lecteur, Pierre éprouve le besoin de théoriser, autant pour lui-même que pour ses auditeurs, la découverte spirituelle qu'il vient de faire, et que la personnalité et l'accueil de Corneille ont assurément confortée. C'est la première fois qu'il s'adresse à d'autres qu'à des juifs, et l'exorde de son discours est lié à cette circonstance nouvelle. Il déclare donc solennellement qu'il n'y a chez Dieu aucune discrimination raciste : il sait reconnaître chez des non-juifs la piété et la justice qu'ils manifestent. Il y a certes une priorité historique d'Israël, qui a reçu le premier la Parole de Dieu, mais cette parole annonçait un salut universel maintenant réalisé en Jésus Christ, *le Seigneur de tous* en qui peuvent se réconcilier les fragments d'une humanité divisée (v. 34-36). C'est le thème de la paix reçue du Christ, qui détruit les murs de séparations, en particulier celui que la Loi dressait entre juifs et païens. Pierre rejoint un thème développé dans l'épître aux Éphésiens, où il est présenté comme l'élément décisif du « mystère du Christ » révélé à Paul (*cf.* Ep 2, 11–3, 6). Luc entend marquer qu'il a aussi été révélé à Pierre !

Tout en reconnaissant dans les v. 37-43 les motifs fondamentaux d'un discours d'évangélisation, il faut noter les quelques traits originaux que Luc y introduit, pour ne pas lasser son lecteur. Le plus important est, au v. 38, l'allusion au ministère de Jésus en Galilée et à sa pratique de guérisons, par laquelle il faisait reculer le *pouvoir du diable* (*cf.* Lc 11, 17-22). Pierre ne l'avait pas mentionné dans ses discours aux juifs de Jérusalem, censés être au courant. Cela confère à ce discours chez Corneille, malgré sa brièveté, l'allure d'un survol de toute l'aventure évangélique, depuis le baptême de Jean jusqu'à la Résurrection : c'est en somme le plan de l'évangile de Marc, qui correspond lui-même à l'enseignement apostolique des premiers temps.

Au v. 40, Pierre évoque la résurrection *le troisième jour*, expression traditionnelle que Luc connaît (*cf.* Lc 9, 22 ; 18, 3 ; 24, 26), mais dont c'est la seule mention dans les Actes. Que Jésus ait été choisi comme *Juge des vivants et des morts* (v. 42) est une certitude inscrite dans le « Symbole des apôtres » : curieusement, on ne la trouve sous cette forme qu'ici et en 2 Tm 4, 1 ; 1 P 4, 5, dans tout le N.T. Les v. 41-43, à part cela, ne nous apprennent rien de neuf, mais on peut remarquer l'insistance sur le témoignage spécifique confié aux apôtres, au sens bien défini par Luc en 1, 22 (le v. 39 a rappelé précisément qu'ils peuvent témoigner *de tout ce que Jésus a fait dans le pays des juifs*). Son contenu correspond à l'annonce faite par Jésus en Lc 24, 41-48, y compris la référence au témoignage des prophètes. Cependant la version liturgique manque le parallèle bien lucanien : *reçoit par son nom le pardon de ses péchés* (v. 43). Sans toutefois oser dire ouvertement que ce message doit être proclamé *à toutes les nations*, Pierre le suggère par la formule *tout homme qui croit*, qui fait inclusion avec ses premiers mots : *Dieu ne fait pas de différence entre les hommes* (v. 34).

La « Pentecôte » des païens (v. 44-48)

Pierre allait sans doute achever son discours par un appel à la conversion de ses auditeurs, mais cela s'avère superflu. Avant que Corneille et les siens aient réagi à l'annonce de la Bonne Nouvelle, l'Esprit saint *tomba sur tous ceux qui écoutaient la Parole*, à la grande stupéfaction des compagnons judéo-chrétiens de Pierre (litt. : *les croyants issus de la circoncision*), d'autant que ce don de l'Esprit s'accompagne d'un phénomène de « glossolalie » (v. 44-46). Littéralement : *Ils les entendaient parler en langues et magnifier Dieu* (*cf.* 2, 11). Il y a là un rapprochement évident avec la première effusion de l'Esprit sur le groupe apostolique, comme si l'Esprit saint voulait solennellement attester qu'une nouvelle étape décisive s'ouvre avec la prédication de l'Évangile aux nations païennes. Il a tout conduit depuis le début pour aboutir à cette manifestation spectaculaire.

Quoique préparés en principe par le discours de Pierre, ses compagnons n'en reviennent pas de voir aussi immédiatement et aussi complètement concrétisée l'affirmation que Dieu ne fait pas de différence entre les hommes. Ainsi en est-il souvent des « croyants » que nous sommes, quand il s'agit d'accepter certaines conséquences pratiques de nos beaux principes chrétiens, ou d'en vivre les exigences !

Pierre, quant à lui, s'il est d'abord dépassé par l'événement, réagit en responsable ecclésial. Dieu a clairement montré sa volonté, l'institution n'a qu'à suivre ! Une nouvelle déduction logique fonde la décision de « théologie pratique » de l'apôtre. À l'arrière-plan de sa question toute rhétorique se trouve sans doute, comme en 8, 36, un écho des liturgies baptismales évoquant d'éventuels empêchements au baptême : *Pourrait-on refuser l'eau du baptême à ces gens qui ont reçu l'Esprit saint tout comme nous ?* (litt. : *quelqu'un pourrait-il empêcher de baptiser*, v. 47). La réponse ne faisant pas de doute, ces gens sont immédiatement baptisés. Leur confession de foi est évidemment sous-entendue par le narrateur. La demande qu'ils font à Pierre de rester quelques jours avec eux est suggestive. Comme le note fort bien la TOB, « la communauté de vie et sans doute de table, qu'entraîne l'hospitalité, consacre l'existence de la nouvelle Église de Césarée ».

C. PIERRE SE JUSTIFIE DEVANT L'ÉGLISE DE JÉRUSALEM (11, 1-18)

1 Les apôtres et les frères qui étaient en Judée avaient appris que les nations païennes elles aussi avaient reçu la parole de Dieu.
2 Lorsque Pierre fut de retour à Jérusalem, ceux qui venaient du judaïsme se mirent à discuter avec lui :
3 « Tu es entré chez des hommes qui n'ont pas la circoncision, et tu as mangé avec eux ! »
4 Alors Pierre reprit l'affaire depuis le début et leur exposa tout en détail :
5 « J'étais dans la ville de Jaffa, en train de prier, et voici la vision que j'ai eue dans une extase : c'était un objet qui descendait. On aurait dit une grande toile ; venant du ciel jusqu'à moi, elle se posait par les quatre coins.
6 Fixant les yeux sur elle, je l'examinai et je vis les quadrupèdes de la terre, les bêtes sauvages, les reptiles et les oiseaux du ciel.
7 J'entendis une voix qui me disait : "Allons, Pierre, immole ces bêtes et mange-les !"
8 Je répondis : "Certainement pas, Seigneur ! Jamais aucun aliment interdit ou impur n'est entré dans ma bouche."

9 Une deuxième fois, du haut du ciel la voix reprit : "Ce que Dieu a déclaré pur, toi, ne le déclare pas interdit."
10 Cela recommença une troisième fois, puis tout fut remonté au ciel.
11 Et voilà qu'à l'instant même, devant la maison où j'étais, survinrent trois hommes qui m'étaient envoyés de Césarée.
12 L'Esprit me dit d'aller avec eux sans me faire de scrupule. Les six frères qui sont ici m'ont accompagné, et nous sommes entrés chez le centurion Corneille.
13 Il nous raconta comment il avait vu dans sa maison l'Ange qui venait lui dire : "Envoie quelqu'un à Jaffa pour convoquer Simon surnommé Pierre.
14 Il t'adressera des paroles par lesquelles tu seras sauvé, toi et toute ta maison."
15 Au moment où je prenais la parole, l'Esprit saint s'empara de ceux qui étaient là, comme il l'avait fait au commencement pour nous.
16 Alors je me suis rappelé la parole que le Seigneur avait dite : "Jean a baptisé avec de l'eau, mais vous, c'est dans l'Esprit saint que vous serez baptisés."
17 S'ils ont reçu le même don que nous, en croyant au Seigneur Jésus Christ, qui étais-je, moi, pour empêcher l'action de Dieu ? »
18 En entendant ces paroles, ils se calmèrent et rendirent gloire à Dieu, en disant : « Voici que les païens eux-mêmes ont reçu de Dieu la conversion qui fait entrer dans la vie. »

Cet ultime épisode où l'on va entendre Pierre résumer à nouveau *toute l'affaire depuis le début* apparaîtra lassant au lecteur pressé ! À quoi bon répéter ainsi ce que nous savons déjà ? Avec un peu d'attention, on verra que l'insistance de Luc sur ces événements vise à faire prendre conscience de leur immense portée. Le récit est encadré par une inclusion où est redite la grande nouveauté : les nations païennes ont, elles aussi, reçu la Parole de Dieu (v. 1), ou *la conversion qui fait entrer dans la vie* (v. 18). Mais au début, c'est une information qui parvient (par la rumeur publique précédant Pierre ?) à l'Église de Judée, et qui suscite le scandale de *ceux de la circoncision*. À la fin, les mêmes répéteront cette nouvelle inouïe sur un ton d'émerveillement, en rendant gloire à Dieu ! Le récit va rendre compte de cette étonnante transformation.

Le véhément reproche que les judéo-chrétiens de Jérusalem adressent à Pierre montre bien d'où l'on est parti, dans cette aventure conduite par l'Esprit. Les censeurs de l'apôtre restent assujettis à la Loi de Dieu qu'on leur a inculquée, et qui les fait réagir comme Pierre au début de l'histoire, lorsqu'il a entendu la voix céleste. À leurs yeux, il a gravement violé la loi en entrant chez des païens impurs (Corneille, quoique « craignant Dieu » est resté un « incirconcis » infréquentable !) et en mangeant avec eux il s'est rendu coupable d'une compromission inadmissible. Pierre n'a pas de peine à les comprendre, et il devait s'attendre à cette réaction scandalisée.

Pour les amener à la dépasser, il ne se lance pas dans un grand débat théologique : il raconte ce qui lui est arrivé. Luc doit avoir une grande satisfaction à présenter ainsi les choses : Pierre est ici pour lui un modèle de « théologie narrative ». Raconter les événements par lesquels Dieu s'est révélé en Jésus Christ, puis encore raconter les événements par lesquels l'Esprit saint a conduit l'Église à découvrir toutes les dimensions du salut qu'elle annonce, toute l'ampleur de sa tâche missionnaire : c'est exactement le projet qu'il a voulu réaliser à travers sa double œuvre narrative, pleine de signification théologique, tout en s'abstenant de développements abstraits. Un indice frappant justifie cette interprétation : au v. 4, Luc écrit que Pierre commence un *exposé suivi*, exactement dans les termes où il indiquait à Théophile son projet d'écriture (*cf.* Lc 1, 3) !

Les v. 5 à 17 sont donc un nouveau résumé des événements qui ont amené Pierre de Jaffa à Césarée, et d'un légalisme qui sépare à une vraie communion avec l'étranger. Il est tout naturel que Pierre suive un ordre inverse de la narration primitive pour évoquer les deux visions initiales, puisqu'il raconte l'expérience du point de vue de ce que lui-même a vécu. Le récit de sa propre vision est donc fait à la première personne, mais à part cela ne présente que de légères variantes stylistiques avec le récit du narrateur au chapitre 10. Les paroles décisives de son dialogue avec la *voix céleste* sont rapportées avec exactitude, à la fois comme un rappel suggestif pour le lecteur et comme un appel pour ses auditeurs à bien entendre la révélation extraordinaire qu'il a reçue (v. 5-10).

En revanche, on note des traits originaux importants dans les v. 11 à 14. Nous apprenons que ceux qui ont accompagné Pierre à Césarée étaient *six frères*, et qu'ils sont aussi venus avec lui à Jérusalem (v. 12). Ils sont les garants de l'authenticité de son témoignage. Dans ce même verset, la traduction liturgique, soucieuse de précision anecdotique, fait dire à Pierre : *Nous sommes entrés chez le centurion Corneille.* Or Luc a écrit : *dans la maison de l'homme* (sous-entendu « l'homme en question », comme traduit la TOB). Ce ne saurait être par inadvertance. On peut penser qu'il a sciemment dépersonnalisé l'histoire, dans cet ultime résumé, comme pour en signifier la portée universelle. Tout homme maintenant peut être un « Corneille » sur qui tombe l'Esprit !

Enfin, dans ce qui est le troisième rappel de la vision de Corneille (v. 13-14), alors que le premier récit n'avait rien dit de tel, pour laisser jouer le suspense, Pierre met dans la bouche de l'ange l'annonce de la finalité de l'appel que Corneille devait lui faire parvenir : *Il t'adressera des paroles par lesquelles tu seras sauvé, toi et toute ta maison.* Outre un parallèle évident avec 16, 31, c'est une façon pour Pierre de faire comprendre à ses auditeurs que c'est bien le salut de ce païen qui était à l'avance programmé par Dieu lui-même.

Le v. 15 est doublement à remarquer. D'abord pour une pointe d'humour du narrateur : dans son récit initial, il avait laissé un bon temps de parole à Pierre pour annoncer l'Évangile. Quand Pierre évoque l'irruption de l'Esprit sur ses auditeurs de Césarée, il semble dire qu'il commençait tout juste à parler quand l'événement s'est produit ! Comme si Luc voulait malicieusement suggérer le dépit d'un orateur frustré, qui n'a pas pu aller jusqu'au bout de son discours ! Mais plus sérieusement, Luc ajoute un commentaire de l'apôtre, qui fait lui-même le rapprochement avec la Pentecôte (*comme il l'avait fait au commencement pour nous*, v. 16).

Pierre livre alors à ses frères de Jérusalem la réflexion personnelle qu'a suscitée en lui ce rapprochement : il s'est remémoré une parole du Seigneur (selon Jn 14, 26, c'est là l'œuvre propre de l'Esprit) ; c'est la parole même du Ressuscité aux apôtres, selon Ac 1, 5. Elle fut pour Pierre un trait de lumière : le baptême qui importe, c'est le baptême dans l'Esprit saint. Dieu a clairement manifesté par ce don de l'Esprit aux païens que sa volonté de salut concerne tous les hommes sans distinction. Ainsi, toute cette histoire est finalement placée sous l'autorité de la parole de Jésus, justifiée par elle : c'est le gage de la fidélité évangélique face aux divagations possibles de l'illuminisme « spirituel ». L'Esprit ne peut conduire à des vérités qui ne s'enracineraient pas dans l'enseignement du Christ (*cf.* encore Jn 16, 13-15 qui pose clairement ce grand principe théologique).

Pierre ne rappelle pas qu'il a alors ordonné le baptême de Corneille et de sa maisonnée. Cela est sous-entendu pour le lecteur, par la reprise du même verbe qu'en 10, 47 : *Qui étais-je, moi, pour pouvoir empêcher Dieu d'agir?* (v. 17). Mais cette conclusion élargit le propos. Avec simplicité, sans aucun effort d'argumentation persuasive, Pierre laisse ses auditeurs sur l'affirmation que Dieu lui-même était vraiment à l'œuvre dans toute cette affaire.

De fait, son sobre témoignage a porté. Les frères de Jérusalem se rendent à l'évidence, et abandonnent leurs griefs dépassés pour rendre gloire à Dieu qui *aux nations païennes aussi a donné la conversion [qui mène] à la vie* (v. 18). Ils ont compris qu'à travers l'expérience de Pierre, Jésus s'est vraiment manifesté comme le Seigneur de tous les hommes. Ils reprennent la magnifique expression qui en 5, 31 qualifiait le salut d'Israël, pour l'étendre aux nations païennes : elle dit avec force que le radical changement de mentalité, qui d'un juif ou d'un païen fait un chrétien, est un pur don de la grâce de Dieu.

En jetant un regard rétrospectif sur le long récit qui s'achève ici, on voit d'abord qu'au niveau de la dynamique propre du livre des Actes, il joue un rôle décisif. Il pose la justification théologique de l'expansion universelle de l'Église. Il vise notamment à montrer que le grand tournant que constitue sa sortie du monde juif pour s'ouvrir au monde des nations n'a pas été le fait d'un individu charismatique marginal : si Dieu avait choisi le futur Paul pour donner toute son ampleur à l'évangélisation des nations (Luc nous l'a déjà fait savoir, *cf.* 9, 15), c'est au premier des Douze que l'Esprit saint en a révélé le principe, et malgré ses réticences l'a fait accepter par l'Église mère de Jérusalem. On verra plus loin que tous les problèmes n'étaient pas résolus pour autant.

Outre cette signification fondamentale, qui concerne une situation historique en un sens dépassée, le récit de l'aventure spirituelle de Pierre et de Corneille peut donner lieu à une actualisation stimulante. Il ne le semble peut-être pas à première vue, tant cette histoire est remplie de merveilleux, d'interventions «célestes» bien étrangères à notre expérience. Mais on a vu comment Luc a pris soin de suggérer que ces deux hommes n'ont pas reçu des vérités évidentes tombant du ciel ni des consignes à suivre passivement. Les interpellations dont ils étaient l'objet créaient du suspense, suscitaient la perplexité, sollicitaient leur réflexion et leur passage à l'acte, sans savoir où cela allait les mener, pour découvrir finalement le dessein de Dieu à leur égard. Le merveilleux mis à part, n'y a-t-il pas parfois dans nos vies des événements insolites, des rencontres imprévues, des interpellations explicites ou implicites qui nous apparaissent dans la foi comme un signe de Dieu à interpréter, et nous appellent à nous engager sur des chemins inédits?

Plus particulièrement, du point de vue de l'apôtre, ce récit pourrait s'intituler «la seconde conversion de Pierre». L'Esprit saint l'a bousculé pour l'arracher à l'étroitesse d'une mentalité légaliste et séparatiste, et l'ouvrir à un œcuménisme spirituel authentique : une extraordinaire mutation, porteuse de tout l'avenir de l'Évangile! Une fois convaincu, Pierre a pris des risques : en faisant baptiser Corneille et sa maisonnée, sans le préalable de la circoncision (nécessaire jusqu'alors pour entrer dans le peuple de Dieu) il risquait de troubler et peut-être de diviser l'Église encore attachée à sa tradition originelle. C'était un risque calculé, non dénué de prudence, puisqu'il s'est fait accompagner par les frères qui avaient vécu avec lui l'aventure et pouvaient en témoigner. Et il a su convaincre les réticents, et légitimer son action, non par des arguments doctrinaux ou disciplinaires, mais en racontant tout simplement comment l'Esprit avait suscité cette audacieuse avancée.

Il me semble que si le mouvement œcuménique contemporain a pu briser tant de préjugés tenaces, et connaître des avancées spectaculaires, c'est que ses pionniers, bousculés par l'Esprit, ont su y reconnaître une exigence du Seigneur, discerner les signes donnés par Dieu, et agir avec une audace et une prudence dont Pierre donne ici l'image exemplaire. Dans le droit fil de l'expérience faite par l'apôtre, un document récent appelle toutes les Églises divisées à une «conversion» qui seule peut permettre la reconnaissance des autres dans leur différence et une vraie marche vers l'unité. Notre récit devrait ainsi rester une référence majeure pour ceux qui entendent lutter contre tous les sectarismes, ceux qui perdurent, hélas! dans les Églises comme ceux qui déchirent l'humanité, racismes et discriminations de toute sorte, générateurs de tant de conflits et de souffrances. L'œcuménisme authentique, en effet, ne saurait se limiter à viser l'unité des chrétiens comme une fin en soi, il concerne toute « la terre habitée » (sens du mot grec *oikouménè*), le grand dessein de Dieu étant celui d'une humanité réconciliée dans l'amour.

5. Fondation de l'Église d'Antioche (11, 19-30)

19 Le violent mouvement soulevé contre Étienne avait provoqué la dispersion des frères. Ils allèrent jusqu'en Phénicie, à Chypre et à Antioche. Ils annonçaient la Parole exclusivement aux juifs.

20 Et pourtant, il y avait parmi eux des hommes, originaires de Chypre et de Cyrénaïque, qui, en arrivant à Antioche, s'adressaient aussi aux Grecs pour leur annoncer cette Bonne Nouvelle : Jésus est le Seigneur.

21 La puissance du Seigneur était avec eux : un grand nombre de gens devinrent croyants et se convertirent au Seigneur.

22 L'Église de Jérusalem entendit parler de tout cela, et l'on envoya Barnabé jusqu'à Antioche.

23 À son arrivée, voyant les effets de la grâce de Dieu, il fut dans la joie.

24 Il les exhortait tous à rester d'un cœur ferme attachés au Seigneur ; c'était un homme de valeur, rempli d'Esprit saint et de foi. Une foule considérable adhéra au Seigneur.

25 Barnabé repartit pour aller à Tarse chercher Saul. Il le trouva et le ramena à Antioche.

26 Pendant toute une année, ils furent ensemble les hôtes de l'Église, ils instruisirent une foule considérable ; et c'est à Antioche que, pour la première fois, les disciples reçurent le nom de « chrétiens ».

27 En ces jours-là, des prophètes descendirent de Jérusalem à Antioche.

28 L'un d'eux, nommé Agabus, se mit à parler sous l'action de l'Esprit ; il annonça qu'il y aurait une grande famine sur toute la terre. Elle se produisit effectivement sous le règne de l'empereur Claude.

29 Alors les disciples décidèrent d'envoyer des secours, chacun selon ses moyens, aux frères qui habitaient en Judée.

30 C'est ce qu'ils firent : ils envoyèrent leurs dons aux anciens de l'Église, par l'intermédiaire de Barnabé et de Saul.

Après une série de récits à la fois personnalisés (Étienne, Philippe, Saul, Pierre et Corneille) et littérairement très fouillés, nous retrouvons une narration plus terne et d'allure plus générale. Elle n'en est pas moins très importante, car elle relate le vrai début de l'avancée de l'Évangile vers le «tout-venant» du monde païen, et non plus vers les païens déjà sympathisants du judaïsme comme Corneille. L'Église d'Antioche dont Luc raconte ici la fondation sera par la suite la base de départ de la mission paulinienne.

L'Évangile à Antioche (v. 19-26)

Au v. 19, le fil général du récit renoue avec les données de 8, 4, dans une notice exactement parallèle. Luc renouvelle l'indication fort intéressante que la diffusion de la Bonne Nouvelle n'est pas le fait de quelques «ténors» seulement, mais de beaucoup de simples chrétiens, ceux qui ont été *dispersés par la persécution survenue contre Étienne*. Par ce rappel, il souligne à nouveau le paradoxe de ce martyre qui porte fruit, puisqu'une évangélisation conquérante a jailli de cette épreuve. Cette première notice se borne à mentionner une extension géographique : la Judée et la Samarie (8, 1) étaient encore terres juives ; une nouvelle vague de réfugiés arrive jusqu'en Phénicie, à Chypre, et à Antioche de Syrie. Mais, sans doute pas encore informés de la création d'une Église pagano-chrétienne à Césarée, ils continuent *d'annoncer la Parole exclusivement aux juifs*, nombreux dans ces contrées. C'est le verset suivant qui indique le changement qualitatif considérable qui se produit à Antioche : quelques-uns de ces réfugiés ont l'audace de s'adresser aussi aux *Grecs* (le terme, lorsqu'il s'oppose aux juifs, équivaut à celui de *païen*).

Malgré la sobriété du récit, il importe d'en bien mesurer la portée. Les auteurs de cette innovation restent anonymes, ils ont agi spontanément (à vues humaines, car pour Luc il va de soi qu'ils sont conduits par l'Esprit), sans avoir reçu de directives de quelque hiérarchie : ainsi souvent l'histoire profonde de l'Église avance-t-elle par la fidélité ou les initiatives «de la base», plus que par les décisions prises «au sommet». En mentionnant que ces porteurs de la Parole sont originaires de Chypre, comme Barnabé (*cf.* 4, 36) ou de Cyrène, comme Lucius qui sera nommé en 13, 1, Luc suggère que ce sont des «Hellénistes», comme l'étaient aussi Étienne et Saul de Tarse. C'est dire qu'ils ont des affinités culturelles avec ces Grecs qu'ils évangélisent, ce qui n'est pas négligeable. Historiquement, il est assuré que l'extension de l'Évangile dans le monde païen a été le fait de ces juifs hellénisés devenus chrétiens.

Ce n'est pas par hasard que Luc condense ici le message évangélique par la formule : *Jésus est le Seigneur.* Jusqu'alors, aux juifs mais aussi aux Samaritains, on proclamait plutôt que Jésus est *le Christ,* car ce titre indiquait l'accomplissement de leur attente messianique ; mais il n'aurait pas de sens pour des oreilles grecques. Plus tard, dans l'enseignement qu'évoque le v. 26, les néophytes découvriront la tradition biblique à ce sujet. Pour une première évangélisation des païens, l'annonce que Jésus est *le Seigneur* doit en revanche avoir une forte résonance : ce titre de *Kyrios* était donné aux dieux et à l'empereur de Rome considéré comme un « fils de dieu ». Tout le paradoxe de l'Évangile est là : d'humbles réfugiés sans prestige viennent prétendre que le vrai Maître du monde est ce Jésus, obscur prophète juif, crucifié comme un rebelle par l'administration romaine de Judée ! Il faut bien que *la main du Seigneur* (hébraïsme pour exprimer le secours puissant de Dieu) soit avec ces prédicateurs, pour que soit reçu ce message incroyable, et que beaucoup d'auditeurs se convertissent (v. 21). Ainsi se fonde une première communauté pagano-chrétienne dans un centre stratégique important : Antioche est en effet, à cette époque, la troisième ville de l'empire par la population (plus de 500 000 habitants). Avec son port de Séleucie, c'est une grande cité commerçante, au carrefour des routes de l'Orient et de l'Occident.

Les v. 22-24 montrent comment l'initiative de la base fut reconnue après coup par les « autorités ». Comme en 8, 14, on voit que l'Église mère de Jérusalem entend exercer un certain contrôle sur les communautés qui se fondent au loin, ou du moins assurer un lien de communion explicite avec elles. Mais cette fois, ce ne sont pas deux apôtres qui sont délégués auprès de l'Église d'Antioche, mais Barnabé, « l'homme du réconfort » ou « de l'exhortation » (*cf.* 4, 36). Il ne peut que constater que la grâce de Dieu est à l'œuvre, et s'en réjouir. Luc a fait l'impasse sur la question du don de l'Esprit (et même du baptême) et ne mentionne donc pas que Barnabé ait eu à parfaire l'œuvre accomplie, comme ce fut le cas en Samarie (*cf.* 8, 15-17). Il se contente de justifier son surnom en les *exhortant tous à rester d'un cœur ferme attachés au Seigneur.* Luc souligne que Barnabé était un homme de valeur, mais surtout qu'il était *rempli d'Esprit saint et de foi.*

La caution qu'il donne à cette jeune Église ne saurait être suspecte, cette avancée de l'Évangile vers le grand large du monde païen est bien conforme au projet du Seigneur (*cf.* 1, 8), ce que confirme l'accroissement considérable de la communauté. Barnabé qui s'y attache se rend compte qu'il y a une grande tâche à accomplir pour enseigner ces nouveaux croyants et leur permettre d'approfondir leur foi, qui n'a aucun fondement biblique préalable, à la différence des juifs convertis.

Il se souvient alors de Saul, le jeune rabbin talentueux converti dans des circonstances exceptionnelles, et dont il avait été l'introducteur auprès des apôtres (*cf.* 9, 27). Il va donc le chercher à Tarse, où il s'était réfugié (9, 30). C'est apparemment de sa propre initiative, sans consulter ceux de Jérusalem dont il avait reçu mandat. Le récit ne dit rien des arguments de Barnabé ni de la réaction de Saul à son appel, mais présente comme allant de soi son acceptation (v. 25).

Les deux hommes vont exercer pendant toute une année un important ministère d'enseignement (v. 26). Pour une réflexion ecclésiale, il est utile de noter que tous les membres de l'Église sont appelés à témoigner de leur foi (et les fondateurs de cette Église l'ont fait avec une grande efficacité), et que c'est l'approfondissement théologique, indispensable pour affermir la foi de tous, qui requiert un ministère spécifique et des compétences particulières.

En concluant cette brève notice sur l'événement majeur qu'est cette implantation de l'Église à Antioche, Luc ajoute comme en passant que c'est là que pour la première fois *les disciples reçurent le nom de chrétiens*, c'est-à-dire *ceux de Christ*, ce titre étant sans doute compris comme un nom propre bizarre (comme on le constate dans les écrits de Suétone ou de Tacite). Les disciples entre eux se nommaient les frères, ou les *saints* (*cf.* 9, 13.32 etc. ; la version liturgique a traduit les *fidèles*). L'appellation qui restera dans l'histoire leur a été donnée par l'homme de la rue d'une grande cité hellénistique, vraisemblablement à titre de surnom dérisoire !

Un geste de solidarité entre Églises (v. 27-30)

Le lien entre les Églises se manifeste *en ces jours-là* par la visite de *prophètes* descendant de Jérusalem à Antioche. Le livre de la *Didachè* témoigne pour cette époque de l'existence de prophètes chrétiens exerçant un ministère itinérant, en passant d'une communauté à l'autre. Ce ministère est placé par Paul au second rang, après celui des apôtres (Ep 4, 11) et c'est un service de la Parole qui consiste essentiellement à *édifier, exhorter, encourager* (*cf.* 1 Co 14, 3) en parlant sous l'inspiration de l'Esprit. En 13, 1 Luc écrira qu'il y avait dans l'Église d'Antioche des prophètes et des *didascales*, des hommes chargés d'enseigner, sans marquer de nette distinction entre eux.

Ce n'est donc qu'occasionnellement que ces prophètes annoncent l'avenir, comme le fait ici Agabus, en prédisant, sous l'action de l'Esprit, qu'il y aurait *une grande famine sur toute la terre* (v. 28). On retrouvera ce prophète judéen en 21, 10, annonçant l'arrestation de Paul. (On espère qu'il ne fut pas seulement un « prophète de malheurs » !) Luc signale qu'elle se produisit effectivement *sous le règne de l'empereur Claude*, ce que les historiens confirment, même si la formulation de notre narrateur est un peu emphatique : il y eut une famine chronique en divers lieux de l'empire, dans les années 46-48 (voir l'encadré : « Histoire et chronologie », p. 132)

Cette prophétie inquiétante entraîne une décision de solidarité pratique de la part des chrétiens d'Antioche, dont certains devaient être assez aisés, envers *les frères qui habitaient en Judée*. Ils ont sans doute appris l'existence précaire sur le plan matériel de l'Église mère, ceux que Paul appelle *les saints de Jérusalem qui sont dans la pauvreté* et pour qui il a lui-même organisé une collecte (*cf.* Rm 15, 26). Ces *secours* auxquels chacun contribue selon ses moyens sont un service des frères (litt. : une *diaconie*), qui exprime la communion des Églises entre elles, laquelle doit jouer aussi sur le plan financier. Sous une forme nouvelle adaptée aux circonstances, le geste spontané des fidèles d'Antioche répond à la même exigence de partage des biens que Luc a soulignée comme une des caractéristiques de la communauté chrétienne.

Le v. 30 mentionne pour la première fois les *anciens* de l'Église* : Luc nous apprend ainsi que la communauté de Jérusalem n'est pas restée dirigée par les apôtres, qui devaient avoir la liberté de partir en tournées missionnaires, et qu'elle s'est dotée d'un conseil d'anciens, dirigeant collégialement l'Église locale, à l'image de l'organisation des synagogues juives. C'est Barnabé et Saul que l'on charge de faire parvenir ces secours, nouvelle preuve que la gestion des biens de la communauté n'est pas une affaire subalterne, indigne des porteurs de la Parole, mais a une importante signification spirituelle.

HISTOIRE ET CHRONOLOGIE DANS LES ACTES

La mention du règne de Claude, en 11, 28, est la première indication du livre faisant allusion à l'histoire générale dans laquelle s'inscrivent les événements qu'il relate. Luc l'avait fait bien plus tôt dans son évangile (*cf.* Lc 1, 5; 2, 1 s; 3, 1). On sait que Claude fut empereur de 41 à 54, et que la famine mentionnée eut lieu autour de 48. Les historiens disposent de plusieurs autres repères pour établir la chronologie du récit lucanien : la mort d'Hérode Agrippa I date d'avril 44; le proconsulat de Gallion à Corinthe de 51-52. Félix fut procurateur de Judée de 52 à 59 (60?) date à laquelle lui succéda Festus. C'est ainsi que, par recoupements, on aboutit à la chronologie approximative indiquée dans l'introduction (voir p. 8).

On peut affirmer que Luc se montre un historien semblable à ceux de son temps, par la manière dont il présente le décor géopolitique et culturel de l'histoire qu'il raconte, ainsi que la mentalité de ses héros principaux, et dont il organise les traditions partielles qu'il a pu recueillir en un récit cohérent, interprétant les faits selon sa personnalité et ses convictions, ce que fait tout historien.

Son entreprise n'est pourtant pas comparable à celle d'un historien moderne qui s'attacherait à faire une histoire générale du christianisme primitif. De ce point de vue, on pourrait lui faire grief de bien des lacunes et inexactitudes (voir à ce propos l'encadré comparant le Paul des épîtres à celui de Luc, p. 219). Mais son projet n'est pas la reconstitution minutieuse des faits « historiques ». Sa narration se veut avant tout une catéchèse pour affermir la foi de ses lecteurs pagano-chrétiens. Elle se fonde sur l'assurance que l'expansion de l'Église, son ouverture progressive au monde, entre les années 30 et 60 (reconstituée dans ses grandes étapes sur la base d'une enquête sérieuse) a été vraiment conduite par l'Esprit saint, selon le dessein de Dieu d'offrir son salut à tous les hommes.

6. Nouvelle persécution à Jérusalem. Martyre de Jacques, délivrance miraculeuse de Pierre (12, 1-19)

1 **À cette époque, le roi Hérode Agrippa se mit à maltraiter certains membres de l'Église.**

2 **Il supprima Jacques, frère de Jean, en le faisant décapiter.**

3 **Voyant que cette mesure était bien vue des juifs, il décida une nouvelle arrestation, celle de Pierre. On était dans la semaine de la Pâque.**

4 **Il le fit saisir, emprisonner, et placer sous la garde de quatre**

escouades de quatre soldats ; il avait l'intention de le faire comparaître en présence du peuple après la fête.

5 Tandis que Pierre était ainsi détenu, l'Église priait pour lui devant Dieu avec insistance.

6 Hérode allait le faire comparaître ; la nuit précédente, Pierre dormait entre deux soldats, il était attaché avec deux chaînes, et, devant sa porte, des sentinelles montaient la garde.

7 Tout à coup surgit l'Ange du Seigneur, et une lumière brilla dans la cellule. L'Ange secoua Pierre, le réveilla et lui dit : « Lève-toi vite. » Les chaînes tombèrent de ses mains.

8 Alors l'Ange lui dit : « Mets ta ceinture et tes sandales. » Pierre obéit, et l'Ange ajouta : « Mets ton manteau et suis-moi. »

9 Il sortit derrière lui, mais, ce qui lui arrivait grâce à l'Ange, il ne se rendait pas compte que c'était vrai, il s'imaginait que c'était une vision.

10 Passant devant un premier poste de garde, puis devant un second, ils arrivèrent à la porte en fer donnant sur la ville. Elle s'ouvrit toute seule devant eux. Une fois dehors, ils marchèrent dans une rue, puis, brusquement, l'Ange le quitta.

11 Alors Pierre revint à lui, et il dit : « Maintenant je me rends compte que c'est vrai : le Seigneur a envoyé son Ange, et il m'a arraché aux mains d'Hérode et au sort que me souhaitait le peuple juif. »

12 S'étant repéré, il arriva à la maison de Marie, la mère de Jean surnommé Marc, où se trouvaient réunies un certain nombre de personnes qui priaient.

13 Il frappa à la porte d'entrée, et une jeune servante nommée Rhodè s'avança pour répondre.

14 Ayant bien reconnu la voix de Pierre, elle en fut si joyeuse qu'au lieu d'ouvrir la porte, elle rentra en courant et annonça que Pierre était là devant la porte.

15 « Tu es folle ! » lui dit-on. Mais elle insistait : « C'est bien vrai ! » Et eux disaient : « C'est son ange. »

16 Cependant Pierre continuait à frapper ; alors ils ouvrirent, ils le virent, et ils n'en revenaient pas.

17 Il leur fit un signe de la main pour les faire taire, et il leur raconta comment le Seigneur l'avait fait sortir de prison ; puis il leur dit : « Annoncez-le à Jacques et aux frères. » Il sortit, et s'en alla vers un autre lieu.

18 Au lever du jour, il y eut une belle agitation chez les soldats : qu'était donc devenu Pierre ?

19 Hérode le fit rechercher sans réussir à le trouver. Ayant fait comparaître les gardes, il donna l'ordre de les emmener. Il quitta la Judée et descendit séjourner à Césarée.

La fin du récit précédent a ramené l'attention du lecteur sur l'Église de Jérusalem. Dans la foulée, Luc va lui consacrer, ainsi qu'à l'apôtre Pierre, un dernier récit assez détaillé, avant que la suite du livre s'oriente délibérément vers l'évangélisation du monde gréco-romain, à partir d'Antioche.

Nouvelle persécution à Jérusalem (v. 1-5)

La précarité de vie de cette Église n'est pas seulement économique, comme l'a laissé pressentir la fin du chapitre 11. Voici qu'elle connaît un regain de persécution qui ne frappe plus seulement les Hellénistes, mais le noyau judéo-chrétien fondateur, en la personne de deux des Douze. Cette répression donne satisfaction aux autorités religieuses de Jérusalem, sans être directement de leur fait. C'est l'autorité politique juive qui en prend l'initiative.

Hérode Agrippa I est le neveu d'Hérode Antipas, tétrarque de Galilée au moment du ministère et de la mort de Jésus. En intriguant à Rome auprès de Claude, il a obtenu pour lui le titre de roi de Judée, en 41, pour un règne bien court puisque sa mort soudaine, que Luc va narrer dans le prochain épisode, date de 44. Nous ignorons pourquoi il a fait mettre à mort *Jacques, frère de Jean*, donc le «fils de Zébédée», l'un des Douze (*cf.* Lc 5, 12 ; 6, 14), sans la moindre forme de procès. Mais voyant que l'opinion des juifs paraît satisfaite de cet acte arbitraire de répression, il se sent encouragé à poursuivre, et c'est par démagogie qu'il fait donc arrêter Pierre, pensant cette fois qu'un procès public de l'apôtre lui vaudra la faveur du peuple, une fois passée la fête de Pâque.

A-t-il eu vent de la mystérieuse évasion des apôtres que Luc a racontée en 5, 19 s ? Toujours est-il qu'il fait surveiller Pierre par une garde exceptionnelle de seize hommes (v. 1-4) ! L'Église frappée à la tête ne peut que prier pour lui *avec insistance*, ou *ardemment* (v. 5) : l'adverbe est le même que celui qui qualifiait la prière de Jésus au mont des Oliviers (Lc 22, 44).

La délivrance miraculeuse de Pierre (v. 6-19)

Ce récit est pour le fond un doublet de celui du chapitre 5 concernant la délivrance des apôtres emprisonnés sur ordre du Sanhédrin. Mais le conteur semble avoir pris plaisir à développer les *détails merveilleux* de cette évasion nocturne de Pierre. Il faut redire ici qu'il est tout à fait impossible de discerner sous ce récit ce qui s'est exactement passé. Le v. 11 nous donne une clef d'interprétation bien utile. Pierre semble avoir suivi comme un somnambule le personnage mystérieux qui est venu le délivrer (*cf.* v. 9) et quand il *revient à lui* (bonne traduction littérale) en se trouvant seul et libre dans la rue, il fait une lecture croyante de l'événement, en référence au Ps 34, 8, se disant tout haut à lui-même : *Le Seigneur a envoyé son Ange, et il m'a délivré.* Nous savons que c'est là une manière biblique classique pour exprimer la réalité d'une intervention de Dieu, cachée sous des apparences ordinaires ou extraordinaires. Nous verrons bientôt Luc évoquer à nouveau *l'Ange du Seigneur* pour interpréter la mort soudaine d'Hérode ! Quand donc il entreprend de raconter la délivrance de Pierre, il le fait en développant l'interprétation que celui-ci en avait donnée, avec la liberté d'un conteur de légende. À nous lecteurs de discerner alors combien cette « légende » (étymologiquement : « ce qu'il faut lire »), sous les traits merveilleux ou cocasses du récit, est particulièrement spirituelle, dans les deux sens du mot : remplie de traits d'humour malicieux comme de signification symbolique à saisir dans la foi.

On peut découvrir deux grands thèmes sous-jacents à cette narration. Il y a d'abord les références implicites à la grande délivrance fondatrice, lorsque Israël fut miraculeusement *arraché de la main* du Pharaon : Luc a situé l'événement *dans la semaine de la Pâque* (litt. *les jours des Azymes,* v. 3), qui est le mémorial de la sortie d'Égypte. Plusieurs détails rappellent le récit de l'Exode : l'ordre donné à Pierre de se hâter, de mettre sa ceinture et ses sandales (*cf.* Ex. 12, 11), l'Ange du Seigneur qui marche devant (Ex 14, 19) ; la lumière qui brille dans la cellule, faisant penser à la « colonne de feu » qui éclaire la marche du peuple pendant la nuit (Ex 13, 21). C'est dans la droite ligne de la foi de ses pères que Pierre confesse le Dieu libérateur.

Mais plus certaine encore est la volonté du narrateur de suggérer le rapprochement entre l'aventure de Pierre et le destin de Jésus, scellé lui aussi à l'époque de la Pâque. Pierre vit symboliquement une sorte de mort et de résurrection. Son emprisonnement, ses chaînes, son sommeil sont une image d'impuissance et de mort. Au v. 7, le récit reprend les deux verbes qui expriment de manière imagée la résurrection, dans tout le N.T. : *se réveiller, se lever.* Ce qui se passe après sa sortie de prison est comme un écho de ce qui s'est passé après la résurrection de Jésus : c'est une femme qui est la première à découvrir la libération de Pierre, en reconnaissant sa voix (*cf.* Jn 20, 16) et à ressentir de ce fait une *joie* bouleversante (*cf.* Jn 20, 20 ; Lc 24, 41) ; quand elle l'annonce aux autres, il la prennent pour folle (*cf.* Lc 24, 11). Ils disent : *C'est son ange* (son «double» spirituel), comme les Onze et leurs compagnons *croyaient voir un esprit* (Lc 24, 37) ! Enfin, après avoir demandé que l'on annonce largement la bonne nouvelle de sa libération, Pierre s'éclipse, selon la note du v. 17, pour *aller vers un autre lieu*, expression énigmatique qui peut faire songer à l'Ascension, et surtout aux paroles du discours d'adieu de Jésus (*cf.* Jn 13, 36 ; 14, 2).

Il y a par ailleurs de la finesse psychologique dans la façon dont Luc note les réactions successives de Pierre pendant cette étrange nuit, et de la malice quand il montre ceux qui priaient avec insistance pour Pierre, et qui *n'en reviennent pas* de voir leur prière exaucée ! D'autres détails relèvent de la pratique courante de composition de Luc, posant des jalons pour ses récits futurs : ainsi *Jean-Marc*, nommé en passant sans nécessité narrative, réapparaîtra comme compagnon de Barnabé et Paul au départ de leur premier voyage missionnaire (13, 5). Ainsi *Jacques*, que Pierre met en vedette, et qui ne peut être l'apôtre du v. 2, décapité sur ordre d'Hérode, jouera plus tard un rôle dirigeant dans l'Église de Jérusalem (*cf.* 15, 13 ; 21, 18). Il s'agit de Jacques dit le Mineur, le *frère du Seigneur* (*cf.* Ga 1, 19 ; Mc 6, 3). Ce sont sans doute les fréquentes absences de Pierre qui l'ont amené à jouer ce rôle, probablement comme présidant le conseil des anciens de la communauté.

Le v. 18 fait écho, en plus bref, à la stupeur déjà notée avec ironie en 5, 22 s, de ceux qui, au petit matin, découvrent la prison vide. Hérode, lui, après une enquête infructueuse, fait sévèrement sanctionner ces gardes incapables : l'euphémisme du narrateur ne saurait voiler le fait qu'il a dû donner l'ordre de les exécuter (v. 19). Mais ce petit tyran n'a plus pour longtemps à sévir.

7. *Mort d'Hérode Agrippa, châtié par le Seigneur (12, 20-23)*

20 Hérode était dans une grande colère contre les gens de Tyr et de Sidon. Ceux-ci vinrent tous ensemble le trouver. Ayant gagné

à leur cause Blastus, l'officier de la chambre du roi, ils sollicitaient une solution pacifique, car leur pays s'approvisionnait dans celui du roi.
21 **À la date fixée, Hérode, ayant revêtu ses habits royaux et siégeant sur son estrade, prononçait devant eux un grand discours.**
22 **Le peuple l'acclamait à grands cris : « C'est la voix d'un dieu, et non d'un homme ! »**
23 **Subitement, l'Ange du Seigneur le frappa, parce qu'il n'avait pas rendu gloire à Dieu. Rongé par les vers, il expira.**

Ce bref tableau réaliste d'histoire politique pourrait paraître marginal par rapport à la ligne directrice du livre, s'il n'était l'occasion de manifester à nouveau, de manière plus tragique qu'en 4, 21 ou en 5, 24-26, que le Seigneur « se moque des rois de la terre » qui se rebellent contre lui et que « sa fureur les épouvante » (*cf.* Ps 2, dont les premiers versets étaient cités en 4, 25 s). Il illustre aussi les paroles sans illusion de Jésus sur la vanité des « rois des nations » (*cf.* Lc 22, 25).

Le début du v. 20 est très elliptique. On saisit mieux la suite des idées si l'on traduit comme la TOB qu'Hérode *avait avec les gens de Tyr et de Sidon un litige irritant.* L'intérêt de ces villes libres de la côte, qui dépendaient de l'arrière-pays producteur de blé, étant de trouver un accord, leurs délégués *gagnent à leur cause* (sous-entendu en achetant son appui) un personnage influent de la cour royale. Une cérémonie fastueuse est organisée pour signer l'accord conclu. Hérode en profite pour soigner sa popularité, en faisant littéralement un discours « démagogique », propre à susciter la flagornerie du peuple, qui compare sa voix à celle d'un dieu ! Une telle déification de l'homme est selon la Bible le péché par excellence. Le vrai Dieu, qui se laisse habituellement offenser sans réagir par la vanité des hommes, va ici manifester soudainement sa colère.

Flavius Josèphe dans ses *Antiquités juives* relate lui aussi cette mort brutale d'Hérode, pris de violentes douleurs intestinales dont il meurt cinq jours plus tard. Mais la formulation du v. 23 révèle bien la théologie de Luc. Il a une explication naturelle, *médicale*, de cette mort : Hérode expira *rongé par les vers.* Mais pour le croyant qu'est Luc, cette causalité visible relève d'une causalité plus profonde, la volonté du Maître de l'histoire qui a été bafoué par l'impiété du roi : ce qu'il exprime à l'aide de la figure maintenant familière au lecteur de *l'Ange du Seigneur* frappant Hérode, comme le Seigneur avait frappé l'arrogant Antiochus Épiphane persécuteur des juifs (*cf.* 2 M 9, 5). La démarche de Luc est analogue à celle du rédacteur de 2 S 24, 15 s, qui identifiait l'envoi de la peste sur Israël à l'action de l'ange du Seigneur. Mais s'il a cru bon de narrer ce tragique épisode, c'est sans doute pour réconforter les chrétiens persécutés ou menacés de l'être, qui y verront un signe de la souveraineté de Dieu plus forte que tous les tyrans.

8. D'Antioche, Barnabé et Paul sont envoyés en mission (12, 24–13, 3)

24 **La parole de Dieu était féconde et se multipliait.**
25 **Barnabé et Saul, ayant accompli leur service en faveur de Jérusalem, s'en retournèrent à Antioche, en prenant avec eux Jean surnommé Marc.**
1 **Or il y avait dans cette Église d'Antioche des prophètes et des hommes chargés d'enseigner : Barnabé, Syméon surnommé Niger, Lucius de Cyrène, Manahène, ami d'enfance du prince Hérode, et Saul.**
2 **Un jour qu'ils célébraient le culte du Seigneur et qu'ils observaient un jeûne, l'Esprit saint leur dit : « Détachez pour moi Barnabé et Saul en vue de l'œuvre à laquelle je les ai appelés. »**
3 **Alors, après avoir jeûné et prié, et leur avoir imposé les mains, ils les laissèrent partir.**

Comme en 6, 1, le refrain de croissance du v. 24, qui semble s'appliquer à l'ensemble du champ déjà couvert par la mission chrétienne, fait suite à une persécution heureusement surmontée. C'est une constante de la pensée de Luc, qui veut montrer que les obstacles venant de l'hostilité des hommes, et en particulier des puissants, ne sauraient arrêter la marche en avant de l'Évangile, programmée par le Seigneur.

Le v. 25 se relie à 11, 30 et laisse donc entendre que Barnabé et Saul étaient à Jérusalem au moment de l'emprisonnement de Pierre et de la mort d'Hérode, et ont vécu solidairement les épreuves de la communauté. Mais leur vrai port d'attache est maintenant Antioche, tête de pont de la mission auprès des païens. Ils y retournent, leur tâche diaconale accomplie, en emmenant Jean-Marc, qui sera leur auxiliaire dans leur prochaine aventure missionnaire.

En effet, l'Église d'Antioche s'est beaucoup développée ; elle dispose d'assez nombreux serviteurs de la Parole, prophètes et enseignants : certains semblent cumuler les deux fonctions ; Luc en tous cas ne se préoccupe pas de répartir les titres entre les cinq personnages qu'il nomme. La liste est intéressante dans la mesure où elle signale une grande diversité d'origine. Manahène fut ce que nous appellerions un « frère de lait » d'Hérode *le tétrarque*, à savoir l'oncle d'Hérode Agrippa de l'épisode précédent (la version liturgique prête ici à confusion).

Sous l'impulsion de l'Esprit saint, cette communauté privilégiée prend conscience qu'elle ne doit pas accaparer tous ces ministres de la parole pour son confort spirituel propre. Lors d'une célébration du culte, *l'Esprit saint leur dit* : cette manière de parler évoque certainement un message transmis par un des prophètes, parlant sous l'inspiration divine. Il se lève au milieu du groupe en prière et proclame : « Voici ce que dit l'Esprit saint... »

La formulation du message appelle une double remarque. *Détachez pour moi Barnabé et Saul* : nous l'avons déjà vu (*cf.* 10, 20), l'Esprit parle à la première personne, comme étant celui qui conduit la réalisation du plan de Dieu ; *en vue de l'œuvre à laquelle je les ai appelés* : le temps du verbe semble indiquer que les deux compagnons avaient déjà pris conscience de cet appel, et en ont sans doute parlé aux frères : l'Esprit confirme que le moment est venu de passer à l'action. Cette « œuvre » n'est pas exactement définie à l'avance, les envoyés la découvriront au fur et à mesure de leur avancée sous la conduite de l'Esprit. L'*imposition des mains* faite sur eux n'est pas ici un geste pour appeler le don de l'Esprit saint, reçu depuis longtemps par les deux serviteurs de Dieu, mais un geste ecclésial d'envoi pour une tâche missionnaire, dont l'Église d'Antioche partage la responsabilité spirituelle. C'est la raison pour laquelle, au terme de leur première mission, Paul et Barnabé viendront en rendre compte à cette Église, et non à celle de Jérusalem (*cf.* 14, 26).

9. Paul et Barnabé à Chypre : accueil et rejet de la Parole (13, 4-12)

4 Quant à eux, ainsi envoyés en mission par le Saint-Esprit, ils descendirent jusqu'à Séleucie, et de là prirent un bateau pour l'île de Chypre ;

5 **arrivés à Salamine, ils annonçaient la parole de Dieu dans les synagogues. Ils avaient Jean-Marc pour les seconder.**
6 **Ayant traversé toute l'île jusqu'à Paphos, ils rencontrèrent un magicien juif, soi-disant prophète, du nom de Barjésus,**
7 **qui vivait auprès du proconsul Sergius Paulus, un homme intelligent. Celui-ci fit venir Barnabé et Saul et manifesta le désir d'entendre la parole de Dieu.**
8 **Ils rencontrèrent l'opposition du magicien Élymas (car ainsi se traduit son nom), qui cherchait à détourner le proconsul de la foi.**
9 **Mais Saul, appelé aussi Paul, rempli de l'Esprit saint, le dévisagea et dit :**
10 **« Individu plein de toute sorte de fausseté et de méchanceté, fils du diable, ennemi de tout ce qui est juste, n'en finiras-tu pas de rendre tortueuses les voies du Seigneur qui sont droites ?**
11 **Voilà maintenant que la main du Seigneur est sur toi : tu vas être aveugle, tu ne verras plus le soleil jusqu'à nouvel ordre. » Et subitement tombèrent sur ses yeux brouillard et ténèbres ; il tournait en rond, cherchant des gens pour le conduire par la main.**
12 **Alors le proconsul, voyant ce qui s'était passé, devint croyant, vivement frappé par l'enseignement du Seigneur.**

Barnabé était originaire de Chypre : on peut penser que c'est lui qui a proposé de se rendre en premier dans cette île. L'envoi par le Saint-Esprit, souligné avec insistance par Luc, n'exclut pas l'existence de motivations naturelles chez ses envoyés, qui gardent toute liberté de prendre des initiatives. Quand l'Esprit veut contrarier les projets raisonnables des missionnaires, il sait le leur manifester, on le verra plus loin en 16, 6 s !

Mise à part la mention de Jean-Marc, au rôle bien effacé, et qui va bientôt rebrousser chemin, le v. 5 est rédigé comme un sommaire dont l'intérêt est de nous montrer d'emblée que les missionnaires chrétiens, opérant dans des lieux où existe une diaspora juive, prennent appui sur les synagogues pour transmettre leur message. Ce qui pourrait paraître ici relever d'une pure tactique recevra sa justification théologique à l'étape suivante. Luc ne dit rien du succès ou de l'insuccès de ces premières prédications à Chypre. Certains en déduisent qu'elles furent infructueuses du fait de l'importante emprise de la magie dans cette île, qu'évoque précisément l'épisode plus détaillé que le narrateur a retenu.

Versets 8-12

Pline l'Ancien, contemporain des événements racontés dans les Actes, confirme l'existence de magiciens juifs, constituant même une « secte » à Chypre, et de manière générale indique que les rois et les empereurs de l'époque avaient souvent des magiciens dans leur entourage : c'est le cas, à son niveau d'autorité, du proconsul Sergius Paulus, qui s'est entouré du magicien Barjésus. (L'explication du second nom de cet homme, au v. 9, est obscure, car *Élymas* n'est pas la traduction de Barjésus.) À l'encontre de Simon qui s'était converti à la parole et devant les miracles de Philippe (*cf.* 8, 13), ce magicien fait obstruction au message de Barnabé et Saul, que le proconsul, *homme intelligent* et donc ouvert, avait fait venir auprès de lui.

Élymas s'attire une violente imprécation de la part de Saul (v. 10-11). On peut la rapprocher des invectives que Pierre adressait naguère à Ananie, ou à Simon après sa tentative de corruption (5, 3 ss ; 9, 20 ss). C'est un des éléments du parallèle que Luc a manifestement voulu établir entre les héros principaux des deux grandes parties de son livre (voir l'encadré à ce sujet, p. 166). Parallèle qui comporte des nuances, car Pierre, menaçant Simon de mort, l'appelait à se repentir ; Paul énonce un châtiment ouvertement attribué à *la main du Seigneur*, et qui sera immédiat. Cependant, sans parler de repentir, il laisse entendre que cet aveuglement pourrait n'être que temporaire.

Comme l'opposition du magicien à Paul et Barnabé rappelle celle des magiciens d'Égypte contrant Moïse devant Pharaon (Ex 7, 11 ss ; *cf.* 2 Tm 3, 8), certains ont rapproché le châtiment d'Élymas des plaies d'Égypte, du fait de l'expression *la main du Seigneur sera sur toi* (*cf.* Ex 7, 4 ; 9, 3) et de la mention des *ténèbres où l'on tâtonne* (Ex 10, 21). Il est effectivement possible que Luc y ait songé en rédigeant ce récit.

Le proconsul se convertit, frappé non seulement par cette manifestation de la puissance divine, mais par « *l'enseignement du Seigneur* » ; expression reprise de Lc 4, 32, et qui confère au porte-parole de l'Évangile une autorité semblable à celle de Jésus.

À partir d'ici, Luc donnera toujours à Saul le nom de *Paul* : c'est la forme latinisée de son nom hébreu ; il devait l'utiliser quand il était dans un milieu non juif, lui qui était de naissance citoyen romain. Luc semble vouloir suggérer que c'est en l'honneur de Sergius *Paulus* et de sa conversion que l'apôtre privilégiera désormais ce nom : en tous cas lui-même ne l'appellera plus autrement dans la suite du livre, où Paul va tenir la première place en tant que missionnaire dans le monde gréco-romain.

10. À Antioche de Pisidie (13, 13-52)

Luc a choisi cette seconde étape du voyage missionnaire de Paul et Barnabé pour développer longuement la méthode mise en œuvre par les missionnaires, le contenu de leur prédication et les réactions qu'elle suscite. Nous scindons à nouveau cette section en deux parties, ce que justifie l'indication temporelle du v. 44.

A. LE DISCOURS DE PAUL À LA SYNAGOGUE (v. 13-43)

13 **Paul et ses compagnons s'embarquèrent à Paphos, et arrivèrent à Pergé en Pamphilie. Mais Jean-Marc les quitta et s'en retourna à Jérusalem.**

14 **Quant à eux, ils poursuivirent leur voyage au-delà de Pergé, et arrivèrent à Antioche de Pisidie. Le jour du sabbat, ils entrèrent à la synagogue et y prirent place.**

15 **Après la lecture de la Loi et des prophètes, les chefs de la synagogue envoyèrent quelqu'un pour leur dire : « Frères, si vous avez un mot d'exhortation pour le peuple, prenez la parole. »**

16 **Paul se leva, fit signe de la main et dit : « Hommes d'Israël, et vous aussi qui adorez notre Dieu, écoutez :**

17 **Le Dieu d'Israël a choisi nos pères ; il a fait grandir son peuple pendant le séjour en Égypte et, par la vigueur de son bras, il l'en a fait sortir.**

18 **Pendant une quarantaine d'années, il les a nourris au désert**

19 **et, après avoir exterminé sept nations païennes au pays de Canaan, il leur en a distribué le territoire en héritage.**

20 **Tout cela avait duré environ quatre cent cinquante ans. Après cela, il leur a donné des juges, jusqu'au prophète Samuel.**

21 **Puis ils demandèrent un roi, et Dieu leur a donné Saül, fils de Kish, un homme de la tribu de Benjamin, qui régna quarante ans.**

22 **Après l'avoir rejeté, Dieu a suscité David pour le faire roi, et il lui a rendu ce témoignage :**

J'ai trouvé David, fils de Jessé
c'est un homme selon mon cœur ;
il accomplira toutes mes volontés.

23 Et comme il l'avait promis, Dieu a fait sortir de sa descendance
un sauveur pour Israël; c'est Jésus,
24 dont Jean Baptiste a préparé la venue en proclamant avant lui
un baptême de conversion pour tout le peuple d'Israël.
25 Au moment d'achever sa route, Jean disait: "Celui auquel vous
pensez, ce n'est pas moi. Mais le voici qui vient après moi, et je
ne suis pas digne de lui défaire ses sandales."
26 Fils de la race d'Abraham, et vous qui adorez notre Dieu,
frères, c'est à nous tous que ce message de salut a été envoyé.
27 En effet, les habitants de Jérusalem et leurs chefs n'avaient pas
su reconnaître Jésus ni comprendre les paroles des prophètes
qu'on lit chaque sabbat; et pourtant ils ont accompli ces
mêmes paroles quand ils l'ont jugé.
28 Sans avoir trouvé en lui aucun motif de condamnation à mort,
ils ont réclamé à Pilate son exécution.
29 Et après avoir réalisé tout ce qui était écrit de lui, ils l'ont des-
cendu de la croix et mis au tombeau.
30 Mais Dieu l'a ressuscité d'entre les morts.
31 Il est apparu pendant plusieurs jours à ceux qui étaient montés
avec lui de Galilée à Jérusalem, et qui sont maintenant ses
témoins devant le peuple.
32 Et nous, nous vous annonçons cette Bonne Nouvelle: la pro-
messe que Dieu avait faite à nos pères,
33 il l'a entièrement accomplie pour nous, leurs enfants, en ressus-
citant Jésus; c'est ce qui est écrit au psaume deuxième:
Tu es mon fils,
aujourd'hui je t'ai engendré.
34 Oui, Dieu l'a ressuscité des morts sans retour possible à la cor-
ruption, comme il l'avait annoncé en disant:
Je vous donnerai la véritable sainteté annoncée à David.
35 Et c'est celui-ci qui dit dans un autre psaume:
Tu donneras à ton ami de ne pas connaître la corruption.
36 En effet David, après avoir, en son temps, servi le plan de Dieu,
est mort, il a été enterré avec ses ancêtres, et il a connu la cor-
ruption.
37 Mais celui que Dieu a ressuscité n'a pas connu la corruption.
38 Sachez-le donc, frères, c'est grâce à Jésus que le pardon des
péchés vous est annoncé et, alors que, par la loi de Moïse,
vous ne pouvez pas être délivrés de vos péchés et devenir justes,
39 par Jésus, tout homme qui croit devient juste.
40 Prenez donc garde pour ne pas être atteints par cette parole du
Seigneur au livre des prophètes:
41 *Regardez, vous les arrogants,*
étonnez-vous, disparaissez!

Moi, je vais accomplir une action en votre temps,
une action telle que vous n'y croiriez pas
si on vous la racontait.»

42 **À leur sortie, les gens les invitaient à leur parler encore de tout cela le sabbat suivant.**

43 **Quand l'assemblée se sépara, beaucoup de juifs et de convertis au judaïsme les suivirent. Paul et Barnabé, parlant avec eux, les encourageaient à rester fidèles à la grâce de Dieu.**

Les missionnaires quittent Chypre et s'embarquent pour l'Asie Mineure. Le v. 13, dans sa brièveté, apporte une double information : d'une part, Luc ne nomme plus que Paul, qui apparaît désormais comme le chef de l'expédition. Dans toute la suite, quand il nommera Barnabé, ce sera toujours en second. D'autre part, il signale sans commentaire l'abandon de Jean-Marc, qui sera plus tard l'objet d'un sérieux désaccord entre Paul et Barnabé (*cf.* 15, 37 ss). Pas d'explication non plus sur le fait que l'équipe ne s'arrête pas à *Pergé*, pourtant une importante cité de la riche plaine de Pamphilie (elle le fera au retour, *cf.* 14, 25).

Le v. 14 évoque sans le moindre détail pittoresque un voyage qui dut prendre un certain temps, puisqu'il s'agit de parcourir à pied plus de cinq cents kilomètres jusqu'à Antioche de Pisidie, ville stratégique où, selon les investigations érudites de M.-É. Boismard, la famille des Sergii Pauli était très influente. «On comprend dès lors, écrit-il, que Paul et Barnabé aient voulu se rendre directement à Antioche, avec la recommandation du proconsul.» C'est une hypothèse plausible autant qu'invérifiable.

Luc a choisi cette étape pour donner un exemple détaillé de la stratégie missionnaire de Paul et du contenu de sa prédication aux juifs dans les synagogues (ce qu'il avait déjà fait à Damas et à Chypre, *cf.* 9, 20; 13, 5). Le cadre rappelle celui du discours programme de Jésus à la synagogue de Nazareth, avec l'évocation d'un office synagogal du jour du sabbat, où la lecture de la Loi et des prophètes tient une place centrale, et où d'autres que les rabbins peuvent librement commenter l'Écriture (*cf.* Lc 4, 16-20); Jésus en avait pris l'initiative, alors qu'ici ce sont les chefs de la synagogue qui, ayant repéré la présence de ces *frères* de passage, leur offrent de prendre la parole pour *un mot d'exhortation* : Paul, versé dans les Écritures, va en profiter pour une assez longue homélie! Le souci de parallélisme de Luc se révèle par le fait qu'il donne à ce discours aux juifs pratiquement la même longueur qu'à celui de Pierre à la Pentecôte, premier modèle d'une évangélisation adressé à un auditoire juif, et que les thèmes fondamentaux du message seront identiques. Nous pourrons donc nous borner à noter les aspects originaux du discours de Paul.

Le discours de Paul

Versets 16-22

Au v. 16, Paul s'adresse aux *hommes d'Israël* mais aussi à ceux *qui adorent Dieu* — littéralement *les craignant Dieu* : c'est la même désignation que pour Corneille. Paul sait que dans toutes les synagogues de la diaspora il y a, en plus ou moins grand nombre, de tels sympathisants du judaïsme.

Dans les v. 18 à 22, son discours a quelque analogie avec celui d'Étienne, car il débute par un rappel d'histoire sainte : il évoque l'élection d'Israël, sa croissance en Égypte, sa libération et sa vie au désert, son installation au pays de Canaan, la période des Juges jusqu'à Samuel et l'instauration de la royauté avec Saül, que Dieu a rejeté. C'est un *survol* dans lequel il ne nomme ni Abraham, ni Joseph, ni Moïse, personnages qui étaient importants aux yeux d'Étienne. On s'aperçoit que, à l'encontre de ce dernier, son appel à la mémoire du peuple n'a pas de visée polémique. C'est une introduction très condensée, car Paul a hâte d'en arriver à David et au thème de la promesse messianique.

C'est David, comme chez Pierre, qui sera présenté en tant que figure du Christ, et non pas Moïse comme l'a fait Étienne. David, c'est *l'homme selon le cœur de Dieu* et qui *accomplira toutes ses volontés* (v. 22, citation approximative qui mêle Ps 89, 21 ; 1 S 13, 14 et Es 44, 28) : le lecteur chrétien est déjà amené à penser à Jésus en lisant ce texte. Paul va y amener explicitement ses auditeurs dès le verset suivant.

Versets 23-31

Paul va longuement développer l'annonce de la mort et de la résurrection de Jésus, en reprenant notamment en finale la même argumentation que Pierre citant le Ps 16, 10, pour appliquer à Jésus la promesse faite à David de ne pas *connaître la corruption* (v. 35-37).

Dans ce qui précède, relevons quelques particularités notables.

C'est d'abord l'annonce immédiate du salut, au v. 23, dans une formulation qui dit l'essentiel en peu de mots : accomplissant sa promesse, Dieu a donné à Israël un *sauveur*, qui se nomme Jésus. Puis deux versets (24-25) sont consacrés à évoquer le ministère de *Jean Baptiste* en termes classiques, y compris sa dénégation, lorsque certains se demandaient s'il n'était pas le Messie (*cf.* Lc 3, 15 s). Il n'est pas impossible, étant donné ce que nous apprendrons à propos d'Éphèse (*cf.* 19, 3), que les juifs d'Antioche de Pisidie aient rencontré des disciples du Baptiste qui le tenaient pour le Messie. De toutes façons, la fixation de Jean dans son rôle de précurseur, attestée par ses propres dires, a dû être très tôt intégrée comme un préalable de la prédication évangélique (*cf.* Mc 1, 7 s). Le v. 27 souligne le paradoxe du drame de la Passion : l'aveuglement des Jérusalémites et de leurs chefs, leur incompréhension des paroles des prophètes ont fait que, sans le savoir, ils ont contribué à l'accomplissement des prophéties ! Pierre avait abordé le même thème en 3, 17 s, mais en avançant *l'ignorance* des juifs comme une sorte d'excuse. Paul est ici plus sévère, en soulignant au v. 28 qu'ils ont *réclamé à Pilate son exécution*, alors qu'ils n'avaient *trouvé en lui aucun motif de condamnation* (l'expression est dans la bouche de Pilate en Lc 23, 4.14). Curieusement, le v. 29 est le seul passage des Actes à mentionner la *descente de croix* et la *mise au tombeau* de Jésus.

Le v. 31 est plein d'intérêt pour montrer la cohérence de la pensée de Luc : il fait parler Paul en totale conformité avec sa propre définition de l'apostolat au sens strict (*cf.* 1, 22) : les témoins de la Résurrection, au premier degré, ont été des compagnons de Jésus depuis la Galilée. Paul et Barnabé, qui annoncent maintenant cette Bonne Nouvelle (v. 32), ne peuvent le faire qu'au second degré, sur la foi du témoignage des Douze et de leurs compagnons, ce qui ne rend pas leur proclamation moins assurée !

Versets 32-43

Paul avance comme illustration de cette annonce, avant le Ps 16, deux autres citations : il applique à la résurrection de Jésus la parole d'investiture du Ps 2, 7, qui, selon Luc, s'était fait entendre après son baptême (Lc 3, 22). La citation d'Is 55, 3 au v. 34 n'est, quant à elle, ni très claire ni très convaincante.

Venons-en à la péroraison de ce discours (v. 37-41). Si l'annonce du *pardon des péchés* est très lucanienne, le bref commentaire qui s'y ajoute (v. 38-39) montre que Luc connaît bien l'insistance de Paul sur le thème de la «justification par la foi» et de l'impuissance de la Loi à libérer l'homme du péché (Rm 1, 16; 3, 20; etc.). La version liturgique fausse malencontreusement la pensée en traduisant par *devenir juste* le passif *être justifié*, qui dans le langage paulinien signifie «être déclaré juste», par le verdict de grâce du Seigneur (naturellement, est-il besoin de le rappeler, celui qui est ainsi justifié est appelé à avoir un comportement juste).

Il est un peu étrange qu'au lieu d'un appel positif à la conversion, le discours de Paul s'achève abruptement par un sévère avertissement, comme si ses auditeurs risquaient d'être rejetés par Dieu pour leur arrogance, selon une parole menaçante du prophète Habaquq. Luc veut probablement laisser entendre que Paul a pressenti la brutale opposition qui mettra fin à son séjour à Antioche de Pisidie (*cf.* 13, 50 s).

Pourtant les v. 42-43 signalent que l'homélie de Paul a suscité de l'intérêt dans son auditoire de la synagogue, puisqu'on lui demande de revenir donner ce message le sabbat suivant, et que dans l'immédiat, beaucoup de juifs et de *prosélytes adorateurs* (donc des païens convertis au judaïsme) prolongent l'entretien et semblent avoir accepté le message de la *grâce de Dieu*.

B. PAUL ET BARNABÉ, REJETÉS PAR LES JUIFS, S'ADRESSENT AUX PAÏENS (v. 44-52)

44 Le sabbat suivant, presque toute la ville se rassembla pour entendre la parole du Seigneur.

45 Quand les juifs virent tant de monde, ils furent remplis de fureur; ils repoussaient les affirmations de Paul avec des injures.

46 Paul et Barnabé leur déclarèrent avec assurance: «C'est à vous d'abord qu'il fallait adresser la parole de Dieu. Puisque vous la rejetez et que vous-mêmes ne vous jugez pas dignes de la vie éternelle, eh bien! nous nous tournons vers les païens.

47 C'est le commandement que le Seigneur nous a donné:
J'ai fait de toi la lumière des nations
pour que, grâce à toi,
***le salut parvienne jusqu'aux extrémités de la terre.*»**

48 En entendant cela, les païens étaient dans la joie et rendaient

**gloire à la parole du Seigneur ; tous ceux que Dieu avait pré-
parés pour la vie éternelle devinrent croyants.**
49 **Ainsi, la parole du Seigneur se répandait dans toute la région.**
50 **Mais les juifs entraînèrent les dames influentes converties au
judaïsme ainsi que les notables de la ville ; ils provoquèrent
des poursuites contre Paul et Barnabé, et les expulsèrent de
leur territoire.**
51 **Ceux-ci secouèrent la poussière de leurs pieds et se rendirent à
Iconium,**
52 **tandis que les disciples étaient pleins de joie dans l'Esprit saint.**

Versets 44-47

Le rendez-vous donné pour *le sabbat suivant* l'avait été par ceux de la synagogue. Or, au jour dit, c'est presque toute la ville qui se rassemble pour écouter les missionnaires. Le narrateur, pressé d'arriver à l'essentiel, ne nous explique pas comment cet engouement a été suscité. On peut imaginer que c'est par le témoignage des prosélytes gagnés à l'Évangile, ou encore grâce aux contacts pris pendant la semaine par Paul et Barnabé avec une partie de la population païenne de la ville ? Toujours est-il qu'à la vue de cette foule, les juifs *furent remplis de fureur* (on pourrait traduire *de jalousie*, ou de *zèle mauvais*, c'est le même terme qu'en 5, 17). Ils se sentent dépossédés de leur privilège d'être le peuple de la Parole, et passent de la curiosité à la colère : ce sont littéralement des *blasphèmes* qu'ils opposent aux paroles de Paul, ce qui laisse entendre qu'ils injurient probablement Jésus lui-même comme un faux Messie (v. 45) !

La déclaration qui suit, pour marquer son importance, est attribuée à Barnabé comme à Paul, parlant tous deux avec la fameuse assurance que donne l'Esprit saint à ses porte-parole (v. 46-47). Le « passage aux païens » est ici justifié théologiquement par Luc, qui en deux versets clés (46-47) nous livre la conviction qui sous-tend toute son œuvre. Il y a une indéniable priorité à maintenir dans l'annonce de l'Évangile : le peuple élu, dépositaire des promesses de Dieu, doit le premier recevoir la bonne nouvelle de leur accomplissement. S'il acceptait de reconnaître son Messie et de se mettre à son service, c'est lui qui pourrait devenir *la lumière des nations*, en les appelant à venir à leur tour partager le salut offert par Dieu. Leur père Abraham n'a-t-il pas été choisi pour être en bénédiction à toutes les familles de la terre ? Mais s'ils rejettent l'Évangile, alors les missionnaires se tourneront, malgré eux et sans eux, vers ceux à qui ce message doit aussi être annoncé, afin que le dessein de Dieu s'accomplisse. Il faut comprendre ainsi le «tournant» décisif dont parle ce texte.

La connaissance de nombreuses prophéties de l'A.T. sur le salut des nations, ne permet pas d'entendre les propos de Paul et Barnabé comme si l'évangélisation du monde païen n'était que la conséquence contingente, pour ainsi dire accidentelle et imprévue, de l'endurcissement d'Israël ! Ce qui est historique et contingent, c'est que devant l'opposition virulente du judaïsme officiel, les missionnaires chrétiens prennent la liberté, au risque d'une rupture douloureuse, de s'adresser directement aux foules païennes et de dresser alors une communauté de païens convertis face à la synagogue hostile.

La citation d'Is 49, 6 est un texte essentiel aux yeux de Luc. Il était sous-jacent à la prophétie de Syméon (Lc 2, 32) : Jésus enfant y est annoncé comme devant être ce «Serviteur du Seigneur» destiné à être la lumière des nations, pour accomplir la vocation d'Israël. Avec une tournure légèrement différente, c'est encore ainsi que Paul qualifiera le rôle du Christ ressuscité, annoncé par Moïse et les prophètes, en 26, 23 (Paul y rappellera qu'il est aussi «lumière» pour le peuple juif). Ici les deux missionnaires semblent s'approprier cette vocation, car c'est par leur parole que le *salut* du Christ pourra *parvenir jusqu'aux extrémités de la terre*.

Par ailleurs, Luc a certainement à l'esprit, en rédigeant cet épisode, la parabole de l'invitation au festin (Lc 14, 16-24) : la réaction de Paul et Barnabé a quelque chose de la colère du Maître de maison lorsqu'il voit son invitation dédaignée par les premiers invités (c'est la colère de l'amour déçu) ; d'autre part, précisément dans la version de Luc, à l'invitation des pauvres et des infirmes de la ville (qui correspond au ministère de Jésus auprès des «pauvres d'Israël», contesté par les bien-pensants), s'ajoute une invitation plus large, qui annonce assurément la mission auprès des païens, chère au cœur de l'évangéliste.

Versets 48-52

Les v. 48-49 montrent le succès de cette mission à Antioche de Pisidie : les païens, eux, reçoivent le message avec joie (*cf.* 28, 28) et rendent gloire à la parole du Seigneur. En traduisant *tous ceux que Dieu avait préparés pour la vie éternelle*, la version liturgique rend bien le sens, en évitant le problème théologique posé par la traduction fréquente, *destinés à* (elle peut induire une idée de « prédestination » qui n'est pas dans la pensée de Luc). En passant, la note du v. 49 justifie un aspect de la stratégie des missionnaires : en touchant les villes d'une certaine importance, ils savent que de là leur message rayonnera dans la région alentour.

Mais à Antioche même, les juifs hostiles à l'Évangile usent de leur influence pour se débarrasser de Paul et Barnabé en les faisant expulser : ceux-ci *secouent la poussière de leurs pieds* contre cette ville qui ne les accueille pas, geste de rupture qui applique une consigne donnée par Jésus (*cf.* Lc 9, 5). Ils laissent cependant derrière eux des *disciples*, qui dans la joie que leur donne l'Esprit saint, semblent prêts à faire face au risque d'être eux aussi persécutés (*cf.* 14, 22).

11. Succès et échecs de la mission en Asie Mineure ; retour à Antioche (14, 1-28)

1 À Iconium, il arriva encore la même chose. Ils entrèrent dans la synagogue des juifs, et parlèrent de telle façon qu'un grand nombre de juifs et de païens devinrent croyants.
2 Mais les juifs qui refusèrent se mirent à exciter les païens et à les monter contre les frères.
3 Pourtant, Paul et Barnabé séjournèrent là un certain temps, mettant leur assurance dans le Seigneur, qui rendait témoignage à l'annonce de sa grâce en faisant s'accomplir par leurs mains des signes et des prodiges.
4 La population de la ville se trouva divisée : les uns étaient avec les juifs, les autres avec les apôtres.
5 Il y eut un mouvement chez les païens et les juifs avec leurs chefs pour maltraiter Paul et Barnabé et les lapider.
6 Lorsque ceux-ci s'en rendirent compte, ils se réfugièrent en Lycaonie dans les villes de Lystres et de Derbé et leurs environs.
7 Là encore, ils se mirent à annoncer la Bonne Nouvelle.
8 Or, à Lystres, se trouvait un homme qui ne pouvait pas se tenir sur ses pieds. Étant infirme de naissance, il n'avait jamais pu marcher.
9 Cet homme écoutait les paroles de Paul, qui fixa les yeux sur lui ; voyant qu'il avait la foi pour être sauvé,

10 Paul lui dit d'une voix forte : « Lève-toi, tiens-toi droit sur tes pieds. » D'un bond, l'homme se mit à marcher.
11 En voyant ce que Paul venait de faire, la foule s'écria en lycaonien : « Les dieux se sont fait pareils aux hommes, et ils sont descendus chez nous ! »
12 Ils prenaient Barnabé pour Zeus, et Paul pour Hermès, car c'était lui le porte-parole.
13 Le prêtre du temple de Zeus-hors-les-murs fit amener aux portes de la ville des taureaux et des guirlandes. D'accord avec la foule, il voulait offrir un sacrifice.
14 Devant tout ce bruit, les apôtres Barnabé et Paul déchirèrent leurs vêtements et se précipitèrent vers la foule en criant :
15 « Malheureux, pourquoi faites-vous cela ? Nous ne sommes que des hommes, tout comme vous. Nous vous annonçons la Bonne Nouvelle : détournez-vous des faux dieux, et convertissez-vous au Dieu vivant, lui qui a fait le ciel, la terre, la mer, et tout ce qu'ils contiennent.
16 Dans les générations passées, il a laissé toutes les nations suivre leurs chemins.
17 Pourtant, il n'a pas manqué de donner le témoignage de ses bienfaits, puisqu'il vous a envoyé du ciel la pluie et le temps des récoltes pour vous combler de nourriture et de bien-être. »
18 En parlant ainsi, ils réussirent, mais non sans peine, à détourner la foule de leur offrir un sacrifice.
19 Alors des juifs arrivèrent d'Antioche de Pisidie et d'Iconium, et ils parvinrent à retourner la foule ; Paul fut lapidé, puis on le traîna hors de la ville en pensant qu'il était mort.
20 Mais, quand les disciples se groupèrent autour de lui, il se releva et rentra dans la ville. Le lendemain, avec Barnabé, il partit pour Derbé ;
21 dans cette ville, ils annoncèrent la Bonne Nouvelle et firent de nombreux disciples. Puis ils revinrent à Lystres, à Iconium et à Antioche de Pisidie.
22 Ils affermissaient le courage des disciples ; ils les exhortaient à persévérer dans la foi, en disant : « Il nous faut passer par bien des épreuves pour entrer dans le Royaume de Dieu. »
23 Ils désignèrent des anciens pour chacune de leurs Églises et, après avoir prié et jeûné, ils confièrent au Seigneur ces hommes qui avaient mis leur foi en lui.
24 Ils traversèrent la Pisidie et se rendirent en Pamphilie.
25 Après avoir annoncé la Parole aux gens de Pergé, ils descendirent vers Attalia,
26 et prirent le bateau jusqu'à Antioche de Syrie, d'où ils étaient

partis ; c'est là qu'ils avaient été remis à la grâce de Dieu pour l'œuvre qu'ils venaient maintenant d'accomplir.

27 **À leur arrivée, ayant réuni les membres de l'Église, ils leur racontaient tout ce que Dieu avait fait avec eux, et comment il avait ouvert aux nations païennes la porte de la foi.**

28 **Ils demeurèrent alors un certain temps avec les disciples.**

Paul et Barnabé à Iconium (v. 1-7)

Après le récit très circonstancié du séjour des missionnaires à Antioche de Pisidie, le narrateur sera beaucoup plus succinct pour cette nouvelle étape, où les mêmes événements se reproduisent. Ce qu'il faut noter avant tout, c'est que la décision du passage aux païens en tant que rupture avec les juifs n'est pas systématique. Au contraire, en chaque lieu, la *priorité* reconnue au peuple de l'alliance doit être respectée : on commence donc à annoncer l'Évangile dans les synagogues, là où il s'en trouve. Cette prédication gagne à la fois des juifs et des païens, en grand nombre, dans cette ville d'Iconium, à l'extrémité sud-est de la Phrygie (v. 1). Mais elle divise la population : les juifs qui refusent le message chrétien entraînent une partie des païens dans leur hostilité (v. 2), ce qui n'empêche pas Paul et Barnabé de séjourner là un certain temps et d'y accomplir des *signes et des prodiges*. Jusque-là, cet accompagnement de l'évangélisation par de tels actes de puissance (ici globalement désignés, comme dans les sommaires de 2, 43 ; 5, 12 ; etc.) n'avait été mentionné qu'à propos des apôtres, d'Étienne ou de Philippe, en milieu juif ou samaritain. Luc entend signifier que Paul et Barnabé, dans leur mission lointaine, ont autant de pouvoir spirituel que les premiers témoins. Plus exactement, c'est le Seigneur qui manifeste son pouvoir *par leurs mains.*

La formule du v. 3 à ce propos est originale et donne du sel à ce récit un peu terne : c'est *le Seigneur qui rendait témoignage* de la sorte *à la parole de sa grâce*, cette dernière expression étant reprise de Lc 4, 22. Est-ce à cause de cette mention des signes et prodiges qu'exceptionnellement, Luc donne ici aux missionnaires le titre d'*apôtres* (v. 4 et encore 14), qu'il réserve habituellement aux Douze ? Il est en tous cas tout à fait approprié, dans son sens large « d'envoyés ». On verra dans l'épisode suivant que les « miracles », en terre païenne, peuvent recevoir une interprétation qui ne favorise pas la compréhension de l'Évangile !

Finalement, le trouble causé par cette prédication qui divise les habitants d'Iconium aboutit à un projet de *lapidation*, comploté avec l'appui des autorités tant juives que païennes. Mais Paul et Barnabé, avertis, ont le temps de s'enfuir vers les villes de Lycaonie où ils poursuivent l'annonce de la Bonne Nouvelle (v. 5-7).

L'aventure des missionnaires chez les païens de Lystres (v. 8-21a)

Nous retrouvons ici un récit plus haut en couleurs. Paul opère à Lystres la guérison d'un *infirme de naissance*, qui par plus d'un trait ressemble à celle de l'infirme guéri par Pierre à la porte du Temple, en 3, 2 ss. La note originale est que Paul, fixant l'infirme, *voit qu'il avait la foi pour être sauvé* (v. 9), ce qui rappelle certains récits de miracle de l'évangile où Jésus faisait un constat préalable de la foi des intéressés (Lc 5, 20 ; 7, 9). Le processus le plus fréquent est cependant que la guérison, initiative de Jésus, ou de Pierre dans le cas cité, suscite la foi et la reconnaissance du miraculé. Luc emploie ici le verbe *sauver* au sens de guérir, comme il l'a fait souvent dans l'évangile (Lc 7, 3 ; 8, 50 ; etc.).

Élément de parallélisme avec le ministère de Pierre, cette guérison va offrir un grand contraste dans ses conséquences, du fait que la foule qui la constate réagit à sa manière, celle d'un population païenne familière des contes mythologiques (v. 11-13). Dans son dialecte local, la foule s'écrie que ces deux visiteurs sont des dieux qui ont pris forme humaine ! Ils prennent Barnabé pour *Zeus*, peut-être à cause d'une certaine prestance, mais surtout parce que Paul, qui a guéri l'homme par sa parole, les fait penser à *Hermès*, porte-parole de Zeus et dieu de la santé.

La méprise n'est pas saisie immédiatement par les missionnaires, qui ne comprennent pas le lycaonien. Mais ils vont s'émouvoir en voyant les préparatifs inattendus d'un sacrifice en leur honneur ! Luc devait avoir connaissance de la légende de Philémon et Baucis, située précisément par Ovide dans cette région. Ce couple de paysans âgés avait été le seul à accueillir Zeus et Hermès, descendus incognito sur la terre. Ces dieux, furieux du mauvais accueil des autres, avaient englouti leur village sous les eaux : on peut donc supposer que les gens de Lystres, et particulièrement les adorateurs de *Zeus-hors-les-murs* ne veulent pas risquer le retour de pareille mésaventure et s'empressent d'honorer dignement leurs visiteurs divins !

Dès qu'ils comprennent la situation, Paul et Barnabé font ce qu'ils peuvent pour arrêter cette procession incongrue, d'abord par le geste spectaculaire de déchirer leurs manteaux, signe d'une réaction scandalisée (*cf.* Mt 26, 65), puis par une réplique qui fait penser à celle de Pierre devant Corneille : *Pourquoi faites-vous cela? Nous ne sommes que des hommes, tout comme vous* (v. 15, *cf.* 10, 26). La version liturgique a glosé en transformant la simple interpellation : *Hommes* (frappante vu la déclaration qui suit) par un *Malheureux*, assez approprié à la situation, il est vrai. Après cette entrée en matière, suit un petit discours qui est, dans les Actes, le premier exemple d'une prise de parole devant des païens (v. 15b-17).

Pour ne pas être déçu par son contenu, il faut garder à l'esprit qu'il s'agit de propos de circonstance : un discours d'urgence pour se dépêtrer d'un grossier malentendu, résultat obtenu *non sans peine*, dira le v. 18! Il ne faut donc pas y chercher un modèle de discours d'évangélisation. Devant la manifestation d'idolâtrie évidente de cette foule, les missionnaires chrétiens réagissent par une profession de monothéisme. Ils appellent leurs interlocuteurs à se détourner des *faux dieux* (précision de la traduction; le texte dit : *de ces sottises*) et à se convertir au Dieu vivant, exactement comme l'auraient fait à leur place des prédicateurs juifs. C'est bien un premier élément de la «Bonne Nouvelle» que cette annonce du Dieu créateur, bienveillant envers les hommes. La proclamation du salut en Jésus Christ pourra suivre, lorsque l'excitation de la foule sera tombée, et que Paul et Barnabé seront remis de leur émotion!

Le v. 20 parlant de *disciples* laisse supposer que les missionnaires sont restés un certain temps à Lystres et y ont annoncé l'Évangile avec succès. Soucieux avant tout de brosser des tableaux significatifs, le narrateur court-circuite parfois le temps, sans indiquer la durée réelle des voyages et des séjours de ses héros. La version occidentale a voulu combler cette lacune, en écrivant qu'*ils demeuraient là et enseignaient.*

C'est un *alors* indéterminé qui ouvre la mention d'un nouvel incident, aux v. 19-20. Il montre l'acharnement des adversaires juifs, qui se déplacent depuis Antioche et Iconium pour contrer la mission chrétienne, et réussissent à retourner la foule qui lui était favorable (le texte occidental précise qu'ils accusent les prédicateurs de mensonge). C'est Paul qui est particulièrement visé : il subit le même sort qu'Étienne, étant *lapidé et traîné hors de la ville*, et laissé pour mort. Mais dans une quasi-résurrection, lui *se relève* devant les disciples venus l'entourer. C'est sans doute cette lapidation qu'évoque l'apôtre en 2 Co 11, 25. En 2 Tm 3, 11, il parle aussi globalement des persécutions et des souffrances qu'il a connues à Antioche, à Iconium et à Lystres, disant : *Et de toutes le Seigneur m'a délivré !* Le lendemain, il peut en effet reprendre la route avec son compagnon, pour atteindre *Derbé* où le succès de leur prédication ne semble pas avoir été troublé comme dans les villes précédentes (v. 21a).

Le retour de mission (v. 21b-28)

Là encore, la vraisemblance impose de penser qu'un assez long délai s'est écoulé avant que Paul et Barnabé ne reprennent en sens inverse l'itinéraire de cette première mission, sans être inquiétés par leurs persécuteurs. Il est probable d'ailleurs qu'ils n'ont plus prêché en public. En effet, à Lystres, à Iconium et à Antioche de Pisidie, ils accomplissent à leur second passage une tâche plutôt *pastorale*, consistant à *affermir le courage des disciples*. Ces derniers ont besoin d'être *exhortés à persévérer dans la foi*, d'autant plus que les *épreuves* — la persécution possible — font toujours courir au croyant le risque de l'abandon. Ces épreuves sont normales dans le cheminement terrestre qui conduit au royaume de Dieu, assure ici Paul, comme il le fait dans ses lettres (v. 22, *cf.* 1 Th 3, 2 s ; 2 Th 1, 4).

Avant de les quitter, les missionnaires structurent aussi ces toutes jeunes Églises en désignant des *anciens* (ou *presbytres*, mot grec qui a donné en français : « prêtres »). Paul définira plus précisément leurs responsabilités en 20, 28. Ils les confient à Dieu en jeûnant et en priant, comme on l'avait fait pour eux à leur départ en mission (v. 23, *cf.* 13, 3 et 14, 26).

Les v. 24-26 relatent très succinctement la fin de ce voyage de retour, notant au passage que les gens de *Pergé* ont été cette fois évangélisés ; et c'est l'arrivée à Antioche de Pisidie, leur point de départ. À la différence près qu'il n'y a pas pour eux à se justifier de leur audace, Paul et Barnabé agissent comme Pierre devant l'Église de Jérusalem (11, 4 ss) : ils *racontent tout ce que Dieu avait fait avec eux*, pour amener l'Église qui les avait envoyés à se réjouir de ce qu'il ait *ouvert aux nations païennes la porte de la foi* (v. 27). Cette image bien paulinienne (*cf.* 1 Co 16, 9 ; 2 Co 2, 12 ; Col 4, 3) relaie l'affirmation décisive du *don de la conversion* aux païens, proclamé comme une extraordinaire nouveauté en 11, 18. Mais on va voir, dans l'épisode suivant, que toutes les conséquences n'en avaient pas encore été parfaitement acceptées par tous les chrétiens de Judée.

12. L'assemblée de Jérusalem consacre l'entrée des païens dans l'Église (15, 1-35)

1 Certaines gens venus de Judée voulaient endoctriner les frères de l'Église d'Antioche en leur disant : « Si vous ne recevez pas la circoncision selon la loi de Moïse, vous ne pouvez pas être sauvés. »

2 Cela provoqua un conflit et des discussions assez graves entre ces gens-là et Paul et Barnabé. Alors on décida que Paul et Barnabé, avec quelques autres frères, monteraient à Jérusalem auprès des apôtres et des anciens pour discuter de cette question.

3 L'Église d'Antioche pourvut à leur voyage. Ils traversèrent la Phénicie et la Samarie en racontant la conversion des païens, ce qui remplissait de joie tous les frères.

4 À leur arrivée à Jérusalem, ils furent accueillis par l'Église, les apôtres et les anciens, et ils rapportèrent tout ce que Dieu avait fait avec eux.

5 On vit alors intervenir certains membres du parti des pharisiens qui étaient devenus croyants. Ils disaient : « Il faut obliger ces gens à recevoir la circoncision, et à observer la loi de Moïse. »

6 Les apôtres et les anciens se réunirent pour examiner cette affaire.

7 Comme cela provoquait des discussions assez graves, Pierre se leva et leur dit : « Frères, vous savez bien comment Dieu a manifesté son choix parmi vous dès les premiers temps : c'est par moi que les païens ont entendu la parole de l'Évangile et sont venus à la foi.

8 Dieu, qui connaît le cœur des hommes, leur a rendu témoignage en leur donnant l'Esprit saint tout comme à nous ;

9 sans faire aucune distinction entre eux et nous, il a purifié leurs cœurs par la foi.

10 Alors, pourquoi mettez-vous Dieu à l'épreuve en plaçant sur les épaules des disciples un joug que nos pères et nous-mêmes n'avons pas été capables de porter ?

11 **Oui, c'est par la grâce du Seigneur Jésus, nous le croyons, que nous avons été sauvés, de la même manière qu'eux. »**
12 **Toute l'assemblée garda le silence, puis on écouta Barnabé et Paul rapporter tous les signes et les prodiges que Dieu avait accomplis par eux chez les païens.**
13 **Quand ils eurent terminé, Jacques prit la parole : « Frères, écoutez-moi.**
14 **Simon-Pierre vous a rapporté comment, dès le début, Dieu a voulu prendre chez les nations païennes un peuple qui serait marqué de son nom.**
15 **C'est ce que confirment les paroles des prophètes, puisqu'il est écrit :**
16 ***Après cela, je reviendrai***
pour reconstruire la demeure de David,
qui s'est écroulée ;
je reconstruirai ce qui était en ruines,
je le relèverai ;
17 ***alors le reste des hommes cherchera le Seigneur,***
ainsi que les nations païennes
sur lesquelles mon nom a été prononcé.
Voilà ce que dit le Seigneur.
Il réalise ainsi ses projets,
18 **qui sont connus depuis toujours.**
19 **Je suis donc d'avis de ne pas surcharger ceux des païens qui se convertissent à Dieu,**
20 **mais de leur écrire qu'ils doivent s'abstenir des souillures de l'idolâtrie, des unions illégitimes, de la viande non saignée et du sang.**
21 **En effet, depuis les temps les plus anciens Moïse a, dans chaque ville, des gens qui proclament sa Loi, puisqu'on en fait la lecture chaque sabbat dans les synagogues. »**
22 **Alors les apôtres et les anciens décidèrent avec toute l'Église de choisir parmi eux des hommes qu'ils enverraient à Antioche avec Paul et Barnabé. C'étaient des hommes qui avaient de l'autorité parmi les frères : Jude (appelé aussi Barsabbas) et Silas.**
23 **Voici la lettre qu'ils leur confièrent : « Les apôtres et les anciens saluent fraternellement les païens convertis, leurs frères qui résident à Antioche, en Syrie et en Cilicie.**
24 **Nous avons appris que quelques-uns des nôtres, sans mandat de notre part, sont allés tenir des propos qui ont jeté chez vous le trouble et le désarroi.**
25 **Nous avons décidé à l'unanimité de choisir des hommes que**

nous enverrions chez vous, avec nos frères bien-aimés Barnabé et Paul
26 qui ont consacré leur vie à la cause de notre Seigneur Jésus Christ.
27 Nous vous envoyons donc Jude et Silas, qui vous confirmeront de vive voix ce qui suit :
28 l'Esprit saint et nous-mêmes avons décidé de ne pas faire peser sur vous d'autres obligations que celles-ci, qui s'imposent :
29 vous abstenir de manger des aliments offerts aux idoles, du sang, ou de la viande non saignée, et de vous abstenir des unions illégitimes. En évitant cela, vous agirez bien. Courage ! »
30 Alors on invita les messagers à se mettre en route, et ils se rendirent à Antioche. Ayant réuni l'assemblée des fidèles, ils communiquèrent la lettre.
31 À sa lecture, tous se réjouirent de l'encouragement qu'elle apportait ;
32 Jude et Silas, qui étaient aussi prophètes, parlèrent longuement aux frères pour les réconforter et les affermir ;
33 après quelque temps, les frères les laissèrent repartir vers ceux qui les avaient envoyés et leur souhaitèrent la paix.
35 Paul et Barnabé, eux, séjournaient à Antioche : ils enseignaient et, avec beaucoup d'autres, ils annonçaient la Bonne Nouvelle de la parole du Seigneur.

Cet assez long récit manifeste une unité thématique évidente, puisqu'il s'agit pour Luc de relater un grave conflit et sa résolution, et que narrativement l'on part d'Antioche pour revenir à Antioche.

Le conflit (v. 1-5)

Antioche est devenue une métropole importante du christianisme primitif, étant la base de départ de la mission auprès du monde païen. Son Église peut paraître concurrencer dangereusement l'autorité de l'Église mère à Jérusalem, restée essentiellement judéo-chrétienne. Certains des membres de cette dernière ont en outre de graves réticences théologiques devant l'entrée de nombreux païens dans l'Église, et prennent l'initiative de venir soulever le problème qui les agite parmi les frères de l'Église d'Antioche : *Si vous ne recevez pas la circoncision selon la loi de Moïse, vous ne pouvez pas être sauvés* (v. 1).

C'est un point de vue qui peut aujourd'hui nous paraître bien étroit. Il faut comprendre qu'il témoignait chez ces « traditionalistes » d'une conviction et d'une inquiétude sincères, et d'une position théologique cohérente. Ils ne sont pas hostiles à l'offre du salut à tous, mais sont persuadés que pour être sauvé il faut être intégré au peuple de Dieu : dans leur perspective, cela ne peut être que par la circoncision (à l'époque, bien des païens acceptaient cette condition pour devenir des prosélytes, membres à part entière du peuple de Dieu).

Quoique Luc n'en parle pas, il est possible que cette tentative d'endoctrinement des pagano-chrétiens ait eu également une motivation d'ordre social ou politique : être membre du peuple juif conférait à l'époque un statut privilégié dans l'empire romain, celui d'une «religion licite», dont les adeptes étaient même dispensés de rendre le culte dû à l'empereur : les «chrétiens» comme on les appelait à Antioche, n'étant pas encore reconnus comme un groupe religieux spécifique, se trouvaient ainsi sans statut officiel et risquaient des tracasseries de la part de l'administration romaine. (Ce seront de terribles persécutions un peu plus tard, pour refus du culte impérial précisément.) Le rattachement des pagano-chrétiens au judaïsme aurait été effectivement une mesure de prudence.

Mais les responsables de la mission, Paul et Barnabé, savent bien qu'imposer cette condition serait freiner dangereusement l'expansion de l'Évangile. Le heurt est inévitable avec ces «judaïsants». Luc, dont on souligne souvent l'irénisme, ne cache pourtant pas que l'affaire provoqua, à Antioche, *un conflit et des discussions assez graves* (v. 2). On peut se reporter à l'épître aux Galates pour mesurer la gravité de ce conflit et son enjeu théologique majeur, lorsque Paul adjure les fidèles d'origine païenne de ne pas *se laisser remettre sous le joug de l'esclavage*, assurant que s'ils se font circoncire, le Christ ne leur servira plus de rien (*cf.* Ga 5, 1 ss)!

La question doit donc être franchement discutée avec les vrais responsables de l'Église de Jérusalem : selon Luc, c'est l'Église d'Antioche qui a réclamé ce débat et organisé une délégation autour de Paul et Barnabé. Il note qu'en cours de route le récit de la conversion des païens *a rempli de joie tous les frères* : il nous fait sentir par opposition combien le triomphe de la thèse judaïsante serait une bien triste régression. À leur arrivée, les missionnaires rendent aussi compte à l'Église de Jérusalem *de tout ce que Dieu avait fait avec eux* (v. 4, même expression qu'en 14, 27). Ce sont alors d'anciens pharisiens devenus chrétiens, mais restés très attachés à l'observance de la Loi, qui attaquent de front le point litigieux : *Il faut obliger ces gens à recevoir la circoncision, et à observer la loi de Moïse* (v. 5).

L'assemblée de Jérusalem discute l'affaire : v. 6-21

Dans le texte reçu, au v. 6, il semble que seuls les ministres, apôtres et anciens, se réunissent pour délibérer. Le texte occidental ajoute *avec la foule*, c'est-à-dire ici l'ensemble de l'Église. Cette variante rétablit la cohérence du récit, puisqu'au v. 12 sera mentionnée *toute la foule*, et qu'au v. 22 les apôtres et les anciens prendront la décision *avec toute l'Église.* On voit par là qu'il est juste de parler de «l'assemblée de Jérusalem», et non, comme on l'a fait, du «concile» (terme qui, en fonction de l'histoire de l'Église, évoque la réunion de tous les évêques de l'Église universelle).

Il s'agit ici de la confrontation entre deux communautés d'origine religieuse et d'orientation théologique différentes; sur une plus grande échelle, on retrouve la crise qui avait opposé naguère Hellénistes et Hébreux, et qui avait été résolue dans une *assemblée des disciples* (*cf.* 6, 2). L'Église primitive pouvait tenter de régler ses conflits par la «démocratie directe», même si, comme toujours, ce sont les «ténors» qui prennent la parole pour faire avancer le débat et préparer la décision. Luc nous rapporte trois prises de parole successives.

Versets 7-11

C'est d'abord Pierre. Il s'agit de sa dernière apparition dans le livre des Actes. Il a dû garder toute l'autorité spirituelle du premier prédicateur de l'Évangile, dont le témoignage a fondé cette Église de Jérusalem. Or, il peut témoigner que Dieu l'a aussi choisi pour être le premier à annoncer l'Évangile à des païens. Il tire maintenant toutes les conséquences théologiques de l'expérience faite avec Corneille et sa maisonnée. Le lecteur, comme les auditeurs de Pierre, se souvient assez de cette belle histoire pour qu'il n'y revienne pas en détail.

L'essentiel à porter au dossier du débat en cours, c'est d'insister sur le fait que Dieu a donné l'Esprit saint à des incirconcis et a *purifié leur cœur par la foi,* sans faire de *discrimination* (*cf.* 10, 20). Il est intéressant de constater comment Luc met dans la bouche de Pierre un discours très «paulinien», parlant lui aussi des exigences de la Loi comme d'un *joug*, et confessant que *nos pères et nous-*

mêmes n'avons pas été capables de le porter (v 9-10), puis relevant que tous, juifs ou païens d'origine, sont sauvés par la seule ***grâce du Seigneur Jésus*** (v. 11). Suivre la voie proposée par les judaïsants serait donc *tenter Dieu,* ou le *provoquer* (TOB), c'est-à-dire, dans ce contexte, manquer de confiance en sa sagesse (*cf.* Ex 17, 7 ; Nb 14, 22). Cette prise de position est parfaitement claire et sa force de conviction impressionne l'assemblée qui *garde le silence.*

Versets 12-21

Dès lors, Barnabé et Paul (à Jérusalem on a gardé cet ordre originel de préséance, et le narrateur subtilement en tient compte) n'ont pas besoin d'ajouter des arguments théologiques à ceux que Pierre vient d'avancer, car ils soutiennent parfaitement leur thèse. Ils se bornent donc à confirmer comment Dieu lui-même a été à l'œuvre dans leur mission, les *signes et prodiges* qui accompagnaient la première proclamation apostolique à Jérusalem ayant également accrédité l'évangélisation des païens (v. 12).

Le dernier à prendre la parole est Jacques, le frère du Seigneur. On le sait représentant, avec les anciens de Jérusalem, d'une attitude très légaliste (*cf.* 21, 20 ss). Il n'est certainement pas prêt à suivre les conceptions radicales de Paul et à admettre qu'il n'y a plus aucune différence entre juifs et païens d'origine. Mais il a le souci de ne pas rompre la communion entre les Églises judéo et pagano-chrétiennes (que le geste d'entraide relaté au chapitre 11 avait manifestée). Il s'exprime comme étant le président responsable de cette assemblée, et propose une solution de compromis. Sa vision des choses est en effet assez curieuse.

Jacques ne récuse pas le fait que la conversion des païens soit l'œuvre de Dieu, mais pour lui, cette conversion n'aboutit pas à l'élargissement d'un unique peuple de Dieu (« un seul corps en Jésus Christ »), elle signifie que Dieu s'est recruté un nouveau *peuple marqué de son nom.* Parce que cela va dans le sens de cette thèse, il cite à l'appui, dans la version grecque des Septante (il doit pourtant préférer habituellement l'hébreu !) un passage du prophète Amos (9, 11 s). Ce texte laisse entendre que l'œuvre ultime de salut accomplie par Dieu aura une double fin : d'une part *relever la demeure de David,* c'est la restauration d'Israël ; d'autre part, amener les nations païennes à *chercher le Seigneur.* Dans le texte hébreu, le royaume de David restauré intégrera les nations païennes : cela contredirait la lecture que veut faire Jacques ! Pour lui, les événements actuels sont la réalisation de ce projet divin : le Seigneur s'est constitué deux peuples distincts *à son nom* : il ne s'agit pas qu'ils fusionnent, mais qu'ils vivent en bonne intelligence. Cette théologie ne fera pas école, c'est évident. Pour l'heure, elle a le mérite de faire suggérer à Jacques un *modus vivendi* acceptable par tous.

Pour comprendre sa proposition, il faut voir sa cohérence dans le cadre du judaïsme où se meut sa pensée : Jacques renonce à demander aux païens convertis de passer par le statut des prosélytes, qui exige la circoncision pour être intégré au premier peuple de Dieu : voilà qui donne satisfaction aux délégués de l'Église d'Antioche ; les fauteurs de trouble sont désavoués. Mais pour permettre aux judéo-chrétiens de cohabiter pacifiquement avec les frères d'origine païenne, on demandera à ces derniers de respecter quelques interdits : ce sont ceux-là même que l'on demandait à « l'étranger résidant » en Terre sainte de respecter, au même titre que ceux de la maison d'Israël, pour permettre des relations de bon voisinage, selon Lv 17–18.

Jacques les résume en quatre points : *s'abstenir des souillures de l'idolâtrie, des unions illégitimes, de la viande non saignée et du sang* (v. 20). Sous le premier terme, il faut entendre, comme le précisera le v. 29, les aliments offerts aux idoles, dont la consommation rend impur : il serait superflu de demander aux chrétiens issus du paganisme de renoncer à l'*idolâtrie* ; ils l'ont fait en se convertissant ! Jacques conclut en estimant que ces exigences ne doivent pas paraître étranges à ceux qui ont sûrement quelque connaissance de la loi de Moïse, du fait de la présence des synagogues dans les villes de la diaspora. La proposition de Jacques doit paraître satisfaisante à l'assemblée, puisque personne ne prolonge la discussion.

L'apaisement du conflit (v. 22-35)

La décision est alors prise par *les apôtres et les anciens, avec toute l'Église*, d'envoyer à Antioche des messagers porteurs d'une lettre apaisante. Sans craindre quelque répétition, et usant d'un style très ecclésiastique, Luc donne dans les v. 23-29 le contenu de cette missive.

Elle est adressée aux frères issus des nations païennes, non seulement d'Antioche, mais de Syrie et de Cilicie (donc sans doute de Tarse). Cette dernière région n'avait pourtant pas été explicitement mentionnée comme ayant été évangélisée, mais Paul aura pu le faire pendant son séjour à Tarse (*cf.* 9, 30). On prend bien soin de se désolidariser des Judéens qui étaient venus jeter le trouble à Antioche : ils étaient *sans mandat.* On fait un éloge appuyé de ***nos bien-aimés Barnabé et Paul, des hommes qui ont livré leur vie pour le nom de notre Seigneur Jésus Christ*** (v. 25b-26, traduction littérale) et l'on transmet solennellement la décision prise ***par l'Esprit saint et nous-mêmes***, en laissant entendre que les ***obligations qui s'imposent*** ne sont pas très pesantes. Sous-entendu : « Estimez-vous heureux que nous n'ayons pas été plus exigeants ! »

De fait, la communication de cette lettre à l'assemblée d'Antioche (à nouveau litt. *la foule*) est reçue avec joie comme un encouragement. Les envoyés de Jérusalem, Jude et Silas, qui étaient prophètes, restent quelque temps à Antioche pour affermir la communauté et conforter les bonnes relations entre les deux Églises, tandis que Paul et Barnabé retrouvent leur ministère à Antioche, avant un nouveau départ.

Remarques conclusives sur l'assemblée de Jérusalem

Dans la perspective de l'auteur du livre des Actes, le message qu'il veut faire passer au lecteur par la présentation de cette assemblée est simple : le conflit qui aurait pu gravement entraver la marche en avant de l'Évangile parmi les païens a été résolu par un compromis acceptable et sage, et l'unité des Églises issues du judaïsme et du paganisme a été sauvegardée. L'Église mère de Jérusalem n'a pas suivi ses « intégristes » et a authentifié officiellement la mission paulinienne, qui pourra désormais se développer en toute liberté. C'est à elle seule qu'il va consacrer la fin de son récit.

Du point de vue de la critique historique, les choses sont beaucoup plus complexes. Le récit de cette assemblée est un de ceux dont on a, pour de sérieuses raisons, contesté l'exactitude historique : il est en effet difficile de le concilier avec l'épître aux Galates, où la même crise ouverte par des *faux frères,* voulant obliger les païens convertis à se faire circoncire, est relatée par Paul qui l'a vécue et en témoigne « à chaud ». En Ga 2, 1-10, il parle bien d'une montée à Jérusalem avec Barnabas, mais sur sa propre initiative, et d'un accord avec les *colonnes de l'Église,* reconnaissant que l'évangélisation des incirconcis lui a été confiée. Mais il ne souffle pas mot d'un « décret » de l'assemblée et dit au contraire qu'on ne lui a rien imposé (v. 6).

Certains critiques font valoir que l'assemblée de Jérusalem, telle qu'elle est présentée en Ga 2, suppose que Paul ait déjà effectué une mission pour son propre compte, et non à l'ombre de Barnabé. Le débat impliquerait un temps de mission important de Paul et l'entrée «massive» de païens dans l'Église. Dans leur hypothèse, la mission en Grèce, dont le récit va suivre à partir d'Ac 15, 40, aurait précédé l'assemblée de Jérusalem, dont ils retardent la datation jusqu'à l'automne 51.

On a aussi beaucoup discuté pour savoir si le conflit avec *Céphas* (Pierre) à Antioche, que Paul évoque en Ga 2, 11-14, mais dont Luc ne parlera pas (il est relatif à la communauté de table entre judéo et pagano-chrétiens) pouvait se comprendre, dans l'hypothèse de l'accord tel qu'il est présenté en Ac 15, en le situant *avant* ou *après* les décisions de l'assemblée.

Plutôt que de tenter de subtiles harmonisations, il faut prendre acte de divergences difficilement réductibles, en considérant que Luc écrit longtemps après les événements : son but était avant tout de souligner que Paul a pu librement poursuivre sa mission, avec l'accord des «autorités» spirituelles de Jérusalem; il a pu prendre un certain recul par rapport à l'histoire événementielle. Il rédige un récit de synthèse, peut-être en combinant diverses sources. Comme le dit une note de la TOB, «l'auteur des Actes peut avoir ici réuni et présenté à sa manière des événements qui, en réalité, auraient été plus dispersés et plus complexes» — par exemple deux controverses distinctes, l'une sur l'obligation de la circoncision pour être sauvé, l'autre sur les problèmes de la commensalité entre judéo et pagano-chrétiens. Mais on peut maintenir que, sur le fond des choses, le récit lucanien correspond au témoignage de Paul dans l'épître aux Galates, puisque l'essentiel est que l'obligation d'être circoncis n'a pas été imposée aux païens qui se savent *sauvés par la grâce du Seigneur Jésus*, et que Pierre et Jacques ont cautionné cette option décisive.

13. Paul et Barnabé s'opposent et se séparent (15, 36-39)

36 Au bout de quelques jours, Paul dit à Barnabé : «Retournons donc visiter les frères de toutes les villes où nous avons annoncé la parole du Seigneur, pour voir où ils en sont.»
37 Barnabé voulait emmener aussi Jean appelé Marc.

38 Mais Paul ne souhaitait pas emmener cet homme, qui s'était séparé d'eux depuis la Pamphylie et qui ne les avait plus accompagnés pour le travail.
39 Il y eut un grand emportement, à tel point qu'ils se séparèrent les uns des autres. Barnabé emmena Marc et prit le bateau pour Chypre.

Ce bref récit est souvent considéré comme le *début* de la nouvelle tournée missionnaire, dont Paul déclare l'intention à Barnabé (v. 36), ouvrant de ce fait la quatrième partie du livre. Par son découpage, la Bible de la liturgie y voit plutôt la *finale* de la troisième partie, puisque cette notice prend acte de la fin de la coopération entre Paul et Barnabé (v. 37-39). C'est le sort de tout récit charnière de ce genre, et cette différence d'appréciation ne mérite pas un débat !

Il est en revanche intéressant de le verser au dossier de la discussion sur « l'irénisme » de Luc. On le voit ici rapporter une sérieuse querelle, sans souci de la camoufler (au v. 39 il dit littéralement qu'elle atteint au *paroxysme*!) et sans se choquer de la rupture qu'elle entraîne. C'est qu'il n'y a aucune commune mesure, quant à l'enjeu, avec la rupture dont il a soigneusement montré dans le récit précédent comment il fallait à tout prix l'éviter. Ce n'est pas un conflit de principes, dont la résolution mettrait en jeu l'avenir de l'évangélisation du monde, mais *une querelle d'hommes*, une divergence d'appréciation sur la valeur d'un collaborateur, qui met en lumière une différence de caractère. Barnabé, indulgent vis-à-vis de son jeune cousin Jean-Marc (*cf.* Col 4, 10) veut lui donner une chance de se racheter de sa défaillance première (*cf.* 13, 13). Paul garde un mauvais souvenir de ce lâchage et ne veut pas prendre de risque, au départ d'une nouvelle aventure où les périls ne manqueront pas. Dans un désaccord de ce genre, il n'y a pas de compromis possible ni souhaitable, car il ne pourrait qu'être à la source de tensions nuisibles à l'efficacité du travail. Il est donc plus sage de se séparer.

Sans le souligner explicitement, Luc doit penser que cette rupture n'est pas si grave, puisque l'œuvre missionnaire va être poursuivie par deux équipes au lieu d'une ! Barnabé, qui est originaire de Chypre, retourne donc avec Marc dans cette île, pour *visiter les frères et voir où ils en sont*. Le lecteur des Actes ignorera si la conversion du proconsul Sergius Paulus en avait entraîné beaucoup d'autres, car à partir d'ici, Luc va se concentrer exclusivement sur la poursuite de la mission paulinienne.

PIERRE ET PAUL, FIGURES PARALLÈLES

Le livre des Actes pourrait valablement s'intituler «Actes des apôtres Pierre et Paul», tant la personnalité du premier domine le récit dans les chapitres 1 à 11, et celle du second est seule en vedette dans les chapitres 16 à 28, tandis que les deux figures s'entrecroisent dans les chapitres 12-15. Comme l'auteur de Jn 21 l'a fait pour Pierre et le «disciple bien aimé», on a le sentiment que Luc veille à établir un équilibre presque parfait entre ces deux personnages dominants, pour que le lecteur perçoive l'égale importance de leurs rôles respectifs dans l'histoire de l'Église primitive. Cela est révélé par les nombreux rapprochements dans l'expression comme dans la thématique que l'on peut repérer tout au long du livre.

Nous relevons les principaux traits de ce parallélisme. Paul autant que Pierre est *rempli du Saint-Esprit* (4, 8; 9, 17; 13, 2) et *parle avec assurance* (2, 29; 4, 13; 9, 27; 19, 8). L'un et l'autre reçoivent des directives divines à travers des *visions* (10, 11-16; 18, 9) et connaissent même une *extase* (10,10; 22,17). Des *signes* semblables accompagnent leur prédication : la guérison d'un paralytique (3, 2-8; 14, 8-10) et la résurrection d'un mort (9, 32-43; 20, 7-12) leur sont en particulier attribués à l'un comme à l'autre, ainsi qu'une réputation de guérisseur qui suscite parfois une attente un peu magique (5, 15; 19, 11-12)! Mais l'un et l'autre ont à s'opposer violemment à un magicien (8, 20 ss; 13, 9 ss).

On l'a vu, il y a un parallèle voulu entre les discours d'évangélisation aux juifs de Pierre et de Paul, quant à la longueur du développement et quant à l'argumentation (2, 14-36; 13, 16-41); et Paul s'accorde avec la définition de l'apostolat donnée par Pierre en 1, 22 (13, 31). Paul sera par excellence l'évangéliste des nations païennes, mais Luc prend grand soin, au cœur du livre, de montrer que le principe en a déjà été révélé à Pierre (10, 1–11, 18).

Paul comme Pierre connaîtra une délivrance miraculeuse de prison (12, 3-17; 16, 19-40). Le vocabulaire du récit du chapitre 12 tendait à suggérer que Pierre a vécu une sorte de passion et de résurrection symboliques, l'associant au sort de Jésus : ce thème revient à propos de Paul laissé pour mort et *relevé* en 14, 19-20, ainsi que dans le récit de sa «montée à Jérusalem» et de son arrestation, aux chapitres 20 et 21. Pourtant, l'un comme l'autre protestent qu'ils ne sont que des hommes, quand on veut leur rendre un hommage qui n'est dû qu'à Dieu (10, 26; 14, 15). Luc n'écrit pas à leur sujet une hagiographie. Ils jouent le rôle que Dieu leur a confié dans l'histoire du salut, puis disparaissent sans que l'auteur nous renseigne sur leur sort final. S'il suggère leur martyre, c'est par des allusions fort ténues.

Quatrième partie

LA MISSION DE PAUL JUSQU'AU BOUT DU MONDE

La mission de Paul jusqu'au bout du monde (15, 40–28, 31)

1. Paul passe en Europe après avoir affermi les Églises d'Asie Mineure (15, 40–16, 10)

40 Paul, lui, choisit pour compagnon Silas et s'en alla, remis par
les frères à la grâce du Seigneur.
41 Il traversait la Syrie et la Cilicie, en affermissant les Églises.
1 Il arriva ensuite à Derbé, puis à Lystres. Il y avait là un disciple
nommé Timothée ; sa mère était une juive devenue croyante,
et son père était païen.
2 À Lystres et à Iconium, il était estimé des frères ;
3 Paul désirait l'emmener, et il le prit avec lui. Il le soumit à la
circoncision, pour tenir compte des juifs de la région, car ils
savaient tous que son père était païen.
4 Dans les villes où Paul et ses compagnons passaient, ils trans-
mettaient les décisions prises par les apôtres et les anciens de
Jérusalem, pour qu'elles entrent en vigueur.
5 Les Églises s'affermissaient dans la foi et le nombre de leurs
fidèles augmentait chaque jour.
6 Paul et ses compagnons traversèrent la Phrygie et le pays des
Galates, car le Saint-Esprit les avait empêchés d'annoncer la
parole dans la province d'Asie.
7 Arrivés en Mysie, ils essayèrent d'atteindre la Bithynie, mais
l'Esprit de Jésus s'y opposa.
8 Ils traversèrent alors la Mysie et rejoignirent la côte à Troas.
9 Or, Paul eut une vision pendant la nuit : un Macédonien était là
debout, et l'appelait : « Traverse la mer pour venir en Macé-
doine à notre secours. »

10 **Après cette vision, nous avons cherché à partir immédiatement pour la Macédoine, car nous étions certains que Dieu venait de nous appeler à y porter la Bonne Nouvelle.**

Versets 1-5

Pour réaliser le projet annoncé en 15, 36, Paul doit constituer une nouvelle équipe missionnaire. Son choix se porte d'abord sur *Silas*, qui avait fait (comme Barnabé, comme Saul lui-même) une première entrée discrète dans le récit en 15, 22. Il y était qualifié comme *un homme qui a de l'autorité parmi les frères*, puis comme un *prophète* en 15, 32. En 15, 34, verset manquant dans le texte courant, le texte occidental ajoute : *Silas décida qu'il resterait (à Antioche) et Jude seul s'en alla.* Cette précision explique que Paul ait pu prendre Silas comme compagnon, sans devoir aller le rechercher à Jérusalem. C'est ce collaborateur que Paul appelle Silvain en 2 Co 1, 19; 1 Th 1, 1 et 2 Th 1, 1, chaque fois en compagnie de Timothée, le disciple qui apparaît en 16, 1 dans notre récit (et 24 fois dans le N.T. !).

L'intégration de *Timothée* à son équipe pose un problème délicat à Paul. Il s'est battu pour qu'on n'impose pas aux convertis d'origine païenne le passage par la circoncision (en Ga 2, 3, il se félicite de ce qu'on n'y contraignit pas son compagnon Tite, *un Grec*). Le fond de sa pensée est que la circoncision est totalement inutile au salut (*cf.* Ga 5, 1-6). Mais le cas de Timothée est particulier. Il est d'origine juive par sa mère, et de ce fait aurait dû être circoncis. Le fait que cette mère soit devenue *croyante* (ce qui, dans le langage courant des Actes, signifie « chrétienne ») n'empêcherait pas les juifs de cette région, hostiles à Paul, de trouver un nouveau motif de querelle en accusant son compagnon d'apostasie par rapport à sa judaïté.

Par mesure de prudence et d'apaisement, Paul *soumet* donc Timothée à la circoncision. C'est un exemple remarquable du comportement que Paul justifie en 1 Co 9, 19 ss, lorsqu'il dit « se faire juif avec les juifs pour gagner les juifs... se faire tout à tous, à cause de l'Évangile ». Il a ici posé à l'avance dans les faits le plus net démenti aux accusations dont Jacques se fera l'écho en 21, 21.

Mise à part cette notice brève mais importante des v. 1-3, le passage 15, 40–16, 5 a le style des sommaires souvent rencontrés, évoquant sans donner de détails le ministère « pastoral » (ou *épisco-*

pal selon 15, 36) de Paul et de ses compagnons auprès des Églises déjà fondées lors du premier voyage missionnaire. Un de ses aspects consiste à transmettre les décisions de l'assemblée de Jérusalem (ici réduite aux apôtres et aux anciens), sans doute bien reçues puisqu'il est dit que les Églises non seulement *s'affermissaient*, mais qu'elles s'accroissaient en nombre (v. 5). Mais on sent que le narrateur a hâte de nous faire franchir un nouveau pas décisif dans l'avancée de la mission chrétienne. Nous savons depuis longtemps que pour lui, cette avancée conquérante est conduite par l'Esprit. Il va réexprimer cette conviction avec des formules assez inhabituelles.

Versets 6-10

La stratégie raisonnable qu'envisageait Paul pour prolonger l'évangélisation de l'Asie Mineure devait conduire ses pas à l'ouest, vers l'importante province d'Asie et sa capitale Éphèse. Ce n'était pas le plan du Saint-Esprit, qui *empêche* les missionnaires *d'annoncer la Parole* dans cette province (v. 6). Nous aimerions savoir quel type d'obstacle a été interprété par eux comme un « empêchement » venant d'une direction divine, à moins que ce soit plus directement par un oracle prophétique (on se souvient que Silas était *prophète*), ce que peut suggérer la tournure du v. 7 : *L'Esprit de Jésus s'y opposa*. Luc n'éprouve pas le besoin de satisfaire la curiosité du lecteur sur ce point.

Toujours est-il que la bifurcation vers le Nord-Est (la Bithynie) étant à son tour sens interdit, il ne reste plus qu'à se diriger vers le Nord de la Mysie, pour atteindre le port de Troas. C'est là que les missionnaires vont avoir l'explication de ce curieux itinéraire imposé. Cette fois, c'est par une vision positive, et l'appel sans équivoque du *Macédonien* qui lui donne sens, que Paul et ses compagnons reçoivent communication des plans de l'Esprit saint. Il s'agit de passer en Europe, comme le dit notre sous-titre en langage d'aujourd'hui, *pour y porter la Bonne Nouvelle*. C'est en effet ainsi que le groupe missionnaire comprend la réponse à donner à l'appel au secours du Macédonien, interprété comme un appel de Dieu (v. 9-10).

Ce passage de l'Asie à l'Europe a pour nous une charge symbolique que n'ont sans doute pas ressentie les missionnaires obéissant aux directives de l'Esprit saint. Il est peu probable qu'ils aient eu le sentiment de changer de continent en embarquant pour la Macédoine, même s'ils s'éloignaient effectivement de plus en plus de leur base de départ. Car c'était un déplacement à l'intérieur du même monde culturel, l'hellénisme, et politique, l'empire romain, en passant simplement d'un province à une autre.

Les sections en « nous »

Du point de vue littéraire, il faut noter que débute au v. 10 la première section du livre où le narrateur s'exprime à la première personne du pluriel. Nous en avons dit un mot dans l'introduction, en tant que source écrite facilement repérable. Cette section ira jusqu'à 16, 17, incluant les premiers événements survenus à Philippes ; la seconde et la troisième relateront, en 20, 5-15 et 21, 1-18, les étapes du trajet, en grande partie maritime, que Paul effectuera au terme de son troisième voyage missionnaire, de Philippes à Jérusalem. Enfin la quatrième racontera avec force détails le voyage mouvementé de Césarée à Rome (27, 1–28, 16). L'hypothèse d'un artifice littéraire pour donner plus de vivacité au récit ne résiste guère à l'analyse. Il s'agit bien plus probablement de fragments d'un « journal de voyage » tenu par un des compagnons de Paul, qui pourrait être Silas, selon l'hypothèse assez argumentée qu'a proposée M.-É. Boismard.

Cela n'oblige pas à identifier l'auteur des Actes avec ce témoin oculaire de certains épisodes : cet auteur a très bien pu, comme d'autres historiens anciens, intégrer cette source écrite sans en modifier le style en « nous ». Comme dans le cas du « disciple bienaimé » du quatrième Évangile, une honnête lecture du texte consiste à respecter un anonymat voulu par le rédacteur.

2. *Les débuts mouvementés de l'Église de Philippes (16, 11-40)*

11 Nous avons pris le bateau à Troas, et nous avons gagné directement l'île de Samothrace, puis le lendemain Néapolis,
12 et ensuite Philippes, qui est une cité romaine, la première de cette région de Macédoine. Nous avons passé là quelques jours
13 et, le jour du sabbat, nous sommes allés hors de la ville, au bord de la rivière : nous pensions y trouver l'endroit où les juifs venaient prier. Nous nous sommes assis, et nous avons parlé aux femmes qui étaient réunies.

14 Il y avait parmi elles une certaine Lydia, une commerçante en tissus de pourpre, originaire de la ville de Thyatire, qui adorait le vrai Dieu. Elle nous écoutait, car le Seigneur lui avait ouvert l'esprit pour la rendre attentive à ce que Paul disait.
15 Elle se fit baptiser avec tous les gens de sa maison, et elle nous adressa cette invitation : « Puisque vous avez reconnu ma foi au Seigneur, venez donc loger dans ma maison. » Et nous avons été forcés d'accepter.
16 Comme nous allions à la prière, voilà que vint à notre rencontre une jeune servante qui avait en elle un esprit de voyance ; elle rapportait de gros bénéfices à ses maîtres par sa divination.
17 Elle se mit à nous suivre, Paul et nous, et elle criait : « Ces hommes sont des serviteurs du Dieu très-haut ; ils vous annoncent le chemin du salut. »
18 Elle faisait cela depuis plusieurs jours quand Paul, excédé, se retourna et dit à l'esprit : « Au nom de Jésus Christ, je te l'ordonne : va-t'en de cette femme ! » Et à l'instant même il s'en alla.
19 Les maîtres, voyant s'en aller l'espoir de leurs bénéfices, se saisirent de Paul et de Silas et les traînèrent sur la place publique devant les autorités.
20 Ils les amenèrent aux magistrats en disant : « Ces gens bouleversent notre cité, ils sont juifs,
21 et ils annoncent des règles de conduite que nous n'avons pas le droit d'accueillir ni de pratiquer, nous qui sommes citoyens romains. »
22 Alors, la foule se souleva contre Paul et Silas ; les magistrats ordonnèrent de les dépouiller de leurs vêtements pour leur donner la bastonnade.
23 Après les avoir roués de coups, on les jeta en prison, en donnant au gardien la consigne de les surveiller de près.
24 Pour appliquer cette consigne, il les mit tout au fond de la prison, avec les pieds coincés dans des blocs de bois.
25 Vers le milieu de la nuit, Paul et Silas priaient et chantaient les louanges de Dieu, et les autres détenus les écoutaient.
26 Tout à coup, il y eut un violent tremblement de terre, qui secoua les fondations de la prison : à l'instant même, toutes les portes s'ouvrirent, et les entraves de tous les détenus sautèrent.
27 Le gardien, tiré de son sommeil, vit que les portes de la prison étaient ouvertes ; croyant que les détenus s'étaient évadés, il dégaina son épée et il allait se donner la mort.
28 Mais Paul se mit à crier : « Ne va pas te faire de mal, nous sommes tous là. »

29 Le gardien réclama de la lumière ; tout tremblant, il accourut et se jeta aux pieds de Paul et de Silas.
30 Puis il les emmena dehors et leur demanda : « Que dois-je faire pour être sauvé, mes seigneurs ? »
31 Ils lui répondirent : « Crois au Seigneur Jésus ; alors tu seras sauvé, toi et toute ta maison. »
32 Ils lui annoncèrent la parole du Seigneur, ainsi qu'à tous ceux qui vivaient dans sa maison.
33 À l'heure même, en pleine nuit, le gardien les emmena pour laver leurs plaies. À l'instant même il reçut le baptême avec tous les siens.
34 Puis il invita Paul et Silas à monter chez lui, fit préparer la table et, avec toute sa maison, il laissa déborder sa joie de croire en Dieu.
35 Quand il fit jour, les magistrats envoyèrent les licteurs dire au gardien : « Relâche ces gens ! »
36 Le gardien rapporta ces paroles à Paul : « Les magistrats ont envoyé l'ordre de vous relâcher ; allez-vous-en donc et partez en paix. »
37 Mais Paul dit aux licteurs : « Ils nous ont fait battre en public sans jugement alors que nous sommes citoyens romains, ils nous ont jetés en prison, et maintenant ils nous renvoient en cachette ! Il n'en est pas question : qu'ils viennent eux-mêmes nous faire sortir ! »
38 Les licteurs rapportèrent ces paroles aux magistrats. Ceux-ci furent pris de peur en apprenant que c'étaient des citoyens romains.
39 Ils vinrent donc leur faire des excuses ; après les avoir fait sortir, ils leur demandaient de quitter la ville.
40 Paul et Silas s'en allèrent donc de la prison et entrèrent chez Lydia. Ils virent les frères et les encouragèrent, puis ils s'en allèrent.

Comme on le verra à plusieurs reprises, le journal de voyage qui est à la source de cet épisode note sans commentaire les étapes du court trajet qui mène l'équipe missionnaire de Troas à Philippes (v. 11-12). Cette ville, qui doit son nom au père d'Alexandre le Grand, était la principale ville du district de Macédoine. C'était une *cité romaine* (litt. : une *colonie*) : colonisée depuis plus d'un siècle, elle était en grande partie peuplée de vétérans des légions d'Antoine, et son administration était typiquement romaine, comme il apparaîtra plus loin.

La conversion de Lydia (v. 13-15)

Ce premier court récit nous montre Paul fidèle à sa tactique constante : par conviction théologique autant que par raison pragmatique, il cherche d'abord le contact avec les juifs. Mais ceux-ci, sans doute trop peu nombreux, n'ont pas de synagogue dans la ville et se réunissent pour prier au bord de la rivière (ils y ont sans doute un petit oratoire à ciel ouvert). Paul et ses compagnons s'y rendent le jour du sabbat et *parlent* (c'est-à-dire « annoncent l'Évangile ») aux femmes qui étaient réunies là. Contrairement à ce que Luc avait décrit en 13, 14 ss, il ne peut s'agir ici d'un culte synagogal officiel, pour lequel la présence de dix hommes au moins était requise. Le groupe de prière évoqué semble exclusivement féminin. Mais Paul, suivant l'exemple de Jésus (*cf.* Lc 10, 38 ss ; Jn 4, 7 ss) a dépassé ses préjugés rabbiniques, et n'hésite donc pas à adresser la parole en public à ces femmes juives.

Parmi elles se trouve une certaine Lydia, originaire de Thyatire en Asie Mineure, qui doit être d'un rang social assez élevé, étant à la tête d'un commerce de tissus de pourpre (sans doute importés de sa ville natale où l'on pratiquait l'industrie de la teinture). C'était probablement une prosélyte (litt. : elle *adorait Dieu* ; expression conjointe à celle de prosélyte en 13, 43, et qu'on retrouvera en 17, 4.24). Contrairement à ses semblables à Antioche de Pisidie, qui s'étaient laissées entraîner à prendre parti contre les missionnaires chrétiens (*cf.* 13, 50), elle écoute attentivement le message évangélique. Par analogie avec celle choisie pour Lc 24, 45, la traduction dit que le Seigneur *lui avait ouvert l'esprit,* et cela rend correctement le sens pour nous. Il est cependant intéressant de noter que Luc a écrit *lui avait ouvert le cœur,* terme qu'il emploie presque exclusivement pour parler de l'intériorité de l'être humain, au sens fort de l'équivalent hébreu qui désigne le centre de la personne humaine, le lieu de ses convictions profondes et de ses décisions existentielles (21 fois dans l'évangile, 21 fois dans les Actes). Il n'emploie *esprit,* pour l'esprit humain, qu'en Lc 1, 47.80 et Ac 17, 16 et 18, 25 (en Lc 24, 45, c'est un autre terme, justement traduit dans la TOB par *l'intelligence*).

Quant à l'image de l'*ouverture,* elle évoque chez Luc le mystère pascal (*cf.* Lc 24, 31.32.45) : c'est le pouvoir du Ressuscité d'ouvrir le cœur de Lydia *pour la rendre attentive à ce que disait Paul* : une attention qui débouche sur la foi, puisque aussitôt, comme l'eunuque éthiopien (*cf.* 8, 36), elle demande le baptême et, comme Corneille, y entraîne sa *maisonnée* (célibataire ou veuve, elle devait être chef de famille).

Le v. 40 confirmera qu'une « Église de maison » s'est rapidement constituée dans sa demeure, où sur l'heure elle invite les missionnaires à se loger, avec une insistance bien conforme aux usages de l'hospitalité orientale : *Nous avons été forcés d'accepter* a noté l'auteur du journal de voyage, reprenant le même verbe qu'en Lc 24, 29, lorsque les disciples d'Emmaüs font pression sur le mystérieux voyageur pour qu'il demeure avec eux.

Un exorcisme qui tourne mal (v. 16-24)

Versets 16-18

Cet exorcisme raconté de manière pittoresque rappelle ceux de l'évangile, notamment Lc 4, 33 ss. On y retrouve la même clairvoyance mystérieuse de la personne possédée, la même réticence de l'exorciste devant une publicité suspecte, la même injonction à *l'esprit* de *sortir*, le même effet immédiat d'une simple parole d'autorité. Littéralement, la jeune servante a *un esprit python*, c'est-à-dire un esprit de divination, allusion au serpent gardien de l'oracle de Delphes, où la Pythie dévoilait l'avenir. Nous avons ici le seul emploi dans le N.T. du verbe très courant en grec pour exprimer ce don de divination. Un don qui alors comme aujourd'hui rapportait gros à ceux qui l'exploitaient !

Comme en Lc 4, 34, les cris de la jeune fille ne disent rien que de fort exact. Paul et ses compagnons sont bel et bien des *serviteurs du Dieu très-haut, qui annoncent le chemin du salut* ! L'agacement de Paul ne vient pas de la volonté de « secret messianique », comme en Lc 4, 41, mais de la crainte d'une confusion compromettante entre l'Évangile qu'il annonce et la religiosité crédule qu'exploitent à leur profit les maîtres de la servante. L'œuvre du Seigneur n'a pas besoin de cette propagande ambiguë.

Pour délivrer cette possédée, Paul invoque le nom de Jésus Christ, comme Pierre l'avait fait pour guérir l'infirme de la Belle-Porte (3, 6), puis parle à « l'esprit » avec l'autorité d'un porte-parole de ce Seigneur. Luc joue avec quelque humour avec le verbe *sortir*, ou *s'en aller*, repris trois fois aux v. 18-19 : l'esprit *s'en va* comme

Paul le lui a ordonné, mais les maîtres de la servante sont furieux de voir du même coup *s'en aller l'espoir de leurs bénéfices!*

Versets 19-24

Au niveau des conséquences du miracle, le récit s'écarte de Lc 4, mais se rapproche d'Ac 4, 1-3, où l'on voyait Pierre et Jean jetés en prison à la suite de la guérison de l'infirme. La cupidité frustrée des patrons de la petite esclave les pousse à traîner Paul et Silas (on ignore ce qu'il advient de Timothée) devant les autorités de la ville, et à les dénoncer aux magistrats (litt. les *stratèges*, terminologie très exacte utilisée pertinemment par Luc). Ils le font avec une parfaite mauvaise foi. Comme les membres du Sanhédrin devant Pilate (Lc 23, 2), les plaignants se gardent bien de dévoiler leur motivation intéressée et affectent de défendre l'ordre public, en accusant les missionnaires de jeter le trouble dans la ville. Ils les présentent comme d'indécents propagandistes de *règles de conduite* (ou *coutumes*) étrangères (juives en l'occurrence, l'antisémitisme n'est pas d'aujourd'hui!), contraires à la légalité romaine qu'ils se targuent de respecter. Eux-mêmes, comme la foule qu'ils soulèvent et comme les magistrats, ignorent évidemment que Paul peut lui aussi revendiquer la qualité de *citoyen romain*, ce qu'il fera hautement à la fin du récit! Sans la moindre enquête, les stratèges font donc rouer de coup les victimes de cette calomnie et les font mettre en prison en recommandant de les surveiller de près, comme s'ils étaient de très dangereux malfaiteurs. Pour l'heure, le gardien de prison fait consciencieusement son métier d'exécutant. La note du v. 24 prépare l'extraordinaire retournement de ce personnage, que la suite du récit va mettre en vedette, autant qu'elle accentue le caractère merveilleux de l'aventure des prisonniers.

Une délivrance miraculeuse (v. 25-40)

Versets 25-34

Nous avons là un récit très vivant, par lequel Luc poursuit le parallèle entre les aventures de Paul et celles vécues par Pierre. Comme en 5, 19, les portes de la prison s'ouvrent miraculeusement, mais Paul et Silas ne profitent pas de l'aubaine; ils attendront le lendemain pour obtenir une libération très officielle. En fait ce récit de miracle, qui pourrait être banalement répétitif, est développé avec des traits originaux pour servir de cadre dramatique au récit d'une conversion exceptionnelle.

Le récit de cette nuit mouvementée commence par un tableau édifiant. Paul et Silas ne sont pas des prisonniers ordinaires. Dans un état d'esprit qui rappelle celui des apôtres en 5, 21, au lieu de se lamenter et de s'inquiéter de leur sort et de l'avenir de leur mission, ces deux hommes *prient et chantent les louanges de Dieu*, en pleine nuit, dans la partie la plus reculée de cette prison, et les pieds bloqués dans des entraves fixées au mur! Quelle sérénité et quelle confiance exemplaires au sein de l'épreuve! C'est un témoignage qui doit frapper les autres détenus, qui *les écoutaient*, nous dit Luc (v. 25). C'est sans doute pourquoi, subjugués par l'autorité spirituelle de Paul, ces codétenus ne songeront pas à s'évader quand un providentiel *tremblement de terre* (ils ne sont pas rares dans cette région) viendra ouvrir les portes et faire sauter toutes leurs entraves! C'est ce que semble suggérer le conteur, qui ne s'embarrasse pas trop ici de vraisemblance.

L'émotion du gardien de prison, brutalement tiré de son sommeil, est fort compréhensible : il peut craindre une évasion générale. Il est pourtant étrange qu'il tente de se suicider pour ne pas survivre à ce déshonneur, avant d'avoir vérifié la situation réelle (v. 26-27). Le narrateur se permet de forcer un peu le trait pour rendre plus pathétiques les dialogues qui vont suivre, et plus merveilleuse la conversion du fameux « geôlier de Philippes ». Ici comme ailleurs, c'est d'ailleurs la tradition orale qui peut être responsable d'une certaine amplification légendaire d'événements étonnants qui ont marqué la vie des communautés (*cf.* 5, 7-11).

In extremis, Paul arrive à dissuader le gardien d'accomplir son geste fatal, en l'assurant que personne ne manque à l'appel. Bouleversé, le gardien se jette aux pieds de ceux qui viennent de l'arracher à la mort, puis les prend à part pour leur poser la question plus fondamentale de son « salut » : *Que dois-je faire pour être sauvé, mes seigneurs ?* (v. 28-30). La traduction de ce dernier titre est assez heureuse, là où la TOB le rend par un banal « Messieurs » (litt. : *Seigneurs*) : l'homme ne prend pas ceux à qui il doit d'avoir la vie sauve pour des dieux, comme les gens de Lystres, mais s'adresse à eux avec un humble respect qui ne devait pas être son attitude habituelle avec ses prisonniers!

Pour le reste, il est clair que sa question et la réponse qu'il va recevoir sont formulées par Luc dans le langage catéchétique qui lui est propre, et condensées à l'extrême comme des répliques de théâtre. Le problème est de savoir si, sur le fond, cette demande, en ce lieu et en cette heure insolites, a quelque vraisemblance. Notre esprit critique et rationnel tendrait vers une réponse négative. Mais il faut nous replacer dans la mentalité de l'époque : ce tremblement de terre a pu être ressenti par le geôlier comme une intervention divine (*cf.* Ps 18, 8). L'attitude extraordinaire des deux prisonniers, déjà peut-être leur sérénité dans l'emprisonnement et leurs chants de louange, puis leur incroyable magnanimité à son égard, ont dû le pousser à s'interroger sur le secret d'une pareille liberté intérieure. Il avait aussi pu entendre l'écho des propos exaltés de la pythonisse sur ces gens qui *annoncent le chemin du salut*, en tant que *serviteurs du Dieu très-haut* (v. 17).

Il convient de rappeler ici que cette préoccupation du « salut éternel » (devenue bien étrangère à la plupart de nos contemporains) était fort répandue dans le contexte religieux hellénistique de l'époque. Bref, quels qu'aient été les termes exacts de sa requête, on peut imaginer que cet homme profondément bouleversé (*tout tremblant*, selon le v. 19) mettait en question le sens profond de sa vie, avec l'espoir que ces êtres exceptionnels possédaient la réponse.

Le v. 31 est une réponse d'allure quasi liturgique. Elle condense la proclamation apostolique de la Bonne Nouvelle : Jésus est *Seigneur*, au sens fort de ce terme, et c'est par la foi en lui qu'on reçoit le salut, gratuitement accordé par Dieu. C'est la thèse majeure d'un discours d'évangélisation plus développé, qu'évoque le verset suivant : *Ils lui annoncèrent la parole du Seigneur*, et qui inclut l'invitation au baptême. *Tu seras sauvé, toi et toute ta maison :* cette formulation rappelle celle de Pierre en 11, 14. Comme chez Corneille, et mieux qu'en 16, 15, on comprend qu'avant d'être baptisée, cette maisonnée du geôlier a elle aussi reçu la Parole.

Le v. 33, avec la double mention *à l'heure même*, puis *à l'instant même* (expressions typiques des récits de miracle) attire l'attention sur le double miracle de la transformation de ce gardien de prison : il lave lui-même les plaies des prisonniers, ce qu'il n'avait pas songé à faire la veille, et pour sa part il reçoit le signe qu'il est « lavé » de toutes ses fautes ! Cette nuit mémorable s'achève dans la joie de l'hospitalité reçue et de la table partagée dans son propre logis, joie de la réception du salut si souvent soulignée par Luc, et qui a ici une connotation eucharistique (v. 34).

Ainsi, ce sont deux *maisons* fondées sur le roc de la Parole qui vont constituer les prémices de cette communauté de Philippes, chère au cœur de Paul : celle d'une riche prosélyte juive, et celle d'un fonctionnaire païen, belle illustration de l'universalité du salut.

Versets 35-40

Ce long récit haut en couleurs s'achève sur un autre motif qui, nous le verrons encore, tient au cœur de l'auteur des Actes. C'est pourquoi il lui consacre tout un petit récit dialogué, qui semble pris sur le vif. Au matin, les magistrats de Philippes, sans doute conscients de la vanité des motifs d'accusation portés la veille contre Paul et Silas, et peu fiers de s'être laissé influencer par le déchaînement hostile de la foule, pensent s'en tirer en les faisant discrètement libérer, par l'intermédiaire d'un message porté par les *licteurs*. Mais Paul, informé, ne l'entend pas de cette oreille et tient aux licteurs un petit discours de protestation bien senti contre ce que l'on appellerait aujourd'hui une « bavure » policière et judiciaire !

Nous l'entendons mettre en avant pour la première fois sa qualité de *citoyen romain* (qu'il étend ici à son compagnon Silas) et souligner la double illégalité du comportement des magistrats dans cette affaire. Il refuse d'être libéré en cachette et a l'audace d'exiger que les fautifs viennent en personne le faire de manière officielle ! Cette protestation très efficace fait prendre peur aux stratèges, qui non seulement se déplacent pour les faire sortir de prison, mais viennent *leur faire des excuses*. Pour ne pas perdre totalement la face, ils montrent qu'ils tiennent cependant ces deux hommes pour responsables du trouble de l'ordre public et que leur présence dans la ville est indésirable. Paul et Silas n'insisteront pas, ils quittent en effet Philippes, non sans s'être assurés de la solidité des premières pierres posées pour l'édification de l'Église dans cette cité.

Ce récit lucanien garde toute son actualité. Il montre au lecteur que l'humilité chrétienne ne saurait se confondre avec une attitude de lâche résignation devant l'injustice subie, non seulement par autrui, mais aussi par soi-même, quand il s'agit de responsables précisément chargés par Dieu (*cf.* Rm 13, 1 ss) de garantir la paix sociale par l'exercice de la justice. C'est aussi un aspect du témoignage évangélique que de revendiquer dans certains cas ses droits légitimes, à l'exemple de Paul et de Jésus lui-même (*cf.* Jn 18, 23), en exigeant du pouvoir, à tous les niveaux, qu'il exerce ses fonctions sans arbitraire.

3. Paul fonde les Églises de Thessalonique et de Bérée malgré l'opposition des juifs (17, 1-14)

1 Ayant traversé Amphipolis et Apollonie, ils arrivèrent à Thessalonique, où il y avait une synagogue des juifs.
2 Selon la coutume, Paul y entra, et pendant trois sabbats il s'entretenait avec eux à partir des Écritures.
3 Il leur faisait comprendre et leur exposait que le Messie devait souffrir et ressusciter d'entre les morts. « Le Messie, disait-il, c'est ce Jésus que je vous annonce. »
4 Quelques-uns d'entre eux se laissèrent convaincre et s'attachèrent à Paul et Silas, avec une grande multitude de Grecs qui adoraient le vrai Dieu et un bon nombre de femmes de notables.
5 Mais les juifs, pris de jalousie, ayant ramassé sur la place publique quelques vauriens et ameuté la foule, semaient le trouble dans la ville. Se présentant à la maison de Jason, ils recherchaient Paul et Silas pour les faire comparaître devant l'assemblée du peuple.
6 Ne les trouvant pas, ils traînèrent Jason et quelques frères devant les magistrats, en criant : « Ces gens qui ont semé le désordre dans le monde entier, voilà qu'ils sont ici,
7 et Jason les accueille ! Ils contreviennent aux édits de l'empereur en disant qu'il y a un autre roi : Jésus. »
8 Ils bouleversèrent ainsi la foule et les magistrats, qui entendaient cela ;
9 on fit payer une caution à Jason et aux autres avant de les relâcher.
10 Aussitôt, les frères firent partir de nuit Paul et Silas vers Bérée ; à leur arrivée, ils se rendirent à la synagogue des juifs.
11 Ceux-ci avaient de meilleurs sentiments que ceux de Thessalonique, et ils accueillirent la Parole de tout leur cœur, examinant chaque jour les Écritures pour voir si cela était bien vrai.
12 Beaucoup d'entre eux devinrent donc croyants, ainsi que des femmes grecques influentes et un bon nombre d'hommes.
13 Mais quand les juifs de Thessalonique apprirent qu'à Bérée aussi la parole de Dieu était annoncée par Paul, ils vinrent encore secouer et bouleverser les foules.
14 Alors aussitôt les frères firent partir Paul jusqu'à la mer, tandis que Silas et Timothée restaient là.

Après un récit plein de détails, de suspense et de merveilleux, la chronique du deuxième voyage missionnaire de Paul reprend un cours plus ordinaire. On y retrouve des schémas semblables à ceux de la première mission, avec tout de même quelques traits originaux.

À Thessalonique (v. 1-9)

Thessalonique, capitale de la province de Macédoine, devait avoir une colonie juive plus importante que celle de Philippes, et assez influente comme on va le voir. Elle possédait donc une synagogue où, « selon *sa* coutume » (petite correction qui n'est pas sans importance), Paul se rend trois sabbats durant et annonce l'Évangile sous forme d'entretiens, ou de *discussions*, formule que Luc utilise dix fois à propos de Paul (sur 13 emplois dans le N.T.).

N'ayant plus évoqué le contenu du témoignage auprès des juifs depuis la prédication à Antioche de Pisidie, le narrateur rappelle que tout naturellement il *part des Écritures* : le lecteur sera ainsi plus attentif à la différence d'approche dans l'évangélisation des païens, à Athènes. Le v. 3, où sur cette base il expose la nécessité des souffrances et de la résurrection du Messie est à rapprocher des paroles de Jésus sur le chemin d'Emmaüs (Lc 24, 26 s, *cf.* aussi 24, 44 ss) d'autant plus que ce qui est ici rendu par *il leur faisait comprendre* reprend littéralement l'image de Lc 24, 32 : « Il nous ouvrait les Écritures. »

Si quelques juifs se laissent convaincre et *s'attachent à Paul et Silas* (litt. *deviennent leur lot*, note qui fait penser à 1 Co 1, 12 !), le succès de leur prédication est plus grand auprès de prosélytes d'origine païenne (litt. de *Grecs adorateurs*) et de nombreuses *femmes de haut rang* (le texte ne parle pas de leurs maris, comme le laisse entendre la version liturgique, dans une interprétation peu féministe !). Comme le remarque justement la note de la TOB, « l'auteur insiste volontiers sur la conversion des femmes en général, et de celles de la haute société en particulier. Leur rôle a été important pour le succès, dans l'empire, des religions orientales et du judaïsme vers lequel elles étaient plus attirées que les hommes. Elles ont dû souvent faciliter la mission chrétienne. »

Mais, tout comme à Antioche de Pisidie et à Iconium, la majorité juive est *prise de jalousie* et, avec l'appui d'un ramassis de *vauriens*, elle ameute la foule contre les missionnaires. Cela semble être une constante de l'action des adversaires juifs de Paul de tenter d'entraver son action par personnes interposées (v. 5). Jason semble être un des convertis, chez qui logent Paul et Silas. En l'absence de ces derniers, c'est lui et quelques autres *frères* qui sont traînés devant les magistrats, ici les *politarques*. L'accusation portée contre les chrétiens est particulièrement hyperbolique — ils auraient *semé le désordre dans le monde entier* (!) — et transposée sur le plan politique (en 16, 20 s c'était plutôt sur le plan social) : ils agiraient *à l'encontre des édits de César, en disant qu'il y a un autre roi : Jésus.* On a ici un écho encore plus net qu'à Philippes des accusations portées contre Jésus devant Pilate (Lc 23, 2). Les politarques, quoique troublés, ne paraissent pas prendre très au sérieux le danger de sédition suggéré, puisqu'ils se contentent de relâcher Jason et les autres après leur avoir réclamé une caution et sans doute l'engagement de faire partir les fauteurs de troubles.

À Bérée (v. 10-14)

Comme en 9, 25.30, ce sont donc *les frères* qui font partir *de nuit* Paul et Silas de Thessalonique. La nouvelle étape, à Bérée, est semblable à la précédente en ce que les missionnaires commencent par se rendre à la synagogue, mais Luc note un contraste assez remarquable : les juifs de Bérée sont *mieux-nés* (traduction littérale) que ceux de Thessalonique, et font bon accueil à la Parole, avec un louable souci de libre examen (une attitude *critique*, selon la littéralité du texte) : ils vont chaque jour vérifier dans les Écritures la véracité des références des prédicateurs (aucun prédicateur ne saurait se plaindre d'un tel zèle scripturaire, hélas trop rare !). Il y a donc un bon nombre de conversions, et de nouveau mention particulière est faite de *femmes grecques influentes*, que Luc fait passer avant les *hommes* ordinaires !

Mais les juifs de Thessalonique sont vraiment acharnés à l'encontre de la prédication chrétienne. Ils viennent sur les traces de Paul pour ameuter les foules de Bérée, et les *frères* jugent plus prudent de faire partir celui qui est le plus manifestement visé par les opposants, *tandis que Silas et Timothée restaient là*, avec la mission implicite d'affermir la toute jeune communauté dans sa foi. Timothée réapparaît à l'occasion de cette note : impliqué dans le *nous* de la narration jusqu'en 16, 17, son nom n'avait plus été mentionné. Il n'y a pas à chercher à cela de mystérieuses explications anecdotiques : le réemploi par Luc de sources diverses entraîne de temps en temps de petites incohérences de ce genre, qui n'ôtent rien au sens des récits, et ne pourraient gêner que ceux qui y cherchent un compte rendu minutieux et exhaustif de tous les détails de la mission, ce qui n'est pas le but de l'auteur.

4. Paul à Athènes : discours à l'Aréopage (17, 15-34)

15 Les frères qui escortaient Paul l'accompagnèrent jusqu'à Athènes. Quand ils s'en retournèrent, Paul les chargea de dire à Silas et à Timothée de le rejoindre le plus tôt possible.
16 Pendant que Paul les attendait à Athènes, son esprit était tourmenté en voyant la ville livrée aux idoles.
17 Il discutait donc à la synagogue avec les juifs et ceux qui adoraient le vrai Dieu, et sur l'Agora chaque jour avec les passants.
18 Quelques philosophes épicuriens et stoïciens venaient aussi parler avec lui. Certains disaient : « Ce perroquet, que peut-il bien vouloir dire ? » Et d'autres : « On dirait un prêcheur de divinités étrangères » ; ils disaient cela parce que son Évangile parlait de « Jésus » et de « Résurrection ».
19 Ils vinrent le prendre pour le conduire à l'Aréopage en lui disant : « Pouvons-nous savoir quelle est cette nouvelle doctrine que tu exposes ?
20 Tu nous emplis les oreilles de choses déroutantes ; nous voulons donc savoir ce que cela veut dire. »
24 Car tous les Athéniens, ainsi que les étrangers qui résidaient dans la ville, ne trouvaient le temps de rien faire d'autre que de dire et d'écouter la dernière nouveauté.
22 Alors Paul, debout au milieu de l'Aréopage, fit ce discours : « Citoyens d'Athènes, je constate que vous êtes, en toutes choses, des hommes particulièrement religieux.
23 En effet, en parcourant la ville, et en observant vos monuments sacrés, j'y ai trouvé, en particulier, un autel portant cette inscription : "Au dieu inconnu". Or, ce que vous vénérez sans le connaître, voilà ce que, moi, je viens vous annoncer.
24 Le Dieu qui a fait le monde et ce qu'il contient, lui qui est le Seigneur du ciel et de la terre, n'habite pas des temples construits par l'homme,
25 et ne se fait pas servir par la main des hommes. Il n'a besoin de rien, lui qui donne à tous la vie, le souffle et tout le reste.
26 À partir d'un seul homme, il a fait tous les peuples pour qu'ils

habitent sur toute la surface de la terre, fixant la durée de leur histoire et les limites de leur habitat ;
27 **il les a fait pour qu'ils cherchent Dieu et qu'ils essayent d'entrer en contact avec lui et de le trouver, lui qui, en vérité, n'est pas loin de chacun de nous.**
28 **En effet, c'est en lui qu'il nous est donné de vivre, de nous mouvoir, d'exister ; c'est bien ce que disent certains de vos poètes : *Oui, nous sommes de sa race.***
29 **Si donc nous sommes de la race de Dieu, nous ne devons pas penser que la divinité ressemble à l'or, à l'argent ou à la pierre travaillés par l'art et l'imagination de l'homme.**
30 **Et voici que Dieu, sans tenir compte des temps où les hommes l'ont ignoré, leur annonce maintenant qu'ils ont tous, partout, à se convertir.**
31 **En effet, il a fixé le jour où il va juger l'univers avec justice, par un homme qu'il a désigné ; il en a donné la garantie à tous en ressuscitant cet homme d'entre les morts. »**
32 **Quand ils entendirent parler de résurrection des morts, les uns riaient, et les autres déclarèrent : « Sur cette question nous t'écouterons une autre fois. »**
33 **C'est ainsi que Paul les quitta.**
34 **Cependant quelques hommes s'attachèrent à lui et devinrent croyants. Parmi eux, il y avait Denis, membre de l'Aréopage ; il y eut aussi une femme nommée Damaris, et d'autres avec eux.**

Paul à Athènes (v. 15-21)

Les circonstances qui précèdent la prise de parole de Paul sont décrites avec précision, comme ce fut le cas pour celles du discours type aux juifs, en 13,14 s, et en contraste avec elles. Luc brosse un petit tableau plein de vie et de malice qui ne peut qu'accrocher l'intérêt du lecteur. Le missionnaire chrétien, de prime abord, ne nous est pas montré séduit par la splendeur des monuments ni par la richesse artistique et intellectuelle de cette ville prestigieuse qui, tout en ayant perdu depuis longtemps son antique puissance politique, n'en demeurait pas moins le brillant centre culturel du monde hellénistique. Tout entier préoccupé de l'annonce de l'Évangile, *son esprit s'irritait en contemplant cette ville pleine d'idoles* (v. 16) : la nuance est celle d'une forte colère, comme en 15, 39, et non d'un *tourment.* La situation religieuse n'est pas caractérisée par le manque, mais par le trop-plein ! Quelle place pourra trouver son message dans ce panthéon d'un paganisme en apparence triomphant? Cependant cette première réaction cède le pas à son zèle évangélisateur.

Comme partout, Paul va prioritairement ***discuter à la synagogue avec les juifs et ceux qui adoraient le vrai Dieu*** (la traduction est une périphrase, Luc écrit ***les adorateurs*** pour désigner, comme en 13, 43, les «prosélytes»; *cf.* aussi 13, 50; 16, 14; 17, 4; 18, 7). Sans attendre d'être éventuellement chassé de la synagogue, il aborde aussi d'emblée le tout venant de la population sur la place publique (v. 17). À la religion-spectacle, il oppose sa parole nue, et réussit à susciter l'intérêt de quelques philosophes, ***épicuriens et stoïciens*** (les deux principales écoles en vogue, nées toutes deux à Athènes).

Dès ce moment le récit s'oriente vers la confrontation du prédicateur avec l'élite cultivée de l'humanisme grec (pour une fois Luc se désintéresse des réactions juives à la proclamation de l'Évangile). Paul rencontre chez ses interlocuteurs des réactions un peu méprisantes : ***que veut dire ce perroquet*** (ou cette ***jacasse*** — TOB)? Mais il a piqué la curiosité de certains, qui l'assimilent à un ***prêcheur de divinités étrangères***, comme il en passait beaucoup à l'époque dans un haut lieu comme Athènes. Le pluriel tient à une méprise. Littéralement, Paul ***leur évangélisait Jésus et la Résurrection*** : ils entendent ce dernier terme (***Anastasie***) comme le nom d'une déesse «parèdre», épouse de ce Jésus inconnu d'eux (v. 18).

Ils ont donc envie d'en savoir davantage sur cette doctrine nouvelle et déroutante et emmènent d'autorité Paul, pour qu'il y développe plus officiellement ses idées, ***à l'Aréopage***. Il peut s'agir simplement de la colline portant ce nom, où un amphithéâtre permettrait une écoute plus suivie, mais plus probablement de l'assemblée qui y siège, non plus tribunal comme au temps de Socrate, mais sorte de conseil religieux et universitaire, qui pourra enregistrer et cataloguer cette nouvelle doctrine (v. 19-20). Mais la note ironique du v. 21 ramène la démarche aux proportions d'une curiosité superficielle, passe-temps d'un moment, plus que d'un intérêt profond.

Le discours à l'Aréopage (v. 22-31)

Avec habileté, et un rien d'hypocrisie si l'on se réfère au v. 16 (!), Paul s'efforce de capter l'attention bienveillante des auditeurs en les félicitant pour leur religiosité remarquable. Ce n'est pas de la provocation ni du persiflage : l'orateur a trouvé un point d'accrochage très astucieux, en mentionnant sa découverte d'un autel dédié *à un dieu inconnu* (v. 23). L'épigraphie connaît une inscription semblable, mais au pluriel : c'est dans la logique de ceux qui ne veulent pas prendre le risque de subir la colère de divinités qui auraient été oubliées dans leur panthéon, car comment savoir s'il y en a une seule ou beaucoup? Mais Paul exploite cette dédicace, transcrite au singulier, comme une précieuse amorce de son message. Ce *Dieu inconnu* d'eux existe, et il vient le leur révéler.

La révélation dont il est porteur est historique, elle a commencé avec l'appel de Dieu à Abraham, et Paul pourrait tout de suite se mettre à évoquer le message biblique. Mais ce serait risquer de se fermer immédiatement l'audience de son public d'intellectuels athéniens ! Paul a une double culture, juive, mais aussi grecque — de par son éducation à Tarse —, et il n'ignore pas que les philosophes ou les poètes de cette sphère culturelle ont pressenti quelque chose de la réalité d'un Dieu unique et créateur. Il prend donc la liberté d'interpréter la dédicace au *dieu inconnu* comme le signe d'une sorte d'attente plus ou moins consciente, comme un vide que sa parole va combler.

Les v. 24 à 29 développent un discours sur le Dieu créateur et sur l'inanité des représentations idolâtriques de la divinité, qu'aurait pu tenir à sa place un prédicateur juif, soutenant un strict monothéisme. Mais ce discours rejoint aussi la critique des religions populaires ou des mythes officiels que se permettaient alors bien des Grecs teintés de philosophie. Il est tout à fait intéressant de constater que, dans tout ce passage, Paul use conjointement d'une terminologie biblique et de concepts philosophiques ou de références poétiques, familiers à ses auditeurs.

Terminologie biblique : le Dieu qui est *Seigneur du ciel et de la terre*, qui *n'habite pas les temples faits de main [d'hommes]* (v. 24) ; l'allusion à Adam sous l'expression *à partir d'un seul homme* (v. 26) et la notion de parenté de l'homme avec Dieu qui se déduit de Gn 1, 27 ; la contestation des idoles d'or, d'argent ou de pierre *travaillées par l'art et l'imagination de l'homme* (v. 29), thème fréquent chez les prophètes d'Israël.

Mais aussi concepts proches du stoïcisme : le Dieu qui a fait *le monde* (le cosmos, v. 24) ; l'unité du genre humain à partir d'un seul homme, ou d'un seul principe (le texte, elliptique, dit : *à partir d'un seul*, v. 26) ; l'expression de la proximité de Dieu dans une formule inspirée d'Épiménide : *c'est en lui qu'il nous est donné de vivre, de nous mouvoir, d'exister,* puis par une citation du poète Aratos de Tarse : *Oui, nous sommes de sa race* (v. 28).

Quelques remarques encore pour éclairer ce développement d'un monothéisme qui n'a rien pour choquer les auditeurs de Paul. Au v. 25, il faut relever la simple mais pertinente critique de toutes les formes de religion dans lesquelles l'homme pense acquérir mérites ou récompenses en *servant Dieu,* en lui offrant des sacrifices, lui qui *n'a besoin de rien* (Sénèque a également avancé cette idée), alors que le vrai Dieu est essentiellement celui qui *donne,* gratuitement.

En référence à l'esquisse présentée en 14, 16, il est préférable de lire au v. 26 *il a établi des temps fixes,* allusion à la régularité des saisons plutôt qu'à l'histoire des peuples. Enfin, le v. 27 est un des rares textes bibliques à appuyer l'idée d'une possible connaissance « naturelle » de Dieu : il aurait donné aux hommes la possibilité de le *chercher,* et éventuellement de le *découvrir en tâtonnant* (TOB, *cf.* Sg 13, 6). C'est ce que suggère aussi Paul en Rm 1, 19-23, assurant que la perfection de Dieu est visible dans ses œuvres créatrices. Mais c'est pour dire dans le même temps que cette possible connaissance a été dévoyée dans l'idolâtrie, et en tirer argument pour enfermer les païens dans la culpabilité. Ici également, Paul est bien conscient que cette quête de Dieu dans la religiosité païenne n'a pas abouti, puisqu'il vient de dire qu'ils ne connaissent pas le vrai Dieu (v. 23) et parlera bientôt des *temps d'ignorance* dont Dieu appelle les hommes à sortir.

C'est en effet avec le v. 30 que le discours de Paul prend un tournant décisif, en changeant nettement de ton. La complaisance vis-à-vis des intuitions des philosophes ou des poètes grecs est terminée. Un monothéisme spéculatif ne suffit pas à changer la vie des hommes. Le Dieu que Paul vient annoncer n'est pas un Dieu qui plane dans le ciel des idées éternelles, il est un Dieu qui parle *maintenant* et qui appelle tous les hommes à se *convertir,* à changer de mentalité et de comportement (sens global de ce verbe dans les textes lucaniens). Et cette conversion est indispensable et urgente, car Dieu, qui a *établi* les temps de la vie humaine (v. 26) a *fixé un jour où il doit juger le monde* (ici l'ensemble de la terre habitée, le terme grec est celui qui a donné « œcuménisme »).

Ce jugement s'accomplira par un homme qu'il a *établi,* comme il en a *donné la garantie en ressuscitant cet homme d'entre les morts*

(v. 31). Ces deux derniers versets sont exactement l'écho de la prédication de Paul aux païens, telle qu'il l'évoque en 1 Th 1, 9-10 en résumant ainsi l'accueil de ses auditeurs : *Vous vous êtes tournés vers Dieu en vous détournant des idoles pour servir le Dieu vivant et véritable, et pour attendre des cieux son Fils qu'il a ressuscité des morts.*

Un discours interrompu (v. 32-34)

Autant les païens cultivés auxquels Paul s'adresse peuvent être sensibles à la critique des religions populaires ou à des spéculations sur la divinité, autant la notion de résurrection est étrangère à leur système de pensée et leur paraît même ridicule ! C'est pourquoi des ricanements accueillent les derniers propos de Paul, et les plus polis des auditeurs, qui avaient eux-mêmes sollicité un exposé de sa doctrine, l'interrompent en disant : *Sur cette question nous t'écouterons une autre fois,* ce qui équivaut à un congédiement *sine die.* Paul en prend acte et les quitte. *Cependant,* écrit Luc, *quelques hommes s'attachèrent à lui et devinrent croyants,* et il peut même citer un membre de l'Aréopage, Denis, ainsi qu'une femme nommée Damaris, personnages dont le nom est sans doute connu dans les Églises de son temps. Une lecture non prévenue ne verra pas là un constat d'échec. Combien d'évangélistes seraient heureux de pouvoir donner semblable bilan à la suite d'une unique réunion interrompue !

Cette remarque a son importance pour aider à trancher un important débat concernant l'interprétation globale de ce discours de Paul à l'Aréopage. On lit encore sous la plume d'exégètes sérieux que la prédication de Paul à Athènes fut un échec quasi total, et on s'appuie sur ce soi-disant constat pour expliquer les propos de Paul en 1 Co 2, 1-5. Paul serait arrivé à Corinthe sous le coup de cet échec d'Athènes. Il se serait convaincu que c'était une erreur de chercher à s'appuyer sur les *discours persuasifs de la sagesse* (sur la philosophie), comme il l'avait tenté à l'Aréopage. Il aurait décidé de ne plus proclamer désormais que la *folie de la croix* (*cf.* 1 Co 1, 17 ss). Bref, l'évangélisation authentique, Paul l'aurait compris à ce moment-là, doit être un langage de rupture, bien différent de la désastreuse recherche de connivence avec la sagesse des hommes, vainement expérimentée dans son discours d'Athènes, dans lequel il n'a ni évoqué la croix ni même nommé Jésus Christ ! Cette thèse séduisante en apparence est à rejeter pour de nombreuses raisons :

1. Le texte de l'épître est abusivement sollicité. Paul n'y souffle pas mot de son passage à Athènes, et sa décision de « ne rien savoir, sinon Jésus Christ crucifié » n'est nullement présentée comme un revirement à la suite d'une expérience malheureuse.

2. Nous l'avons vu, la narration lucanienne présente le discours de Paul à Athènes comme un discours interrompu. Si on l'avait laissé continuer, il n'aurait pas manqué de préciser que cet *homme* investi de la mission de juger le monde, s'appelait Jésus (le v. 18 montre bien que Paul, dans ses entretiens, l'avait déjà nommé), et que si Dieu l'avait ressuscité, c'était parce que d'abord il avait été mis à mort sur une croix ! Les premiers mots de son message spécifiquement chrétien (v. 30-31) sont d'ailleurs un langage de rupture, comme le confirme le parallèle avec l'épître aux Thessaloniciens. Parler de *résurrection* (et aussi de *conversion*, et de *jugement*, fixé dans le temps des hommes), devant les philosophes grecs, est aussi inacceptable et scandaleux que d'annoncer un Messie *crucifié* à des théologiens juifs, et appelle à un même acte de foi en l'incroyable, réclame une semblable reconversion de tout leur système de valeurs.

3. Pour le lecteur, le contenu de la proclamation du crucifié-ressuscité, que Paul n'a pas eu le temps de développer, est déjà archiconnu et il n'y a aucun dommage à trouver ici un discours tronqué. En revanche, toute l'originalité de ce que Luc présente dans les v. 22-29, et qui n'est qu'une entrée en matière, consiste à décrire un type d'approche de cet auditoire païen cultivé, tout différent de l'approche classique d'un auditoire de juifs ou de prosélytes.

À la synagogue, le langage commun est celui des promesses messianiques, et l'argumentation peut d'entrée de jeu faire référence à l'Écriture sainte, pour appuyer l'annonce de la Bonne Nouvelle, qui est accomplissement de ces promesses. Cela n'aurait pas de sens pour ces Grecs. Paul en était conscient et il a compris que l'annonce de l'Évangile, qui est fondamentalement une parole neuve, adressée à tous les hommes, pouvait s'articuler sur la culture philosophique de cet auditoire, sans référence préalable à l'Écriture ou à l'histoire d'Israël (il est bien évident que la catéchèse ultérieure des païens convertis s'y référera). Cette tactique « accommodatrice » si l'on veut, ou du moins cette recherche d'un point d'accrochage approprié — on dirait aujourd'hui cette « inculturation » — n'ont rien à voir avec ce que Paul désigne comme les *discours persuasifs de la sagesse*. Il y a déjà délibérément renoncé quand il parle sans ménagements de la nécessité pour tous de se convertir, appel à la rupture s'il en est ! Son message se démarque absolument d'un discours philosophique sur Dieu. C'est, comme ailleurs, la parole d'autorité du Dieu qui se révèle dans l'histoire.

4. L'interprétation de notre discours par l'appel à l'épître aux Corinthiens est une erreur de méthode. Il faut lire le livre des Actes dans la cohérence du propos de son auteur. Outre les arguments indiqués ci-dessus, on a vu que la présentation circonstanciée du cadre de ce discours à l'Aréopage en fait le pendant contrasté du discours à la synagogue d'Antioche de Pisidie, qui était un discours type d'évangélisation en contexte juif. Il est donc clair que Luc a voulu, parallèlement, donner ici au lecteur un discours type d'évangélisation en milieu païen cultivé. Aurait-il pris tant de soin à composer, pour le fond et dans la forme, un discours qui ne serait que le modèle de ce qu'il ne faut pas faire ?

Cette page du livre des Actes, si nous l'avons bien interprétée, reste donc un document d'actualité, propre à inspirer la réflexion sur la mission chrétienne et la proclamation de l'Évangile dans la diversité des cultures humaines.

5. Fondation de l'Église de Corinthe (18, 1-17)

1 Après cela, Paul partit d'Athènes pour se rendre à Corinthe.
2 Un juif nommé Aquila, originaire des bords de la mer Noire, était récemment arrivé d'Italie avec sa femme Priscille, à la suite du décret de l'empereur Claude expulsant tous les juifs de Rome. Les ayant rencontrés, Paul entra en relations avec eux.
3 Comme ils avaient le même métier, celui de fabricant de tentes, il s'installa chez eux, et il y travaillait.
4 Chaque sabbat, Paul prenait la parole à la synagogue et s'efforçait de convaincre à la fois les juifs et les païens.
5 Quand Silas et Timothée furent arrivés de Macédoine, Paul consacra tout son temps à la Parole, attestant aux juifs que Jésus est le Messie.
6 Devant leur opposition et leurs injures, Paul secoua ses vêtements et leur dit : « Si cela entraîne votre perte, c'est vous qui serez responsables ; moi, je n'ai rien à me reprocher. Désormais, j'irai vers les païens. »
7 Quittant la synagogue, il alla chez un certain Titius Justus, qui

adorait le vrai Dieu, et dont la maison était tout à côté de la synagogue.

8 **Quant au chef de la synagogue, Crispus, il crut au Seigneur, avec toute sa maison. Beaucoup de Corinthiens, en écoutant Paul, devenaient croyants et se faisaient baptiser.**

9 **Une nuit, Paul eut une vision ; le Seigneur lui disait : « Sois sans crainte, continue à parler, ne reste pas muet.**

10 **Je suis avec toi, et personne n'essaiera de te maltraiter, car dans cette ville j'ai à moi un peuple nombreux. »**

11 **Paul demeura un an et demi à Corinthe ; il enseignait aux gens la parole de Dieu.**

12 **Pendant que Gallion était proconsul en Grèce, les juifs tous ensemble se soulevèrent contre Paul et le conduisirent au tribunal**

13 **en disant : « Le culte de Dieu auquel cet individu veut amener les gens est contraire à la Loi. »**

14 **Au moment où Paul allait ouvrir la bouche, Gallion déclara aux juifs : « S'il s'agissait d'un délit ou d'un méfait grave, je recevrais votre plainte comme il se doit ;**

15 **mais puisqu'il s'agit de discussions concernant la doctrine, les appellations, et la Loi qui vous sont propres, cela vous regarde. Moi, je ne veux pas être juge de ces affaires. »**

16 **Et il les renvoya du tribunal.**

17 **Alors, ils se saisirent tous de Sosthène, le chef de la synagogue, et se mirent à le frapper devant le tribunal, tandis que Gallion demeurait indifférent.**

Versets 1-4

Cette nouvelle étape du voyage missionnaire fait passer Paul d'un haut lieu de la culture grecque à une importante cité commerçante et cosmopolite, où il va demeurer bien plus longtemps qu'à Athènes. Selon son témoignage en 1 Co 1, 26 ss, ce n'est pas l'élite intellectuelle ou sociale de la ville qui sera touchée par l'Évangile, mais la population méprisée des petites gens.

La chronique de ce séjour ne revient pas sur le contenu de la prédication de Paul, ce qui conforte nos remarques précédentes. Si Luc avait eu connaissance du découragement et du revirement qu'on lui a prêtés à la suite de son « échec » à Athènes, il n'aurait pas manqué d'en parler ! Mais après une page très théologique, il détend plutôt le lecteur par quelques détails anecdotiques, où le portrait de Paul va se compléter.

Luc nous apprend pour commencer qu'il fait la connaissance d'un couple juif, *Aquila et Priscille*, expulsés de Rome à la suite d'un décret impérial, décret mentionné par l'historien Suétone, qu'on date de 49-50. C'est un intéressant point de repère historique, qui sera confirmé par la mention de *Gallion*, proconsul en Achaïe en 51-52. Ce couple fera ensuite partie des collaborateurs de Paul (*cf.* Rm 16, 3) : on en déduit qu'ils se sont convertis à son contact, ce qui doit aller de soi pour le narrateur, qui omet de le dire.

Il doit lui sembler plus intéressant de profiter de l'occasion pour nous faire savoir que Paul exerçait un métier manuel, comme c'était la coutume chez les rabbins. Ce fait le rapproche d'Aquila et Priscille, comme lui *fabricants de tentes*, et il s'installe donc chez eux, gagnant sa vie *de ses mains*, comme il le rappellera avec fierté en 20, 34 (*cf.* 1 Th 2, 9; 2 Th 3, 8; 1 Co 4, 12). Mais chaque sabbat, il poursuit l'évangélisation des juifs à la synagogue, tout en s'adressant aussi aux païens.

Versets 5-10

Rejoint par Silas et Timothée (*cf.* 2 Co 1, 19), Paul décide de se consacrer entièrement à la Parole. Luc, après l'épisode du discours d'Athènes, rappelle d'un mot au lecteur que le message à adresser aux juifs consiste essentiellement à attester *que le Christ, c'est Jésus*, puisqu'il peut se fonder sur leur attente du Messie. Mais une fois de plus, ce message provoque la rupture, que Paul ici souligne en la dramatisant par un geste symbolique du même type qu'en 13, 51, et par une déclaration inspirée du prophète Ézéchiel (*cf.* 33, 8 s), littéralement : *Que votre sang vous retombe sur la tête, j'en suis pur* (*cf.* 20, 26 : dans les deux cas, notre version paraphrase pour la clarté, en atténuant la force imagée de la formule).

Comme en 13, 46, Paul en tire la conséquence : *Désormais, c'est vers les païens que j'irai* (v. 6). Et avec un brin de provocation, il va loger chez un prosélyte, juste à côté de la synagogue; il réussit aussi à convertir le chef de cette synagogue, là encore *avec toute sa maison*. C'est ce Crispus que Paul déclare avoir baptisé lui-même, en 1 Co 1, 14. Les nombreux Corinthiens qui se convertissent également, et se font baptiser (v. 8), font probablement partie de la population païenne de la ville. C'est ce que suggère la parole du Seigneur qui, encourageant Paul dans une vision, l'exhorte à pour-

LUC ET LE MONDE ROMAIN

Le monde romain et ses institutions tiennent une grande place dans l'œuvre de Luc. Déjà dans son évangile, la naissance et la mort de Jésus apparaissent conditionnées par une décision de l'administration romaine (*cf.* 2, 1 et 23, 24 s), et après César Auguste, auteur du décret de recensement, il nomme Tibère César comme l'empereur régnant au début des événements évangéliques (3, 1). Les références à Pilate sont plus nombreuses que chez les autres (*cf.* 3, 1 et 13, 1, avant son rôle traditionnel dans le récit de la Passion, qu'il rappelle en Ac 3, 13; 4, 27; 13, 28). Dans les Actes, Rome est déjà mentionnée en 2, 10, et c'est à Rome que s'achèvera le parcours de Paul, au chapitre 28.

Le premier incirconcis converti, par Pierre, est significativement le centurion Corneille, de la cohorte italique, un représentant de la puissance romaine (10, 1 ss). Cet officier de l'armée d'occupation est présenté comme favorable au peuple juif, à l'image du centurion anonyme de Lc 7, 2 ss. C'est encore le centurion Julius, de la cohorte Augusta, qui sauvera la vie de Paul, son prisonnier (27, 1.43). Au début de la mission paulinienne, le premier converti, lui aussi nommément désigné, est le proconsul de Chypre, Sergius Paulus (13, 7-12). On a vu qu'à partir de cette rencontre, Saul de Tarse porte toujours son nom romain de Paul. À l'autre bout de la geste de Paul, le premier magistrat de Malte, Publius, est également dépeint sous un jour favorable (28, 7).

Entre ces deux personnages symétriques, le lecteur voit apparaître de nombreux autres représentants des autorités administratives, judiciaires ou militaires, souvent nommés, et toujours désignés par leur titre exact : les *stratèges* et les *licteurs* à Philippes, les *politarques* à Thessalonique, le *proconsul* Gallion à Corinthe, les *asiarques* à Éphèse, le *tribun* Claudius Lysias à Jérusalem, les *gouverneurs* Félix et Festus à Césarée. Luc mentionne les titres impériaux de *César* ou d'*Auguste* (traduits chaque fois par *empereur*).

En regroupant toutes ces indications, on voit que l'auteur du livre des Actes avait une connaissance précise de ce monde romain complexe du premier siècle de notre ère ; il tient compte de la variété des titres selon les fonctions exercées ou selon le statut particulier des provinces. Nous nous demanderons dans un prochain encadré (cf. p. 258) si, au-delà d'une coquetterie d'historien, cette précision est au service d'une intention plus profonde.

suivre hardiment cette évangélisation en l'assurant *qu'il a pour lui un peuple nombreux dans cette ville* (v. 9-10).

Versets 11-16

Paul, obéissant à cette injonction, demeure *un an et six mois* à Corinthe ; il complète l'appel à croire par un ministère d'enseignement des néophytes (*cf.* 11, 26). Cependant le succès de sa mission aboutit de nouveau à un conflit ouvert avec les juifs, qui le conduisent devant le tribunal du proconsul. Mais ils n'ont pas l'habileté de ses accusateurs de Philippes ou de Thessalonique pour transposer leurs griefs sur un plan politique. Ils l'accusent de prôner un *culte illégal* (v. 13). Sans doute insinuent-ils qu'il est contraire à la légalité romaine, parce que Paul introduit une nouvelle religion non reconnue, ce qui serait un crime capital. Mais Gallion l'entend comme s'ils parlaient de leur Loi (la loi de Moïse) et les déboute de leur plainte, avant même que Paul ait parlé pour sa défense. Il ne s'agit pas à ses yeux d'un délit de droit commun, mais d'une querelle religieuse entre juifs, dont il n'a pas à se mêler (v. 14-16). On croit entendre un représentant d'un État «laïque» moderne. Si pareille sagesse avait plus souvent eu cours dans l'histoire, on eût évité bien des conflits sanglants.

Il y a tout de même une victime dans cette affaire : le pauvre Sosthène, le nouveau chef de la synagogue, est pris à partie par ses coreligionnaires, furieux sans doute de l'échec de leur démarche, et se fait rosser sous les yeux du proconsul indifférent. On sent l'ironie sous-jacente de Luc rapportant l'incident.

6. Par Éphèse, Paul rejoint sa communauté d'Antioche avant un nouveau voyage (18, 18-23)

18 Paul resta encore un certain temps à Corinthe, puis il fit ses adieux aux frères et prit le bateau pour la Syrie : il emmenait Priscille et Aquila ; à Cenchrées, il s'était fait raser la tête, car le vœu qui le lui interdisait venait d'expirer.

19 Ils arrivèrent à Éphèse ; il laissa là ses compagnons, mais lui, entrant à la synagogue, se mit à discuter avec les juifs.

20 Comme ils lui demandaient de rester plus longtemps, il n'accepta pas ;

21 **en faisant ses adieux, il dit : « Je reviendrai encore chez vous, si Dieu le veut », et quittant Éphèse il reprit la mer.**
22 **Ayant débarqué à Césarée, il monta saluer l'Église de Jérusalem et descendit vers Antioche.**
23 **Après avoir passé quelque temps, Paul repartit ; il parcourut successivement le pays galate et la Phrygie, en affermissant tous les disciples.**

Cette brève relation d'un long périple n'appelle pas de nombreux commentaires. On note que, selon Luc, Paul a dû personnellement conserver quelques pratiques juives : il mentionne le rituel qui doit marquer la fin d'un vœu, sans doute celui du naziréat (*cf.* Nb 6, 1-21), sans expliquer la motivation de l'apôtre. Mais, après l'affaire de la circoncision de Timothée, c'est une nouvelle preuve que les accusations portées contre lui en 21, 21 seront calomnieuses.

Le bref passage par Éphèse pose un jalon en vue de la section suivante, qui sera concentrée sur un bien plus long séjour de Paul dans cette capitale de la province d'Asie, laissée de côté au début de ce deuxième voyage missionnaire (*cf.* 16, 6). Comme on le vérifiera dans le récit suivant, Priscille et Aquila s'y établissent, tandis que Paul s'en va reprendre contact avec les Églises de Jérusalem et d'Antioche.

En fait, le v. 22 indique seulement que, de Césarée, Paul *monta saluer l'Église*, mais l'expression désigne évidemment celle de Jérusalem. Paul tient à garder des liens avec l'Église mère, comme avec celle d'Antioche qui est son vrai port d'attache et à qui il a certainement rendu compte de sa mission comme à son premier retour (*cf.* 14, 27). Mais après quelque temps, il repart, pour ce qui est d'abord une nouvelle tournée pastorale *d'affermissement des disciples* (*cf.* 15, 41) au pays galate (sûrement la Galatie du Nord, région de l'actuelle Ankara) et en Phrygie, contrées traversées selon 16, 6, sans qu'on ait eu d'indication sur la fondation d'Églises dans cette région. Cela fait partie de ces lacunes sur lesquelles on s'est expliqué plus haut (*cf.* p. 101 et 107).

7. Apollos à Éphèse (18, 24-28)

24 **Or, un juif nommé Apollos, originaire d'Alexandrie, venait d'arriver à Éphèse. C'était un homme éloquent, possédant bien les Écritures.**
25 **Il avait été instruit de la Voie du Seigneur ; plein d'enthou-**

siasme, il annonçait et enseignait avec exactitude ce qui concerne Jésus, mais il ne connaissait, comme baptême, que celui de Jean.
26 Il se mit donc à parler avec assurance à la synagogue. Mais, quand Priscille et Aquila l'entendirent, ils le prirent à part et lui exposèrent avec plus d'exactitude la Voie de Dieu.
27 Comme il voulait se rendre en Grèce, les frères l'y encouragèrent, et écrivirent aux disciples de lui faire bon accueil. Quand il fut arrivé, il rendit de grands services aux croyants, par la grâce de Dieu ;
28 en effet, il réfutait vigoureusement les juifs en public, en démontrant par les Écritures que Jésus est le Messie.

Ici commence tout un cycle narratif centré sur la ville d'Éphèse. Exceptionnellement, Luc ouvre cette partie du livre des Actes par un épisode où le personnage de Paul est absent. Celui d'Apollos nous est connu par les allusions de Paul dans l'épître aux Corinthiens (1 Co 1, 12 ; 3, 4 s). Luc nous permet de savoir que c'était un juif alexandrin. Alexandrie était un centre de la culture juive hellénisée : cet homme éloquent devait donc parfaitement maîtriser la version grecque des Écritures, la Septante, née précisément à Alexandrie. Si c'est dans cette ville qu'il a reçu une certaine connaissance de l'Évangile (*la Voie du Seigneur*), on mesure l'étendue de notre ignorance sur la diffusion du message chrétien du côté sud de la diaspora juive, puisque selon ce texte, il aurait atteint l'Égypte dès les années 50 ! On peut imaginer que ce fut à travers des groupes *baptistes* qui avaient reconnu en Jésus le Messie, ce qui expliquerait qu'Apollos ne connaissait que le *baptême de Jean* (v. 25).

Il faut avouer que le texte reste plein d'énigmes : nous aimerions savoir plus précisément le contenu de l'enseignement *exact* sur Jésus qu'Apollos pouvait transmettre, et sur quoi a porté le complément de formation que lui ont apporté Priscille et Aquila. Luc sous-entend probablement que cela concernait le baptême *au nom de Jésus* et le don de l'Esprit saint, mais pourquoi ne pas le dire explicitement ?

En revanche, on déduit de son récit que ce couple ami et disciple de Paul a vite acquis une grande compétence : sans mandat officiel, ils n'ont pas hésité à jouer, de leur propre initiative, un rôle de formateurs, sur le plan de la doctrine chrétienne, pour un personnage qui sur les autres plans était probablement bien plus cultivé qu'eux !

C'est aussi un signe d'humilité de sa part de l'avoir accepté. Ce court passage témoigne ainsi d'une grande *liberté* dans les relations entre les nouveaux chrétiens (les hiérarchies intellectuelles ou sociales n'y ont plus cours) et d'une remarquable *souplesse* dans l'organisation du service de la Parole, dans les jeunes Églises de la mouvance paulinienne.

On constate aussi la grande mobilité des prédicateurs, puisque Apollos désirant se rendre en Grèce (on saura juste après qu'il s'agit de Corinthe, *cf.* 19, 1), il y est encouragé par les frères d'Éphèse, qui lui donnent une lettre de recommandation pour ceux de Corinthe. Cette pratique est attestée par Paul (*cf.* Rm 16, 1 ; 2 Co 3, 1). L'indication finale évoque le succès d'Apollos à Corinthe : il s'y révèle un orateur pugnace dans la discussion avec les juifs sur le sens des Écritures et l'accomplissement des promesses messianiques dans la personne de Jésus, à l'image de Paul lui-même en 9, 22, avec le même zèle passionné des nouveaux convertis.

8. Paul passe deux ans à Éphèse : fécondité de la Parole malgré de violents conflits (19, 1-40)

Ce chapitre marque une pause dans la relation des voyages de Paul. Luc semble avoir choisi ce séjour de relativement longue durée à Éphèse pour montrer, au-delà des débuts de l'évangélisation, quelques aspects typiques de l'activité de Paul et des conflits qu'elle suscite, non seulement comme jusqu'ici avec des juifs, mais aussi avec certaines catégories de païens que l'Évangile dérange. Éphèse était à l'époque un des grands centres commerciaux et religieux du monde gréco-romain, célèbre pour son temple d'Artémis. Il semble opportun de traiter en deux parties cette longue relation pleine de détails et de pittoresque.

A. PRÉDICATION ET MIRACLES DE PAUL (19, 1-20)

1 Pendant qu'Apollos était à Corinthe, Paul traversait le haut pays ; il arriva à Éphèse, où il trouva quelques disciples.
2 Il leur demanda : « Quand vous êtes devenus croyants, avez-vous reçu le Saint-Esprit ? » Ils lui répondirent : « Nous n'avons pas appris qu'il y a le Saint-Esprit. »
3 Paul reprit : « Quel baptême avez-vous donc reçu ? » Ils répondirent : « Celui de Jean Baptiste. »

4 Alors Paul leur expliqua : « Jean donnait un baptême de conversion ; et il disait au peuple de croire en celui qui devait venir après lui, c'est-à-dire en Jésus. »
5 Après ces explications, ils se firent baptiser au nom du Seigneur Jésus.
6 Et quand Paul leur eut imposé les mains, le Saint-Esprit vint sur eux, et ils se mirent à dire des paroles mystérieuses et à parler comme des prophètes.
7 Ils étaient une douzaine d'hommes au total.
8 Ensuite, Paul se rendit à la synagogue ; et là, pendant trois mois, dans ses entretiens, il s'efforçait de convaincre en parlant avec assurance du Royaume de Dieu.
9 Certains s'endurcissaient et refusaient, décriant la Voie de Jésus devant toute la foule. Alors Paul se sépara d'eux et prit les disciples à part ; il s'entretenait chaque jour avec eux dans l'école de Tyrannos.
10 Cela dura deux ans, si bien que tous les habitants de la province d'Asie, juifs et Grecs, entendirent la parole du Seigneur.
11 Dieu faisait par les mains de Paul des miracles extraordinaires,
12 à tel point que si l'on prenait des linges ou des mouchoirs pour en toucher les infirmes, les maladies disparaissaient et les esprits mauvais s'en allaient.
13 Certains exorcistes juifs itinérants tentèrent de prononcer le nom de Jésus sur ceux qui avaient en eux les esprits mauvais, en leur disant : « Je vous adjure par ce Jésus que Paul proclame. »
14 Or un certain Scéva, un chef des prêtres juifs, avait sept fils qui agissaient ainsi.
15 Et l'esprit mauvais leur répondit : « Jésus, je le connais ; Paul, je sais qui c'est ; mais vous, qui êtes-vous ? »
16 Et, bondissant sur eux, l'homme en qui était l'esprit mauvais les maîtrisa tous et leur fit sentir sa force, si bien qu'ils s'enfuirent de la maison tout nus et couverts de blessures.
17 Tous les juifs et les Grecs habitant Éphèse en furent informés ; ils furent tous saisis de crainte, et l'on exaltait le nom du Seigneur Jésus.
18 Beaucoup de ceux qui étaient devenus croyants venaient confesser et déclarer ce qu'ils avaient fait.
19 Une quantité de gens qui avaient pratiqué la magie avaient rassemblé leurs livres et les brûlaient devant tout le monde ; on évalua le prix : cela faisait cinquante mille pièces d'argent.
20 Ainsi, grâce à la puissance du Seigneur, la Parole était féconde et prenait de la force.

Paul et les baptistes (v. 1-7)

Pour l'intelligence de ce curieux récit, il faut entendre que Paul, en dehors du cercle des «frères», déjà constitué avec Aquila et Priscille (*cf.* 18, 26 s) rencontre en arrivant à Éphèse un petit groupe de *disciples de Jean Baptiste*, une douzaine d'hommes selon le v. 7. Se disent-ils «chrétiens» parce qu'ils considèrent Jean comme le Messie? C'est vraisemblable, et cela expliquerait la question que Paul leur pose, puisque *devenir croyant* équivaut toujours à confesser la foi chrétienne, dans le langage des Actes. Or, non seulement ils n'ont pas entendu parler du Saint-Esprit et ne connaissent que le baptême de Jean, comme Apollos, mais ils semblent aussi ignorer Jésus lui-même.

Le N.T. fait en général l'impasse sur la persistance et la diffusion du mouvement spirituel issu de la prédication de Jean Baptiste, pour des raisons évidentes, car les chrétiens ont voulu cantonner ce dernier dans son rôle de précurseur. La polémique sous-jacente à certains passages, notamment chez Jn, laisse supposer une certaine rivalité avec des groupes baptistes à l'époque de la rédaction évangélique. Notre récit implique que le mouvement avait essaimé largement dans la diaspora juive, au moins jusqu'en Asie Mineure (v. 1-3).

Paul explique donc à ces hommes que le baptême qu'ils ont reçu était dans la pensée de Jean un signe de retour à Dieu et de désir d'une vie nouvelle qu'allait combler *celui qui devait venir après lui*, et en qui le peuple devrait croire (v. 4) : c'est exactement le point de vue de toute la tradition ecclésiale sur Jean Baptiste. Dûment catéchisés, ces «johannites» sont alors intégrés dans la communauté chrétienne par un double signe ecclésial : ils reçoivent le baptême *dans le nom de Jésus* (formulation qui rappelle 1 Co 1, 13, dans un contexte de rivalité entre partisans de Paul et d'Apollos) et une imposition des mains qui appelle sur eux la venue du Saint-Esprit. Avec des variantes relevées dans l'encadré de la p. 98, ce texte rappelle le cas des convertis de Samarie, dont le baptême fut complété par l'imposition des mains.

Mais il ajoute que le don de l'Esprit les fait *parler en langues et prophétiser* (la version liturgique aurait pu garder «parler en langues», qui évoque mieux ce phénomène spécifique, plutôt que *dire des paroles mystérieuses*). Luc entend certainement par là évoquer pour le lecteur la «Pentecôte des païens» survenue chez Corneille. Les deux rapprochements sont à mettre au compte du parallélisme entre les actes de Paul et ceux de Pierre. Ceci peut expliquer que Luc n'ait pas mentionné quelque chose d'équivalent à propos d'Apollos dans l'épisode précédent. Les deux épisodes ont cependant en commun de montrer comment la parole chrétienne authentique vient compléter une foi réelle, mais mal informée.

Une vue globale sur le ministère de Paul (v. 8-12)

Mis à part le détail concernant l'école de Tyrannos, ces quelques versets ont une allure de sommaire : rappel du schéma classique d'une prédication prioritaire à la synagogue, que Luc résume ici comme une annonce du ***royaume de Dieu***, notion familière aux lecteurs de l'Écriture. Puis c'est le refus hostile d'une partie des juifs, au bout de trois mois, et leur opposition publique au message chrétien, qui entraîne la rupture.

Paul trouve un lieu neutre pour continuer à enseigner les disciples. Une précision du texte occidental dit que ces entretiens se passaient *de la cinquième heure jusqu'à la dixième* (de 11 heures à 16 heures) : heures chaudes du repas et de la sieste, où le maître Tyrannos n'enseigne pas. Mais il faut du courage à l'enseignant chrétien et surtout à ses auditeurs ! Évangélisation et enseignement se poursuivent ainsi durant deux années. Avec un peu d'emphase, comme cela lui arrive, Luc considère que *tous les habitants* de cette importante province ont ainsi pu *entendre la parole du Seigneur* (il n'écrit pas « sont devenus croyants », ce que le lecteur le plus naïf ne pourrait croire !). C'est dans cette province d'Asie que se trouvent les « sept Églises » (dont celle d'Éphèse) auxquelles s'adresse de la part du Seigneur le voyant de Patmos (Ap 2–3) : certaines ont pu naître pendant cette période.

Les v. 11-12 constituent un parallèle évident avec le sommaire de 5, 15-16. L'activité de guérisseur de Paul entraîne, comme pour Pierre, des gestes que nous qualifierions de superstitieux, mais où peut se manifester une confiance naïve et forte, que Jésus lui-même ne méprisait pas (*cf.* Lc 8, 44 ss).

La mésaventure d'exorcistes juifs et la rupture avec la magie (v. 13-20)

Luc conte ici avec malice un incident qui a dû défrayer la chronique éphésienne, et qui n'est qu'indirectement le fait de Paul. Un peu comme le mage Simon, des exorcistes juifs sont impressionnés par la puissance supérieure qui semble donnée aux apôtres chrétiens, et pensent pouvoir invoquer le nom de *Jésus*, comme s'il avait en lui-même une force magique. Or, l'exorcisme tenté en ce sens par les sept fils du prêtre juif Scéva non seulement échoue piteusement, mais provoque contre eux l'ironie de *l'esprit mauvais*, puis la violence foudroyante du possédé !

Nous retrouvons, comme en 16, 17, et comme dans les récits évangéliques, l'étrange clairvoyance spirituelle d'un tel *esprit* (qualifié ailleurs de démoniaque) : *Jésus, je connais; Paul, je connais* (sous-entendu : comme adversaires victorieux) ! *Mais vous, qui êtes-vous ?* (sous-entendu : je ne vous crains pas, vous n'êtes que des imposteurs !). Et les sept (!) exorcistes sont victorieusement agressés par ce possédé à la force décuplée. Le ton ironique de cette description (v. 16) pourrait laisser imaginer que l'opinion publique, qui a le sens du ridicule, fit des gorges chaudes de l'incident. Mais Luc reprend la gravité qui convient pour noter que la conséquence en fut plutôt une *crainte* révérentielle et la glorification du nom du Seigneur Jésus, qu'on ne saurait invoquer en dehors de l'obéissance de la foi (*cf.* 3, 16 ; 4, 10).

C'est probablement en réfléchissant sur cette affaire que de nombreux néophytes, qui avaient eux-mêmes pratiqué la magie comme beaucoup de leurs concitoyens, se convainquent de l'incompatibilité absolue de ces pratiques avec leur foi nouvelle. Courageusement, ils en témoignent publiquement dans un vaste « autodafé » de leurs livres de magie. Luc est encore impressionné par l'estimation du coût de ces ouvrages livrés aux flammes, lui qui est toujours fasciné par les problèmes de relation entre l'Évangile et la richesse matérielle : *cinquante mille pièces d'argent* ! Il va montrer bientôt une autre conséquence économique de la prédication puissante de l'Évangile. Un refrain de croissance, dont le sujet est *la Parole* en quelque sorte personnifiée, comme en 6, 7 et 12, 24, vient conclure l'épisode, et justifie notre découpage.

B. L'ÉMEUTE DES ORFÈVRES (v. 21-40)

21 **Après ces événements, Paul se mit dans l'esprit le projet de parcourir la Macédoine et toute la Grèce, puis d'aller à Jérusalem, en disant : « Quand j'aurai été là-bas, il faudra que j'aille aussi voir Rome. »**

22 Puis il envoya en Macédoine deux de ses collaborateurs, Timothée et Éraste, mais lui resta un certain temps dans la province d'Asie.
23 Il y eut vers ce temps-là une agitation considérable à propos de la Voie de Jésus.
24 Un nommé Démétrius, orfèvre, qui fabriquait des temples d'Artémis en argent, procurait des bénéfices considérables aux artisans.
25 Il les réunit, avec ceux qui faisaient des travaux analogues, et il leur dit : « Mes amis, vous savez bien que ces bénéfices sont la source de notre prospérité.
26 Or vous le voyez bien, vous l'entendez dire : non seulement à Éphèse mais dans presque toute la province d'Asie, ce Paul a gagné et détourné toute une foule de gens, en disant que les dieux faits de main d'homme ne sont pas des dieux.
27 Or cela risque non seulement de causer du tort à notre activité, mais encore de faire compter pour rien le sanctuaire d'Artémis, la grande déesse, et bientôt de la priver de son prestige, elle qui est adorée par l'Asie et le monde entier. »
28 Les auditeurs, remplis de fureur, poussaient des cris : « Gloire à l'Artémis d'Éphèse ! »
29 Toute la ville fut gagnée par le désordre, et les gens se précipitèrent tous ensemble au théâtre, en y entraînant avec eux les Macédoniens Gaïus et Aristarque, compagnons de voyage de Paul.
30 Or Paul voulait rejoindre l'assemblée du peuple, mais les disciples ne le laissaient pas faire
31 et quelques personnages importants, qui étaient de ses amis, lui envoyaient un message pour l'exhorter à ne pas se montrer au théâtre.
32 Les gens criaient tous des choses différentes : en effet l'assemblée était en plein désordre, et la plupart ne savaient même pas pourquoi ils étaient réunis.
33 Des gens dans la foule exposèrent l'affaire à Alexandre, que les juifs poussaient en avant. Celui-ci, faisant un geste de la main, voulait s'expliquer devant l'assemblée.
34 Mais quand on sut qu'il était juif, une clameur s'éleva de toute la foule pendant près de deux heures : « Gloire à l'Artémis d'Éphèse ! »
35 Le chancelier de la ville, ayant réussi à calmer la foule, prit la parole : « Citoyens d'Éphèse, qui donc dans le monde ignore que la ville d'Éphèse est la gardienne du temple de la grande déesse Artémis et de sa statue venue du ciel ?

36 Tout cela est indiscutable. Il vous faut donc garder votre calme, et éviter toute action inconsidérée.
37 Vous avez amené ici ces hommes, qui n'ont commis ni sacrilège, ni blasphème contre notre déesse.
38 Si donc Démétrius et les artisans qui l'accompagnent ont à se plaindre de quelqu'un, il y a des jours d'audience, il y a des proconsuls ; qu'ils portent leur débat devant eux.
39 Et si vous revendiquez encore autre chose, on en décidera à l'assemblée prévue par la loi.
40 En effet, avec l'affaire d'aujourd'hui, nous risquons d'être accusés de révolte, car il n'y a aucun motif que nous pourrions alléguer pour rendre compte de ce rassemblement.» Ayant ainsi parlé, il mit fin à l'assemblée.

Projets de Paul (v. 21-22)

Ces deux versets constituent une importante annonce, qui fait pressentir au lecteur tout le programme de la fin du livre des Actes. Dans le grec, elle commence de manière solennelle, que ne rend pas la traduction trop plate *après ces événements*. Il faut lire : *Comme ces choses étaient accomplies*, formule proche de celle de Lc 9, 51 qui ouvrait le récit de la montée de Jésus à Jérusalem. Le refrain de croissance du v. 20 laissait entendre que l'œuvre évangélique est très solidement implantée à Éphèse. Paul peut donc considérer sa mission *accomplie* dans cette région. Il songe à reprendre la route et à revisiter les jeunes Églises de Macédoine et de Grèce, avant de se rendre à Jérusalem.

Ce projet correspond d'assez près avec celui qu'exprime l'apôtre en 1 Co 16, 5-10, puis 2 Co 1, 5-18. Le chapitre suivant racontera effectivement cette montée à Jérusalem, présentée comme une montée vers sa « passion ». Mais Paul exprime en outre un projet qui lui tient à cœur : *aller aussi voir Rome*, non tant pour connaître la prestigieuse capitale de l'empire, que pour y visiter les frères d'une communauté qu'il n'a pas fondée, mais dont la réputation est grande (*cf.* Rm 1, 8-15). Or, la finale du livre nous racontera cet ultime voyage à Rome, et donc la réalisation de son vœu, mais dans des conditions tout autres que ce qu'il imaginait. C'est un procédé fréquent chez Luc que de poser ainsi des jalons anticipateurs de ses récits futurs.

Pour le moment, Paul envoie à l'avance deux de ses collaborateurs en Macédoine, pour y préparer sa venue, et reste encore quelque temps lui-même à Éphèse. Cette indication permet au narrateur de relater un dernier épisode qui a secoué cette ville. Il va le faire de manière fort circonstanciée et avec beaucoup d'humour.

Une revendication corporatiste (v. 23-28)

Sur une petite échelle, nous avions vu à Philippes des gens que l'activité de Paul avait atteints dans leurs intérêts financiers (*cf.* 16, 16-20). Nous allons constater ici que *la Voie* (de Jésus), la prédication chrétienne mise en pratique, peut avoir des conséquences économiques sérieuses, qui provoquent la colère de toute une corporation frustrée.

Le temple d'Artémis, grande déesse orientale de la fécondité, était alors classé comme une des « sept merveilles du monde ». Il contenait *l'effigie tombée du ciel* de la déesse (*cf.* v. 35). Les innombrables pèlerins attirés par son culte orgiaque et les rites magiques qui l'accompagnaient (des « billets éphésiens » garantissaient toutes sortes de succès, la sécurité en voyage, la fécondité des épouses, etc.), devaient être amateurs de souvenirs pieux, comme dans tous les hauts lieux de la religion populaire. Cela faisait l'affaire des fabricants de reproductions en argent du fameux sanctuaire, qui tiraient de gros bénéfices de cet artisanat.

Le premier à s'inquiéter d'une baisse significative de revenus et à l'attribuer au message anti-magique et anti-idolâtrique de Paul est un orfèvre dont la tradition a gardé le nom : *Démétrius*. Il organise donc une réunion de sa corporation et tient un petit discours d'allure syndicale, que Luc transcrit dans un style direct fort bien imité, comme il semble prendre plaisir à le faire pour accrocher l'attention de ses lecteurs et les mettre dans l'ambiance. Il ne présente aucune difficulté d'interprétation. On notera simplement l'hypocrisie, bien classique, avec laquelle l'orfèvre habille sa revendication professionnelle intéressée d'un noble souci concernant le prestige mondial de la grande déesse et de son sanctuaire. Il provoque ainsi, en guise d'approbation de ses propos démagogiques, de frénétiques hurlements à la gloire de *l'Artémis d'Éphèse* (v. 27-28).

Une assemblée populaire houleuse (v. 29-34)

L'agitation prend une ampleur imprévue, les masses populaires d'Éphèse prenant fait et cause pour les artisans en colère. On se saisit de deux compagnons de Paul qui se trouvaient là, et on les traîne dans une assemblée improvisée au théâtre de la ville. Paul apprenant la chose voulait s'y rendre pour s'expliquer, contre l'avis des disciples, mais aussi de personnages influents, littéralement *certains asiarques* (on comprend que la version faite pour la lecture publique répugne à ce titre technique qui demande explication) : ce sont des notables élus, qui ont (ou ont eu) à présider le culte provincial de l'empereur. Ils sont des *amis* de Paul, sans pour autant être devenus chrétiens, semble-t-il. Ce détail donne une idée de la place honorable que l'apôtre avait prise dans la cité et des relations qu'il y avait nouées (v. 30).

Ces gens responsables dissuadent donc Paul de s'exposer inutilement au milieu de la foule déchaînée. Ils savent ce dont elle est capable. Luc note avec humour qu'entraînés dans une sorte de délire collectif beaucoup crient sans même savoir de quoi il s'agit ! Le narrateur semble lui-même gagné par cette confusion, lorsqu'il évoque sans explication l'intervention des juifs et d'un certain Alexandre, qu'une nouvelle et interminable clameur à la gloire d'Artémis empêche de s'exprimer. Luc précise seulement que c'est parce qu'on découvre qu'il est juif. Ce n'est sans doute pas par fureur raciste, mais parce que les juifs tenaient le même discours contre les idoles que le prédicateur chrétien (v. 32-34).

Le discours du chancelier de la ville (v. 35-40)

Le *chancelier de la ville* (ou son *secrétaire*), homme d'autorité habitué à présider les assemblées populaires, réussit alors à reprendre les choses en mains ; il arrive à se faire entendre après avoir calmé la foule. À nouveau le narrateur, qui semble connaître aussi bien la psychologie et l'argumentation de ce politique que tout à l'heure celle du leader syndical, nous résume son intervention dans un petit discours qui est un modèle du genre.

D'abord un peu de flatterie pour se faire écouter en allant dans le sens des auditeurs passionnés : « Je vous ai compris ! » insinue-t-il, en les rassurant : bien entendu, nul au monde ne saurait contester la gloire de leur ville, liée au culte de la *grande Artémis* (il intègre habilement leur propre slogan) ! Cela dit, l'homme d'ordre ne tarde pas à les mettre en garde contre une *action inconsidérée*. Quittant toute démagogie, il a le courage de leur dire qu'à sa connaissance les hommes qu'ils accusent ne sont coupables d'aucun délit positif d'ordre sacrilège contre la déesse qu'ils adorent. Ceux qui s'estiment lésés (Démétrius et les autres artisans) doivent préciser leur plainte et la porter devant les instances légales. Qu'ils mesurent bien les risques pris : l'attroupement désordonné de ce jour est illégal et risque de faire accuser les citoyens d'Éphèse de *révolte* (sous-entendu : par les autorités romaines qui pourraient bien prendre des sanctions !). Là-dessus, sans laisser quiconque répliquer, le chancelier congédie d'autorité l'assemblée.

Le soin mis par Luc à rédiger ce discours montre bien où vont ses sympathies. Plus d'une fois nous l'avons vu, et le verrons encore, présenter de manière favorable des autorités qui, en faisant appliquer strictement le droit, ont en fait porté secours aux prédicateurs chrétiens faussement accusés par leurs adversaires religieux ou, comme ici, par des gens qui se sentent lésés par les conséquences éthiques de l'évangile pris au sérieux.

Ce récit nous rend en effet attentifs au fait que la foi chrétienne ne peut être confinée dans un domaine de pure spiritualité, sans influence sur les affaires de ce monde. Dans le monde païen du premier siècle, c'est le commerce lié à la religiosité populaire qui s'est vu menacé. À bien examiner l'histoire, ou l'actualité, on découvrira d'autres domaines où une certaine manière de vouloir vivre authentiquement l'Évangile — pas toujours l'éthique conformiste de la majorité des «chrétiens» — peut générer des conflits ouverts, amener des hommes et des femmes à entrer en résistance, par «objection de conscience» à des idéologies dominantes, qu'il s'agisse de racisme ou de totalitarisme politique, mais parfois, plus insidieusement, de pratiques économiques. Notre récit, et plus généralement le témoignage de Luc, doit nous amener à méditer sur l'incompatibilité de la foi évangélique, non seulement avec les profits tirés d'une exploitation de la crédulité humaine, mais aussi avec toute idéologie qui sacralise l'argent. *Vous ne pouvez servir Dieu et Mamon*, a dit Jésus (Lc 16, 13).

9. Paul en Grèce et en Macédoine : célébration communautaire et miracle à Troas (20, 1-12)

1 Quand les troubles eurent cessé, Paul convoqua les disciples. Il les encouragea et leur fit ses adieux, puis il se mit en route pour la Macédoine.

2 Ayant traversé la région et adressé aux gens de nombreuses paroles d'encouragement, il arriva en Grèce
3 et y passa trois mois. Les juifs complotèrent contre lui au moment où il allait embarquer pour la Syrie ; il décida alors de revenir par la Macédoine.
4 Il était accompagné par Sopatros, fils de Pyrrus de Bérée, Aristarque et Secundus de Thessalonique, Gaïus de Derbé, Timothée, ainsi que Tychique et Trophime de la province d'Asie.
5 Ceux-ci étaient partis en avant et nous attendaient à Troas.
6 Quant à nous, nous avions pris le bateau pour Philippes après la Pâque ; et nous les avons rejoints au bout de cinq jours à Troas, où nous avons passé sept jours.
7 Le premier jour de la semaine, nous étions rassemblés pour rompre le pain, et Paul, qui devait partir le lendemain, s'entretenait avec les gens. Il prolongea son discours jusqu'à minuit ;
8 il y avait quantité de lampes dans la salle du haut où nous étions rassemblés.
9 Un jeune garçon nommé Eutyque, assis sur le rebord de la fenêtre, fut gagné par un profond sommeil pendant le long discours de Paul ; accablé par le sommeil, il tomba du troisième étage et on le ramassa mort.
10 Paul descendit, se jeta sur lui et le prit dans ses bras en disant : « Ne vous agitez pas ainsi : il est encore en vie ! »
11 Il remonta, rompit le pain et mangea ; puis il parla encore longuement avec eux jusqu'à l'aube, et ensuite il s'en alla.
12 On emmena le garçon bien vivant, et ce fut un immense réconfort.

D'Éphèse à Troas (v. 1-6)

Il semble que l'émeute des orfèvres ait incité Paul à quitter Éphèse pour mettre en œuvre le projet annoncé en 19, 21. Après avoir encouragé les disciples, il se met en route pour la Macédoine, où son passage est évoqué comme une visite pastorale (v. 2), puis il passe trois mois en Grèce, très probablement à Corinthe, où les juifs fomentent un complot contre lui à la fin de son séjour. La version occidentale du v. 3 semble avoir voulu clarifier ce texte un peu confus, en écrivant : *Un complot étant advenu contre lui de la part des juifs, il voulut prendre le large vers la Syrie, mais l'Esprit lui dit de revenir par la Macédoine.*

Le v. 4 est intéressant pour l'historien, par les comparaisons minutieuses qu'il permet avec les données des épîtres sur les différents collaborateurs de la mission paulinienne, et leur présence auprès de Paul en telle ou telle circonstance. Luc dresse ici une liste de sept compagnons de route de Paul. Plus que les indications très partielles rencontrées jusqu'ici, elle nous donne un aperçu sur la diversité d'origine et l'importance de cette équipe missionnaire recrutée par l'apôtre.

Mis à part Secundus, les noms des six autres se trouvent mentionnés dans les lettres de Paul, particulièrement Timothée et Tychique à qui l'on voit Paul confier diverses missions. Et l'équipe est représentative de presque toutes les Églises fondées par lui : Bérée, Thessalonique, Derbé, Lystre, Éphèse et sa région. Rien n'indique cependant qu'ils fussent «délégués par leurs Églises pour apporter la collecte à Jérusalem» (note de la TOB), collecte que Luc ne mentionne pas comme but de ce voyage. Si c'était le cas, l'absence de délégué de Corinthe serait fort surprenante.

Au v. 5 (et jusqu'au v. 16) nous retrouvons les notes du «journal de voyage», rédigées à la première personne du pluriel. En fait, ce verset semble un raccord rédigé par le rédacteur final. Il fait apparaître ce *nous* comme un second groupe, resté avec Paul pendant une brève séparation de l'équipe, et maintient ainsi l'anonymat de l'auteur de ces notes, qui n'est pas l'un des sept nommés au v. 4. Cela s'accorde avec les hypothèses qui veulent y voir soit Silas, soit le médecin Luc. Rappelons que, par commodité, nous appelons «Luc», avec la tradition ecclésiale et exégétique, l'auteur du troisième évangile et du livre des Actes, sans l'identifier forcément avec ce dernier personnage.

Le v. 6 suggère que Paul et ce second groupe sont restés un peu plus longtemps à Philippes, pour vivre la période pascale dans cette Église chère au cœur de Paul. Au-delà de l'étape de Milet, nous ne saurons pas si l'équipe complète a ensuite suivi Paul jusqu'à Jérusalem, ce qui semble peu probable. Luc ne nommera plus, incidemment, que Trophyme (21, 29) et Aristarque (27, 2).

La résurrection d'Eutyque à Troas (v. 7-12)

La brève relation de l'étape de Troas a un double intérêt. Le premier est d'évoquer une célébration eucharistique, avec plus de détails que les rares allusions trouvées jusqu'ici dans le livre. Luc précise qu'elle a lieu *le premier jour de la semaine*, qu'on n'appelle pas encore le «dimanche» (l'amorce s'en trouve en Ap 1, 10 qui parle du «Jour du Seigneur» dans ce sens). C'est évidemment en mémoire de la résurrection de Jésus, le premier jour de la semaine. Mais la communauté chrétienne fait encore débuter ce jour après le coucher du soleil, et la célébration a donc lieu *le soir*, comme le repas pascal juif, détail qui a son importance pour comprendre l'incident qui va s'y produire. Si l'auteur dit : ***nous étions rassemblés pour rompre le pain***, désignation primitive de l'eucharistie (*cf.* Lc 24, 35; Ac 2, 42), il n'oublie pas que ce rite s'insère dans un rassemblement où *la parole* tient une place importante, sous forme *d'entretien* qui peut amorcer un très long *discours* (v. 7).

Le missionnaire et l'enseignant qu'est Paul, s'il n'a plus qu'une nuit à passer avec les fidèles de Troas, entend en profiter au maximum : après le dramatique incident qui ne l'interrompt pas longtemps, c'est *jusqu'à l'aube* qu'il va poursuivre son ***homélie*** (c'est le verbe ***homilein***, «s'entretenir» qui est utilisé au v. 11). Ce rassemblement cultuel a lieu dans une *chambre haute*, ce qui rappelle la Cène (Lc 22, 12) et les réunions du groupe apostolique au lendemain de l'Ascension (Ac 1, 13). Mais c'est aussi un point de contact avec le récit de la résurrection de Tabitha (*cf.* 9, 37) : notre récit fait pendant à ce miracle opéré par Pierre, pour parfaire le parallèle entre les actes des deux apôtres.

À vrai dire, le récit de miracle est ici particulièrement discret. Ce sont les conditions de l'accident mortel d'Eutyque que le conteur expose avec des détails concrets : ayant pris du recul par rapport au drame, il peut même mettre un peu de malice dans cette description. La fumée des nombreuses lampes éclairant la salle (v. 8) a pu contribuer à engourdir le jeune homme, mais c'est surtout l'interminable discours de Paul (v. 7.9) qui le plonge dans un ***profond sommeil***! Ce qui arrive sans dommage à bien des auditeurs d'un orateur un peu trop long et «soporifique» (!) a ici des conséquences tragiques, puisque le jeune homme s'était imprudemment assis sur le rebord de la fenêtre, et que la salle était au troisième étage : il tomba *et on le ramassa mort*. L'événement semble brutalement contredire le sens de son nom, qui pourrait se traduire «le chanceux»! Mais un court verset suffit alors pour évoquer l'intervention merveilleuse de Paul, la vraie «chance» de la vie d'Eutyque!

La traduction prête ici à malentendu, en faisant déclarer à Paul *il est encore en vie,* ce qui peut laisser penser que la «mort» du jeune homme n'était qu'un coma momentané, dont il va se réveiller naturellement. Littéralement, Paul dit : *Ne vous agitez pas, car son âme est en lui.* Or, malgré l'extrême brièveté de ce v. 10, il paraît assez évident que Luc l'a rédigé en des termes qui évoquent la résurrection par Élie du fils de la veuve de Sarepta, où le prophète prend le garçon dans ses bras, et où, à sa prière, *le souffle de l'enfant revint en lui, il fut vivant* (*cf.* 1 R 17, 19-23). Ici de même, le narrateur suggère que Paul, ayant *pris dans ses bras* le jeune homme, a fait revenir en lui le souffle de vie.

Le parallélisme recherché avec la figure de Pierre sur tant d'autres points implique assurément que Luc attribue à Paul un même pouvoir de rendre un mort à la vie. Autre parallèle au niveau de la double œuvre de Luc : dans son évangile, il relate déjà deux «résurrections» opérées par Jésus — le jeune homme de Naïn (7, 11 ss) et la fille de Jaïre (8, 40 ss). Pour lui, redisons-le, les actes de puissance des apôtres sont le prolongement de ceux du Seigneur.

Il y a un contraste prononcé entre les deux versets conclusifs : l'attitude prêtée à Paul, qui reprend imperturbablement le cours du service divin, non seulement en *rompant le pain,* mais en poursuivant l'entretien jusqu'à l'aube, donne l'impression de banaliser l'événement, comme s'il ne s'agissait que d'un incident sans gravité (v. 11). Nous imaginons pourtant que ce partage du pain, symbole du don de la vie dans le Christ et occasion de rendre grâces pour le salut accordé, a dû être intensément vécu par les fidèles de Troas, après cette expérience concrète de victoire sur la mort ! La note du v. 12 y revient en effet, pour souligner *l'immense réconfort* — ou *la consolation sans mesure* — que cette nuit mémorable procura à ceux qui la vécurent.

10. Adieux de Paul aux anciens de l'Église d'Éphèse : testament pastoral (20, 13-38)

13 Pour nous, étant partis les premiers, nous avons embarqué pour Assos, où nous devions prendre Paul : celui-ci en effet devait y aller par la route, comme il l'avait décidé.

14 Lorsqu'il nous a rejoints à Assos, nous l'avons pris pour aller jusqu'à Mithylène.

15 Partant de là, nous sommes arrivés le lendemain en face de

Chio ; le jour suivant, nous parvenions à Samos, et le jour d'après nous sommes allés jusqu'à Milet.

16 En effet, Paul avait pris la décision de passer au large d'Éphèse pour ne pas avoir à rester trop longtemps dans la province d'Asie, car il se hâtait pour être si possible à Jérusalem le jour de la Pentecôte.

17 De Milet, il envoya un message à Éphèse pour convoquer les anciens de cette Église.

18 Quand ils furent auprès de lui, il leur adressa la parole : « Vous savez comment je me suis comporté tout le temps où j'étais avec vous, depuis le jour de mon arrivée dans ce pays d'Asie.

19 J'ai servi le Seigneur en toute humilité, dans les larmes, et au milieu des épreuves provoquées par les complots des juifs.

20 Vous savez que je n'ai rien négligé de ce qui pouvait vous être utile ; au contraire, j'ai prêché, je vous ai instruits en public ou dans vos maisons.

21 J'adjurais les juifs et les païens de se convertir à Dieu et de croire en notre Seigneur Jésus.

23 Et maintenant, me voici contraint par l'Esprit de me rendre à Jérusalem, sans savoir ce que je vais y trouver.

23 Je sais seulement que l'Esprit saint, dans chaque ville où je passe, témoigne que la prison et les épreuves m'attendent.

24 Mais pour moi la vie ne compte pas, pourvu que je tienne jusqu'au bout de ma course et que j'achève le ministère que j'ai reçu du Seigneur Jésus : rendre témoignage à la Bonne Nouvelle de la grâce de Dieu.

25 Et maintenant, je sais que vous ne verrez plus mon visage, vous tous chez qui je suis passé en proclamant le Royaume.

26 J'en témoigne aujourd'hui devant vous : on ne peut pas me reprocher de vous avoir menés à votre perte,

27 car je n'ai rien négligé pour vous annoncer le plan de Dieu tout entier.

28 Veillez sur vous-mêmes, et sur tout le troupeau où l'Esprit saint vous a placés comme responsables, pour être les pasteurs de l'Église de Dieu, qui lui appartient grâce au sang qu'a versé son propre Fils.

29 Pour moi, je sais que des loups féroces s'introduiront chez vous quand je ne serai plus là, et le troupeau ne sera pas épargné.

30 Même parmi vous, surgiront des hommes qui tiendront des discours mensongers pour entraîner les disciples à leur suite.

31 Soyez donc vigilants, et souvenez-vous des avertissements que pendant trois années, je n'ai cessé de donner à chacun de vous, nuit et jour, jusqu'à en pleurer.

32 Et maintenant, je vous confie à Dieu et à son message de grâce, qui a le pouvoir de construire l'édifice et de faire participer les hommes à l'héritage de ceux qui ont été sanctifiés.
33 Argent, or ou vêtements, je n'ai rien attendu de personne.
34 Vous le savez bien vous-mêmes : les mains que voici ont pourvu à mes besoins et à ceux de mes compagnons.
35 Je vous ai toujours montré qu'il fallait travailler ainsi pour secourir les faibles, en nous rappelant les paroles du Seigneur Jésus, car lui-même a dit : *Il y a plus de bonheur à donner qu'à recevoir.* »
36 Quand Paul eut ainsi parlé, il se mit à genoux et il pria avec eux tous.
37 Ils se mirent tous à pleurer ; ils se jetaient au cou de Paul pour l'embrasser ;
38 ce qui les attristait le plus, c'est la parole qu'il avait dite : « Vous ne verrez plus mon visage. » Puis on l'accompagna jusqu'au bateau.

De Troas à Milet (v. 13-16)

On retrouve dans ces quelques versets un fragment de journal de voyage, au style concis et un peu neutre. Plus qu'un commentaire, il appelle un regard sur la carte pour rafraîchir nos connaissances géographiques concernant la côte est de la mer Égée. Les voyageurs suivent un itinéraire de cabotage entre les îles et les ports de ce littoral de l'Asie Mineure. On ne nous explique pas pourquoi Paul a décidé d'aller à pied de Troas à Assos. Besoin de recueillement solitaire, peut-être ? L'élément à retenir pour comprendre la suite est sa décision d'éviter une étape à Éphèse, par crainte d'y être retenu (v. 16), car il a hâte d'atteindre le but de ce voyage, Jérusalem, où il espère se trouver pour célébrer la Pentecôte.

Le testament pastoral de Paul (v. 17-38)

Mises à part les brèves prises de parole circonstancielles de Pierre (1, 16-22 ; 15, 7-11) ou de Jacques (15, 13-21), nous trouvons ici le seul véritable « discours » du livre adressé à l'Église pour son édification. Mais ce n'est pas une prédication ordinaire. Son genre littéraire relève du « discours d'adieu », fréquent dans l'A.T. (*cf.* Gn 49 ; Dt 33 ; Jos 23 ; 1 S 12) et dans la littérature « intertestamentaire » (*cf.* notamment « Les testaments des douze patriarches ») : un personnage vénéré, avant de mourir, exhorte son entourage, en rappelant l'exemple de sa vie, et en formulant pour sa famille, ou ses héritiers spirituels, perspectives d'avenir et bénédictions. Dans un texte de longueur équivalente à celui que nous lisons ici, Luc avait déjà rassemblé des avertissements et des promesses de Jésus aux Douze, dans le cadre de la dernière Cène (Lc 22, 21-37), sorte de «discours d'adieu» auquel l'évangile de Jean a donné une ampleur considérable.

La matière de ce discours d'adieu de Paul se répartit en deux développements : le premier centré sur son propre ministère passé et l'avenir sombre qu'il entrevoit pour lui-même, le second sur l'appel à la vigilance adressé aux anciens de l'Église d'Éphèse. Les v. 33-35 constituent une sorte de post-scriptum, consacré à une remarque qui aurait eu sa place dans la première partie.

Le v. 17 qui introduit narrativement le discours atteste l'autorité de Paul sur les communautés qu'il a fondées. Les anciens d'Éphèse feront 120 kilomètres aller retour (à pied!) pour répondre à la convocation du missionnaire, et lui éviter ainsi une perte de temps et une fatigue supplémentaire.

Paul évoque son labeur apostolique et ses épreuves (v. 18-27)

La double expression *Et maintenant* des v. 22 et 25 permet de distinguer trois temps dans l'évocation à laquelle se livre Paul.

Premier temps : il parle de son comportement passé durant la période vécue avec eux à Éphèse et plus largement *dans le pays d'Asie*, en faisant appel à leur propre souvenir (*Vous savez* : v. 18 et 20). Il a *servi le Seigneur*, verbe au sens fort (servir comme un esclave sert son maître, *cf.* Rm 1, 1 ; 12, 11 etc.). Il n'hésite pas à mettre en avant son *humilité* — ce qui nous paraît paradoxal —, dans la mesure où dans son langage il ne s'agit pas d'une vertu, mais d'un abaissement concret, de l'acceptation des épreuves et des humiliations rencontrées (*cf.* Ph 2, 3 ss; 2 Co 11, 7). Les *larmes* de l'apôtre sont liées aux occasions de tristesse venant de sa relation avec les communautés (*cf.* 2 Co 2, 4) : elles ne sont jamais mentionnées par lui à l'occasion des souffrances de la persécution (*cf.* au contraire Ac 16, 25). Les *épreuves provoquées par les complots des juifs* sont évoquées sans précision, comme dans les allusions de 1 Co 15, 32 ou 2 Co 1, 8 (la première étant évidemment métaphorique). Mais il faut noter que ce sont de ces juifs d'Asie qui dénonceront Paul dans le Temple de Jérusalem, au risque de le faire lyncher (21, 27 ss) : ils avaient déjà failli obtenir sa mort à Éphèse.

Les v. 20-21 constituent un remarquable sommaire du ministère de la parole exercé par l'apôtre, sous les deux formes complémentaires de la *prédication* et de l'*enseignement*, tant publics que privés, dont les destinataires furent aussi bien les juifs que les païens, et dont le contenu essentiel est la conversion à Dieu et la foi au Seigneur Jésus. Le satisfecit que Paul s'accorde à ce sujet — *Je n'ai rien négligé de ce qui pouvait vous être utile* — sera repris et renforcé plus loin (v. 26 s).

Deuxième temps : Après ce regard rétrospectif, Paul parle à ses amis de son proche avenir personnel. C'est, à l'instar de Jésus lui-même, une sorte d'annonce de sa passion, liée à sa montée à Jérusalem. Mais elle est plus plausible dans sa forme que les annonces de la passion des évangiles, visiblement reconstruites après les événements. Paul sait seulement qu'il est conduit par l'Esprit vers son destin (*cf.* les *il faut* de Jésus) et que des épreuves l'attendent, mais il ne sait pas exactement ce qui lui adviendra (v. 22-23). Il se tient prêt, il ne fait pas cas de sa propre *vie* (la vie terrestre, même terme qu'en Lc 9, 24) : comme son Seigneur, il veut seulement *achever*, ou *accomplir*, la tâche qui lui a été confiée (v. 24 ; *cf.* Jn 17, 4). L'image de la *course* est bien paulinienne (*cf.* 1 Co 9, 24 ss ; Ga 2, 2 ; Ph 2, 16 ; 2 Tm 4, 7, avec dans ce dernier texte la même notion *d'achever sa course*).

Troisième temps : en fonction du passé commun évoqué, puis du sombre avenir pressenti, le discours prend maintenant la forme d'un adieu. Paul qui ne sait pas exactement ce qu'il va advenir de lui, sait en tous cas avec certitude que les frères d'Éphèse le voient pour la dernière fois (v. 25). Mais cet adieu est l'occasion d'un bilan solennel. Au v. 26, à nouveau (*cf.* 18, 6), un souci d'explicitation peut-être excessif de la version liturgique lui fait manquer et la force de l'image, et la référence manifeste à Ez 33, 7 s. Luc fait dire à Paul : *Je suis pur du sang de vous tous* (TOB). Le sens est rendu, mais dans une périphrase bien plate. Le prédicateur de l'Évangile a conscience de leur avoir montré le chemin du salut, en leur annonçant *le plan de Dieu tout entier* : à eux d'en vivre (v. 27).

L'appel à la vigilance (v. 28-32)

De l'évocation de sa propre mission, Paul passe à une exhortation pressante pour que ses auditeurs exercent fidèlement la leur : les deux thèmes sont liés, car s'il ne s'agit pas exactement du même ministère ; l'exemple de Paul doit les inspirer, et leur fidélité montrera qu'ils ont intégré son enseignement et ses avertissements (*cf.* v. 31).

La terminologie du v. 28 est particulièrement intéressante à relever, si l'on s'en tient à sa littéralité. D'abord en ce qui concerne la définition du ministère de ceux que le narrateur a justement appelé les *anciens* : dans les Églises fondées par Paul, ils forment le collège de responsables qui dirige la communauté locale (*cf.* 14, 23). Leur désignation en grec : *presbytres*, a donné en français le mot « prêtre ». Or ici, Paul les définit comme les *surveillants* du troupeau, ce que la version rend par *responsables*. Littéralement, il s'agit des *épiscopes*, qui a donné le mot « évêques ». Leur responsabilité est de *faire paître l'Église de Dieu* (rendu par l'expression *être les pasteurs*). Ainsi dans ce discours est posée sans problème l'équivalence entre anciens, évêques et pasteurs. Autrement dit, les anciens exercent collégialement la fonction épiscopale et pastorale nécessaire à la vie des Églises.

On sait qu'au IIe siècle, la situation aura changé : le président du collège des anciens prendra seul le titre d'évêque, entouré de ses « anciens » ou « prêtres ». Ce sera la naissance de ce qu'on a appelé « l'épiscopat monarchique ». Cette notion hiérarchique est ignorée de Luc. Sa rédaction est contemporaine de celle des « épîtres pastorales » attribuées à Paul, dont l'ecclésiologie est très voisine (*cf.* 1 Tm 3, 1-7, et surtout Tt 1, 5.7 où se retrouve l'identification des anciens et des épiscopes ; *cf.* encore 1 P 5, 1 s pour l'identification des anciens aux pasteurs du troupeau). La réflexion œcuménique contemporaine sur les ministères doit tenir le plus grand compte de ce constat : l'Église qui a clôturé le canon du N.T. a de ce fait « canonisé » des textes qui manifestent la diversité d'organisation des communautés chrétiennes, au temps de leur éclosion foisonnante sous la conduite de l'Esprit saint.

S'il est pratiquement utopique, et exégétiquement erroné, d'imaginer que l'Église doive à travers les siècles perpétuer un « modèle » qu'elle trouverait dans l'Écriture (c'est l'erreur de Calvin), il ne semble pas plus juste de considérer comme normative pour toujours et pour toutes les Églises la structure qui a prévalu à partir du IIe siècle dans l'Église historique officielle.

Ce v. 28 n'a pas fini de nous étonner, dans la concision du texte original. Luc fait dire à Paul : *...l'Église de Dieu, qu'il s'est acquise par son propre sang* (TOB). Cette tournure elliptique osée est unique dans le N.T. : jamais ailleurs il n'est question du sang *de Dieu*! C'est pourquoi certains copistes ont cru devoir corriger ce texte, en écrivant «l'Église du Seigneur Jésus», suivis d'une autre manière par les traducteurs de notre version. Mais pourquoi gommer une expression si percutante du mystère de l'incarnation et de la croix, du paradoxe évangélique d'un Dieu qui a donné sa vie pour nous arracher à la mort?

Aux v. 29-30, Paul se fait prophète pour justifier son appel à la vigilance. L'image des *loups féroces* qui menaceront le troupeau est reprise de Mt 7, 15 et de Jn 10, 12, où Jésus a lui-même dénoncé le danger des faux prophètes, et montré que le vrai pasteur fait courageusement front contre ces loups pour éviter la dispersion de ses brebis. La pire menace pour l'Église n'est pas la persécution venant d'ennemis extérieurs, mais son infiltration par de faux docteurs, ou encore l'hérésie surgissant parmi ses membres, si l'on entend par ce terme non une légitime diversité d'opinions théologiques (attestée par le N.T. lui-même), mais le sectarisme, les *paroles perverses* (TOB, v. 30) qui engendrent les clans et les schismes, lesquels détruisent la communion fraternelle et troublent la foi des fidèles. Présent à Éphèse, *pendant trois années*, Paul n'a cessé de mettre les responsables en garde à ce sujet, *jusqu'à en pleurer* (v. 31) ce qui confirme l'interprétation donnée des *larmes*, au v. 19.

«L'à-Dieu» au sens propre s'exprime au v. 32, en une intercession qui confie les anciens à Dieu et à *la parole de sa grâce* (*cf.* 14, 26; 15, 40; 20, 24), dont le pouvoir est rappelé avec deux images très pauliniennes : *édifier* (*cf.* 9, 31 et Rm 15, 2.20; 1 Co 3, 9 ss etc.) et *faire participer à l'héritage parmi tous les sanctifiés* (*cf.* 26, 18 et Rm 8, 17; 1 Co 6, 9 s; Ep 1, 18 etc.). Cette remise à Dieu, accompagnée de ces promesses, achève normalement le discours d'adieu dans une sorte de bénédiction classique.

Ultime recommandation (v. 33-35)

Paul éprouve encore le besoin de rappeler aux pasteurs le désintéressement qui doit accompagner l'exercice de leur charge. Nouvelle variation lucanienne sur le thème de l'argent, dont il dénonce si souvent le pouvoir corrupteur. Mais il ne s'agit pas d'un lourd sermon moralisant. Paul se contente d'en appeler de nouveau, positivement, à son propre exemple, connu de ses auditeurs. Il a annoncé l'Évangile gratuitement, en travaillant de ses mains (*cf.* 18, 3). Il précise ici que non seulement il ne dépendait de personne pour sa subsistance, mais encore qu'il a ainsi pourvu à celle de ses compagnons.

S'il incite les ministres de l'Église à *travailler* comme lui, c'est certainement parce qu'il y voit une garantie de leur propre liberté spirituelle ; c'est aussi, explicitement, pour qu'ils aient la possibilité de remplir leur devoir d'assistance aux *faibles* (ici les pauvres, et non les « faibles dans la foi »). C'est selon lui la source d'une « béatitude » inconnue des évangiles, qu'il attribue au Seigneur Jésus. Le texte occidental lui donne la forme classique des béatitudes bibliques : « Heureux celui qui donne plus que celui qui reçoit. »

On sait que par ailleurs, Paul admettait le droit légitime des prédicateurs à *récolter les biens matériels* de ceux pour qui ils ont *semé les biens spirituels*, quoique lui-même y ait renoncé (1 Co 9, 11). Il est probable qu'ici son exhortation soit à entendre en rapport avec la mise en garde contre les faux apôtres ou les faux prophètes, qui se faisaient entretenir sans vergogne par les fidèles qu'ils abusaient. Fidélité à l'Évangile et désintéressement scrupuleux seront la meilleure défense des authentiques pasteurs de l'Église contre les manœuvres des perturbateurs.

Les adieux (v. 36-38)

C'est ici la conclusion narrative de l'entretien de Paul avec les anciens, en symétrie avec 17-18a. L'émotion est à son comble, car les amis de l'apôtre ont été frappés et attristés (litt. : *tourmentés*) par l'annonce si ferme qu'ils ne *verraient plus son visage*. Prière, larmes et embrassades marquent cette séparation. Paul s'embarque avec quelques compagnons : le chapitre suivant sera le récit de sa montée à Jérusalem proprement dite. Le lecteur en connaît le projet depuis 19, 21.

PAUL DANS LES ACTES ET PAUL DANS SES ÉPÎTRES

La critique admet généralement comme lettres authentiques de Paul les deux épîtres aux Thessaloniciens et aux Corinthiens, les épîtres aux Galates, aux Romains et aux Philippiens, et le billet à Philémon (citées dans leur ordre historique probable). Elles datent des années 50 et sont des sources de première main pour connaître la pensée de l'apôtre et bien des aspects de son action. Il n'est pas possible d'affirmer avec certitude que l'auteur des Actes connaissait ces épîtres, mais il y a dans son ouvrage un certain nombre de points de contact concernant les faits historiques, et un écho certain de quelques-unes des grandes idées pauliniennes. Sans entrer dans tous les détails d'une comparaison qui relève de la critique historique et sans citer ici les textes trop nombreux, nous pouvons en noter l'essentiel.

Luc et les épîtres s'accordent pour présenter Paul comme un pharisien persécuteur des chrétiens, subitement converti par une révélation personnelle du Seigneur Jésus, et qui a reçu de lui une mission décisive pour l'évangélisation des païens. Avec des nuances, ils insistent également sur l'importance de la reconnaissance officielle que les apôtres de Jérusalem ont accordée à cette mission, avec la liberté de ne pas exiger des païens convertis la circoncision. Il y a accord notamment sur la fondation par Paul des Églises de Philippes, de Thessalonique ou de Corinthe, sur sa présence prolongée à Éphèse, sur le nom de beaucoup de ses collaborateurs, sur son ultime voyage à Jérusalem avec le pressentiment d'y être arrêté, sur son grand désir d'aller à Rome. Au niveau de la pensée ou de la stratégie, des thèmes comme celui de l'accomplissement des Écritures, de la préséance d'Israël, de la justification par la foi, de la volonté de se faire tout à tous, typiquement pauliniens, sont bien présents dans le livre des Actes.

Mais on relève aussi de sérieux désaccords, ou des omissions surprenantes. Les Actes ignorent le séjour de Paul en Arabie après sa conversion, et lui attribuent un contact immédiat avec Jérusalem, que contredit la lettre aux Galates. On ne trouve rien dans les épîtres qui corresponde au premier voyage missionnaire de Paul et Barnabé, ni à son discours à l'Aréopage. En revanche les Actes omettent d'évoquer le conflit avec Pierre à Antioche et, plus étonnant, ne disent mot des graves crises « galate » et « corinthienne » qui tiennent une si grande place dans la correspondance de Paul. De cette dernière, du reste, Luc ne fait jamais mention.

Une différence théologique majeure concerne le sens de la vocation de Paul sur le chemin de Damas. Paul déclare avoir *vu le Seigneur* et assimile l'événement aux apparitions du Ressuscité, et de ce fait revendique le titre d'apôtre, tandis que Luc a grand soin de distinguer cette révélation des apparitions pascales et la vocation particulière de Paul du témoignage spécifique des Douze. De telles divergences rendent difficile l'attribution du livre des Actes à un collaborateur direct de Paul, comme l'auteur du «journal de voyage». Elles s'expliquent en partie si l'on tient compte de la date et de la visée différentes de ces écrits.

Les épîtres de Paul sont des écrits de circonstance : les conflits y sont traités «à chaud». Les quelques allusions biographiques qu'on y rencontre sont au service de thèses souvent polémiques, et il peut arriver que ses souvenirs soient schématisés, ou même gauchis, en toute bonne foi, pour les besoins de sa cause. Luc écrit trente ans plus tard, certains conflits aigus vécus par Paul sont dépassés ; son propos n'est pas d'écrire une biographie minutieuse de l'apôtre, mais de montrer que l'évangélisation du monde païen dont il a été l'instrument privilégié a été voulue et conduite par l'Esprit saint. Il en retient les aspects typiques encore édifiants pour ses lecteurs. La recherche historique doit donc, devant chaque cas douteux, examiner avec prudence la valeur respective des documents et parfois avouer l'impossibilité de trancher avec certitude. Il faut rappeler en outre que le livre des Actes présente d'intéressantes convergences avec les épîtres «pastorales», dont il doit être à peu près contemporain.

11. Malgré les conseils prudents des frères, Paul monte à Jérusalem vers sa passion (21, 1-16)

1 Nous étant donc arrachés à eux, nous avons embarqué et cinglé droit sur Cos, le lendemain sur Rhodes, et de là sur Patara.

2 Puis, ayant trouvé un bateau qui faisait la traversée vers la Phénicie, nous avons embarqué et nous sommes partis vers le large.

3 Arrivés en vue de Chypre, nous l'avons laissée sur notre gauche ; nous avons fait route vers la Syrie et nous avons débarqué à Tyr : c'était là en effet que le bateau déchargeait sa cargaison.

4 Ayant trouvé les disciples, nous sommes restés sept jours avec eux ; poussés par l'Esprit, ils disaient à Paul de ne pas monter à Jérusalem.

5 Mais quand notre séjour a été achevé, nous sommes partis, et nous reprenions la route, escortés par tout le monde avec les femmes et les enfants jusqu'en dehors de la ville. Nous nous sommes mis à genoux sur le rivage, nous avons prié,

6 nous nous sommes arrachés les uns aux autres, et nous avons pris le bateau, tandis qu'eux retournaient chez eux.

7 Quant à nous, achevant notre voyage maritime, de Tyr nous sommes arrivés à Ptolémaïs ; ayant salué les frères, nous avons passé une journée chez eux.
8 Partis le lendemain, nous sommes allés à Césarée, nous sommes entrés dans la maison de Philippe l'évangéliste, l'un des Sept, et nous sommes restés chez lui.
9 Il avait quatre filles vierges, qui étaient prophètes.
10 Comme nous restions là plusieurs jours, un prophète nommé Agabus descendit de Judée.
12 Il vint vers nous, prit la ceinture de Paul, s'attacha les mains et les pieds, et dit : « Voici ce que dit l'Esprit saint : l'homme à qui appartient cette ceinture, les juifs l'attacheront comme cela à Jérusalem et le livreront aux mains des païens. »
12 Quand nous avons entendu cela, nous et ceux de l'endroit, nous l'exhortions à ne pas monter à Jérusalem.
13 Alors Paul répondit : « Que faites-vous là à pleurer et à me briser le cœur ? Moi je suis prêt, non seulement à me laisser attacher, mais encore à mourir à Jérusalem pour le nom du Seigneur Jésus. »
14 N'ayant pu le persuader, nous nous sommes calmés, et nous avons dit : « Que la volonté du Seigneur soit faite. »
15 À la fin du séjour, nous faisions nos bagages et nous montions à Jérusalem.
16 Quelques disciples de Césarée nous accompagnèrent et nous conduisirent chez quelqu'un qui pouvait nous héberger, un certain Mnason de Chypre, un disciple des premiers jours.

Interrompu par le discours aux anciens d'Éphèse, le récit reprend en suivant de nouveau un fragment du « journal de voyage ». Il est marqué par des précisions sur l'itinéraire maritime et les diverses escales qui le jalonnent (à suivre à nouveau sur la carte, p. 9) et par des détails qui sentent le témoignage vécu, voire une certaine naïveté. Trois indices semblent confirmer que ce fragment a d'abord eu une existence indépendante. En 20, 22 Paul a déclaré que c'est *contraint par l'Esprit* qu'il se rend à Jérusalem, et l'auteur des notes n'hésite pas à écrire, au v. 4, que *poussés par l'Esprit* des disciples de Tyr lui ont dit de ne pas monter à Jérusalem. Au v. 9, il mentionne *un prophète nommé Agabus*, comme si le lecteur n'avait pas déjà rencontré ce personnage (*cf.* 11, 28). Et au v. 11, il rapporte la prophétie de ce dernier sans souci de l'harmoniser avec les événements relatés plus loin, où les juifs n'ont pas *livré Paul aux mains des païens* : c'est au contraire l'intervention du tribun romain qui sauvera Paul de la foule juive qui cherchait à le tuer ! Si l'auteur du livre, en intégrant ce fragment, n'a pas corrigé ces contradictions apparentes (v. 4 et 11 ; le deuxième indice est sans portée significative) ce n'est peut-être pas par négligence. Nous verrons que le texte tel qu'il est peut faire sens.

Selon Luc, Paul a dû entendre le conseil de ne pas monter à Jérusalem, donné par les disciples de Tyr, comme une confirmation des témoignages qu'il reçoit *de ville en ville* sur les épreuves qui l'attendent à Jérusalem (20, 23). C'est bien l'Esprit qui en donne le pressentiment à ces disciples, mais eux le traduisent, dans leur attachement bien humain pour l'apôtre, en avertissement dissuasif (v. 4). La nouvelle scène d'adieux des v. 5-6 nous laisse supposer que dans la prière commune, malgré la tristesse de cet arrachement, les chrétiens de Tyr ont compris que Paul était animé par une profonde obéissance à la volonté du Seigneur et qu'ils se sont inclinés devant sa résolution.

Dans l'épisode de Césarée, nous retrouvons Philippe, dont la venue en cette ville a été indiquée en 8, 40. Il est désigné ici comme *évangéliste*, terme rare dans le N.T. (ailleurs seulement en Ep 4, 11 et 2 Tm 4, 5), avec le rappel qu'il était l'un des *Sept* (allusion à 6, 3-5), et comme ayant *quatre filles vierges qui prophétisaient.*

Ce fait est-il mentionné parce qu'il était exceptionnel ? Rien n'étaye cette hypothèse, car Luc ne manifeste aucune surprise, lui qui, dans le discours de Pierre à la Pentecôte, a cité l'oracle de Joël : *Vos fils et vos filles prophétiseront* (2, 17) ! On pourrait plus valablement supposer que la mention de leur virginité implique qu'aux yeux du narrateur des femmes mariées n'auraient pas pu être prophètes ; mais cette interprétation ne s'impose pas, vu la concision de ce texte et le « féminisme » relatif de Luc : dans l'évangile il a présenté la vierge Marie, mais aussi Élisabeth, une femme mariée, comme parlant sous l'inspiration de l'Esprit saint (Lc 1, 41 ss.46 ss). Il a donné à Anne, une veuve, le titre de *prophétesse* (2, 36). Lorsqu'on tente d'interpréter la position en apparence contradictoire de Paul en 1 Co 14, 34 ss, il ne faut pas oublier que dans la même lettre il vient de parler de *femmes qui prophétisent* (11, 5) ! Ce n'est pas le lieu de résoudre la difficulté exégétique concernant la pensée de Paul dans cette épître. Redisons simplement que les rares indications du N.T. ne permettent pas de fonder une doctrine précise sur un sujet aussi controversé. Mais elles sont à prendre en considération dans le débat actuel sur la place des femmes dans les ministères ecclésiaux.

Pour revenir à Césarée, notons que dans ce bref épisode c'est la prophétie d'Agabus qui est explicitée. Il s'exprime, comme les anciens prophètes d'Israël, en posant d'abord un acte symbolique frappant (*cf.* 1 R 11, 29 ss; Jr 13, 1 ss; etc.), dont la parole vient éclairer le sens, qui n'a d'ailleurs rien d'énigmatique dans ce cas. *Voici ce que dit l'Esprit saint*: cette formule devait être familière aux prophètes chrétiens pour introduire leurs oracles. Agabus annonce à son tour l'épreuve que Paul doit subir de la part des juifs, à Jérusalem (v. 11). Les événements confirmeront pour l'essentiel cette prophétie : Paul sera mis en arrestation par suite de l'hostilité des juifs, et devra subir un procès de la part des autorités romaines. Elle ne se réalisera pas littéralement, puisqu'il ne sera pas ligoté par les juifs ni *livré par eux aux païens*, comme nous l'avons fait remarquer plus haut. Mais Luc a conservé cette formulation, car elle contribue à suggérer le parallèle entre la passion de Paul et celle de Jésus (*cf.* Lc 9, 44; 18, 32 et surtout Mc 15, 1).

Les assistants sont impressionnés par cet oracle, et les compagnons de Paul, cette fois, font chorus avec les chrétiens de Césarée pour l'exhorter, comme ceux de Tyr, *à ne pas monter à Jérusalem* (v. 12). Paul n'est pas insensible à cette marque d'affection, mais ne veut pas se laisser fléchir sous le coup d'une angoisse bien humaine (une angoisse que Jésus a connue à Gethsémani) : il rabroue donc de manière un peu bourrue ses amis, pour écarter la tentation de s'apitoyer sur lui-même. Il redit sa détermination à souffrir, voire à mourir *pour le nom du Seigneur Jésus*, comme en écho à ce qui a été affirmé des apôtres en 5, 41. Alors ses amis, constatant son inflexibilité, ne peuvent que s'incliner en disant : *Que la volonté du Seigneur soit faite* (v. 13-14). Chez Luc, qui n'a pas introduit cette formule dans l'oraison dominicale (*cf.* Lc 11, 2), cette parole fait écho à celle de Jésus au mont des Oliviers (22, 42). Elle n'exprime pas la résignation à quelque fatalité, mais l'acceptation obéissante du dessein mystérieux du Seigneur.

Les v. 15-16, relatant avec quelques détails la fin de ce voyage, manifestent la sollicitude fraternelle des disciples de Césarée, dont quelques-uns accompagnent Paul et son équipe jusqu'à Jérusalem et s'occupent de leur hébergement. Ce Mnason, *disciple des premiers jours*, est inconnu par ailleurs. Étant de Chypre, il était probablement comme Philippe un Helléniste, chez qui Paul pouvait se sentir à l'aise. La coupure faite à la fin du v. 16 est discutable, le v. 17 étant la conclusion narrative naturelle du récit de la montée à Jérusalem et l'indication chronologique *le lendemain* (v. 18) correspondant souvent à l'introduction d'un nouveau récit. Mais cette remarque formelle est sans importance pour le sens des textes.

12. Paul est accueilli par les frères de Jérusalem et arrêté dans le Temple (21, 17-36)

17 À notre arrivée à Jérusalem, les frères nous firent très bon accueil.

18 Le lendemain, Paul allait avec nous chez Jacques, où tous les anciens vinrent également.

19 Il les salua, et leur expliquait en détail ce que Dieu avait fait chez les païens par son ministère.

20 L'ayant écouté, ils glorifiaient Dieu, et ils lui dirent : « Tu vois, frère, combien de dizaines de milliers de juifs sont devenus croyants, et ils ont tous une ardeur jalouse pour la Loi.

21 Or voici les bruits qu'ils ont entendu à ton sujet : chez les juifs qui vivent en pays païen, tu enseignerais la défection à l'égard de Moïse, en leur disant de ne pas circoncire les enfants et de ne pas vivre selon les coutumes.

22 Que faut-il donc faire ? De toute façon, ils apprendront ton arrivée.

23 Fais donc ce que nous allons te dire. Nous avons ici quatre hommes qui sont tenus par un vœu.

24 Prends-les avec toi, accomplis la purification en même temps qu'eux, et paie ce qu'il faut pour qu'ils se fassent raser la tête. Alors tout le monde saura qu'il n'y a rien de vrai dans les bruits qui courent sur toi, mais que dans toute ta conduite tu observes la Loi.

25 Quant aux païens qui sont devenus croyants, nous leur avons écrit nos décisions : ils doivent se garder des aliments offerts aux idoles, du sang, de la viande non saignée, et des unions illégitimes. »

26 Alors Paul, le lendemain, prit ces hommes avec lui, accomplit la purification en même temps qu'eux, et il allait au Temple pour

faire savoir à quelle date, le temps de la purification étant achevé, l'offrande serait présentée pour chacun d'eux.

27 Les sept jours allaient s'achever, quand les juifs venus de la province d'Asie, voyant Paul dans le Temple, semèrent le désordre dans toute la foule et mirent la main sur lui,

28 en s'écriant: « Hommes d'Israël, au secours! Voilà l'homme qui répand partout, auprès de tout le monde, son enseignement contre le peuple, contre la Loi, contre ce Lieu saint! Et encore, il a fait entrer des Grecs dans le Temple, il a souillé ce Lieu saint! »

29 En effet, ils avaient vu auparavant Trophime d'Éphèse dans la ville avec lui, et ils pensaient que Paul l'avait fait entrer dans le Temple.

30 La ville tout entière s'agita, le peuple accourut de toutes parts, on se saisit de Paul et on l'entraîna hors du Temple, dont on ferma aussitôt les portes.

31 Tandis qu'on cherchait à le tuer, le commandant de la cohorte romaine fut informé que tout Jérusalem était en plein désordre.

32 Il prit immédiatement avec lui des soldats et des centurions, et se précipita vers les manifestants. Ceux-ci, en voyant le commandant et les soldats, cessèrent de frapper Paul.

33 Alors le commandant, s'approchant, se saisit de lui et ordonna de l'attacher avec deux chaînes; et il demanda qui c'était et ce qu'il avait fait.

34 Dans la foule tous criaient des choses différentes. N'arrivant pas à savoir quoi que ce soit de précis à cause du tumulte, il le fit emmener à la forteresse.

35 En arrivant à l'escalier, on dut le faire porter par les soldats à cause de la violence de la foule,

36 car le peuple le suivait en masse en criant: « Mort à cet homme! »

Paul se fait juif avec les judéo-chrétiens de Jérusalem (v. 17-26)

Le récit des rapports de Paul avec l'Église de Jérusalem rappelle au lecteur celui de l'assemblée relatée au chapitre 15. C'est d'abord l'accueil favorable, et la relation de son ministère parmi les païens (v. 17-19, *cf.* 15, 4) qui amène les frères à glorifier Dieu (v. 20, *cf.* 11, 18; 15, 3).

Mais on retrouve aussitôt les préoccupations de la communauté judéo-chrétienne. Ses responsables, Jacques et les anciens, craignent tout ce qui pourrait troubler les membres de cette Église, restés très zélés pour la Loi juive. Significativement, on les présente comme *des juifs qui ont cru* (sous-entendu : en Jésus le Messie) et avec quelque exagération sans doute, on les prétend *des myriades* (la version liturgique est ici plus près du texte que la TOB, qui se borne à parler de « milliers »). Jacques et les anciens n'oublient pas que les scrupules de certains d'entre eux, sur la nécessité de la circoncision pour les païens convertis, ont été écartés par la décision prise naguère d'un commun accord. Ils la rappelleront pour mémoire au v. 25.

Leur souci présent est lié aux bruits qui courent concernant la pratique de Paul dans ses champs de mission : de mauvaises langues prétendent maintenant qu'il préconiserait aux juifs qui vivent en pays païen de ne pas faire circoncire leurs enfants, et plus généralement d'abandonner leurs coutumes juives. Paul, qui refusait qu'on veuille « judaïser » les chrétiens issus du paganisme, se voit reprocher à l'inverse de « paganiser » les judéo-chrétiens, de les pousser à la défection — litt. à *l'apostasie* — (v. 21) ! Nous avons relevé deux exemples du comportement de Paul qui démentent une telle accusation : il a fait circoncire Timothée (16, 3), et lui-même avait conservé la pratique du vœu de naziréat (18, 18).

Ses interlocuteurs l'assurent qu'eux-mêmes ne veulent pas croire à la véracité de cette rumeur malveillante, mais lui demandent de donner un signe clair qui puisse persuader ceux qui ont été ébranlés de sa propre fidélité à la Loi. Car à leurs yeux, dans la logique du décret de Jérusalem, rappelé pour cela au v. 25, la liberté à l'égard des rites juifs concédée aux pagano-chrétiens ne joue pas pour ceux qui sont issus du judaïsme, et Paul est dans ce cas. Il doit prouver qu'il ne renie pas son appartenance au premier peuple de Dieu. L'occasion se présente justement puisque quatre hommes, certainement membres de la communauté judéo-chrétienne, ont à accomplir des rites de purification, à l'expiration d'un vœu (probablement aussi de naziréat) : que Paul s'y associe ouvertement, prenne à sa charge les frais occasionnés, et *tout le monde saura qu'il n'y a rien de vrai dans les bruits qui courent sur lui* (v. 23-24).

Des exégètes ont vu un problème dans la formulation du v. 25, s'étonnant que Jacques ait l'air *d'apprendre* à Paul l'existence des décisions concernant les chrétiens d'origine païenne, alors qu'il participait à l'assemblée qui les a prises ! C'est un faux problème, car ce rappel se justifie fort bien, tant au niveau du discours un peu paternaliste tenu à l'égard de Paul, que pour rafraîchir la mémoire du lecteur, procédé fréquent chez Luc. Mais le rédacteur de la version occidentale a dû apercevoir la difficulté, et a fait cet ajout qui ôte toute ambiguïté au propos : *Quant aux païens qui sont devenus croyants, on n'a rien à dire contre toi. En effet [...]* : Les anciens de Jérusalem considèrent que Paul a loyalement fait appliquer ces décrets dans les communautés qu'il a fondées, et que personne ne songe à le contester. Jointe à bien d'autres du même ordre, la remarque conforte la thèse de ceux qui voient dans le texte occidental une révision qui a voulu apporter des corrections ou des éclaircissements au récit des Actes. Pour certains, elle serait due à « Luc » lui-même, revoyant sa copie.

Appliquant le principe qu'il a défini en 1 Co 9, 20, Paul suit sans discuter le conseil que lui donnent les anciens. C'est un geste d'apaisement et une preuve de bonne volonté. Quoiqu'il pense lui-même du conservatisme des judéo-chrétiens, il ne veut pas risquer de se brouiller avec l'Église mère de Jérusalem et de compromettre la liberté d'action qu'elle lui a reconnue pour l'évangélisation des païens. L'accomplissement de la démarche proposée implique que Paul se rende au Temple avec les quatre hommes en question : il prend date pour la présentation des offrandes, qui doit avoir lieu après un temps de purification de sept jours (v. 26). C'est cette présence dans le Lieu saint des juifs qui va être l'occasion de la persécution annoncée. Mais avant d'aller plus loin, une double remarque s'impose.

Nous constatons ici que, selon Luc, la communauté chrétienne de Jérusalem, en dépit des premiers conflits avec le Sanhédrin relatés dans les chapitres 3 à 5, de la mise à mort d'Étienne et de Jacques, et de l'emprisonnement de Pierre (chapitres 7 et 12), aurait continué à fréquenter le Temple, à la fin des années 50 (*cf.* le sommaire de 5, 42). Il faut aussi noter que c'est le dernier passage des Actes où il soit question de cette Église : le récit restera encore longtemps situé à Jérusalem, mais sera concentré sur le sort de Paul, et Luc ne dira pas un mot des réactions de l'Église à ce qui arrive au missionnaire dont elle a naguère loué l'esprit de sacrifice (*cf.* 15, 26).

Il ne faut pas trop interpréter les silences d'un texte. Celui-là tout de même est troublant. On ne peut s'empêcher de supposer que les judéo-chrétiens de Jérusalem n'ont pas eu le courage de se compromettre en se solidarisant avec Paul, devenu l'objet d'un furieux acharnement des juifs à réclamer sa mort. Cette trop grande prudence ecclésiastique aura laissé l'apôtre vivre sa passion dans une solitude qui l'apparente sur ce point à celle de Jésus. L'histoire de l'Église, hélas, fournira d'autres exemples d'une telle attitude peu glorieuse !

L'arrestation de Paul dans le Temple (v. 27-36)

À partir d'ici et jusqu'à la fin du livre, la « passion » de Paul, son procès juif et son procès romain, avec toutes les conséquences qu'ils entraînent, vont faire l'objet d'un récit très vivant et très détaillé. Certaines scènes bien campées n'auront guère besoin de commentaire, mais nous n'oublierons pas que Luc n'écrit pas un roman feuilleton, même édifiant : sa narration reste sous-tendue par son projet catéchétique, et nourrie d'observations psychologiques ou théologiques qu'il est intéressant de relever. A-t-il également, en rédigeant cette finale de son œuvre, un certain souci *apologétique*? Nous nous poserons la question dans un dernier encadré.

Ce ne sont pas les autorités religieuses du Temple, comme naguère dans le cas de Pierre et Jean, qui s'en prennent à Paul. Ce dernier n'est pas en train de se faire remarquer par une proclamation évangélique qui leur paraîtrait subversive : il n'est qu'un fidèle parmi d'autres venu accomplir un acte du rituel juif. Mais il est reconnu par certains de ses farouches adversaires, des juifs de la province d'Asie, venus sans doute pour célébrer la fête de la Pentecôte. Ils n'hésitent pas à susciter une quasi-émeute dans le Temple même, en mettant la main sur Paul et en criant au scandale, comme si sa présence en ce lieu était une menace redoutable contre leur religion. Le ton emphatique et outrancier de leur appel au secours n'est pas sans rappeler les récriminations de Démétrius, et la suite du récit aura des points de contact avec celui de l'émeute provoquée par les orfèvres d'Éphèse (*cf.* 19, 25 ss).

Les griefs avancés, eux, sont comparables aux accusations portées contre Étienne (*cf.* 6, 11 ss). Les juifs y ajoutent un reproche qui serait à lui seul un motif de condamnation à mort, selon leur Loi : Paul aurait *souillé le Lieu saint* en faisant *entrer des Grecs dans le Temple* (v. 28) ! Hypothèse gratuite et calomnieuse, comme Luc l'explique au v. 29, montrant du même coup que ces juifs d'Asie avaient déjà repéré dans la ville la présence de leur ennemi juré et de son compagnon Trophime, un Grec converti d'Éphèse. Il s'ensuit, comme naguère à Éphèse précisément, une agitation à caractère d'émeute qui gagne *la ville entière* (*cf.* 19, 29), et qui allait se terminer, hors du Temple, par le lynchage de l'apôtre, sans l'intervention opportune du commandant de la cohorte romaine (litt. : le *chef de mille*). C'est le tribun Lysias (on apprendra son nom plus loin), un personnage clé qui apparaît 17 fois dans le récit jusqu'en 24, 22 !

Alerté, ce responsable de l'ordre public fait donner la troupe et sauve la vie de Paul en le mettant en état d'arrestation, seul moyen de le faire échapper à la violence meurtrière du peuple. Mais lorsqu'il tente de se renseigner sur l'identité de cet homme et sur ce qu'on lui reproche, il ne peut rien obtenir de précis, *car dans la foule tous criaient des choses différente* : l'incohérence d'une foule déchaînée est semblable, qu'il s'agisse de juifs ou de païens (*cf.* 19, 32) ! Le tribun décide donc de faire emmener cet homme dans la forteresse (la tour Antonia, qui dominait l'angle nord-ouest du Temple et servait de caserne à la cohorte). Les soldats doivent encore protéger Paul, car le peuple suit en masse en hurlant : *À mort !* (v. 36, *cf.* Lc 23, 18).

13. Face à la foule juive, Paul rend témoignage au Seigneur qui l'a appelé (21, 37–22, 24)

37 **Comme on allait le faire entrer dans la forteresse, Paul dit au commandant : « Me permets-tu de te dire quelque chose ? » Il répliqua : « Tu sais le grec ?**

38 **Tu n'es donc pas l'Égyptien qui, il y a quelques jours, a soulevé et entraîné au désert les quatre mille terroristes ? »**

39 **Paul dit : « Moi, je suis un juif, de Tarse en Cilicie, citoyen d'une ville qui n'est pas insignifiante ! Je t'en prie, permets-moi de parler au peuple. »**

40 **Il le permit. Alors Paul, debout sur l'escalier, fit signe de la main au peuple. Un grand silence s'établit, et il prit la parole en araméen :**

1 **« Frères et pères, écoutez ce que j'ai à vous dire maintenant pour ma défense. »**

2 **En l'entendant s'adresser à eux en araméen, ils se calmèrent encore plus. Il leur dit :**

3 « Je suis juif : né à Tarse, en Cilicie, mais élevé ici dans cette ville, j'ai reçu, à l'école de Gamaliel, un enseignement strictement conforme à la Loi de nos pères ; je défendais la cause de Dieu avec une ardeur jalouse, comme vous le faites tous aujourd'hui.

4 J'ai persécuté à mort les adeptes de la Voie que je suis aujourd'hui ; je les arrêtais et les jetais en prison, hommes et femmes ;

5 le grand prêtre et tout le conseil des anciens peuvent en témoigner. Eux-mêmes m'avaient donné des lettres pour nos frères et j'étais en route vers Damas : je devais faire prisonniers ceux qui étaient là-bas et les ramener à Jérusalem pour qu'ils subissent leur châtiment.

6 Donc, comme j'étais en route et que j'approchais de Damas, vers midi, une grande lumière venant du ciel m'enveloppa soudain ;

7 Je tombai sur le sol, et j'entendis une voix qui me disait : "Saul, Saul, pourquoi me persécuter ?"

8 Et moi je répondis : "Qui es-tu, Seigneur ? – Je suis Jésus le Nazaréen, celui que tu persécutes."

9 Mes compagnons voyaient la lumière, mais ils n'entendaient pas la voix de celui qui me parlait, et je dis : "Que dois-je faire, Seigneur ?"

10 Le Seigneur me répondit : "Relève-toi, va jusqu'à Damas, et là on t'indiquera tout ce qu'il t'est prescrit de faire."

11 Comme je n'y voyais plus, à cause de l'éclat de cette lumière, mes compagnons me prirent par la main, et c'est ainsi que j'arrivai à Damas.

12 Or Ananie, un homme religieux et fidèle à la Loi, estimé de tous les juifs habitant la ville,

13 vint me trouver et, arrivé auprès de moi, il me dit : "Saul, mon frère, retrouve la vue." Et moi, au même instant, je retrouvai la vue et je le vis.

14 Il me dit encore : "Le Dieu de nos pères t'a destiné à connaître sa volonté, à voir celui qui est le Juste et à entendre la parole qui sort de sa bouche.

15 Car tu seras pour lui, devant tous les hommes, le témoin de ce que tu as vu et entendu.

16 Et maintenant, pourquoi hésiter ? Lève-toi et reçois le baptême, sois lavé de tes péchés en invoquant le nom de Jésus."

17 Revenu à Jérusalem, j'étais en prière dans le Temple quand je tombai en extase.

18 Je le vis qui me disait : "Hâte-toi de sortir de Jérusalem, car ils n'accueilleront pas ton témoignage à mon sujet."
19 Et moi je répondis : "Seigneur, ces gens le savent bien : c'est moi qui allais d'une synagogue à l'autre pour mettre en prison et pour battre ceux qui croyaient en toi ;
20 et quand on versait le sang d'Étienne ton témoin, je me tenais là moi aussi ; j'étais d'accord, et je gardais les vêtements de ses meurtriers."
21 Il me dit alors : "Va, car moi je vais t'envoyer au loin, vers les nations païennes." »
22 Jusque-là, les gens l'écoutaient. Mais alors, ils se mirent à élever la voix : « Qu'on fasse disparaître de la terre cet individu, il ne doit pas rester en vie ! »
23 Ils poussaient des cris, arrachaient leurs vêtements, jetaient la poussière en l'air.
24 Alors le commandant ordonna de le faire entrer dans la forteresse. Il dit de le torturer à coup de fouet, afin de savoir pour quel motif on criait contre lui de cette manière.

Face à la foule (v. 37-40)

Cette courte introduction narrative au discours qui va suivre témoigne d'une situation à proprement parler extraordinaire. On remarque d'abord le sang-froid étonnant de Paul. Molesté, hué, voué à la mort par une foule qui a bien failli arriver à ses fins, il devrait n'avoir qu'une hâte : laisser mettre entre elle et lui l'épaisseur des murs de la forteresse Antonia ! Mais il ne veut pas se laisser enfermer avant d'avoir tenté de se justifier devant ce peuple en furie, qui est son peuple.

Le moment ne semble guère favorable pour se faire entendre, qu'importe : ce parleur impénitent s'adresse en grec au tribun, au grand étonnement de ce dernier, qui avait pris Paul pour un émeutier égyptien ! Et malgré l'étrangeté de la situation, probablement parce qu'il est subjugué par l'attitude inattendue de ce prisonnier, il l'autorise à parler à son peuple, selon sa demande. Les gens de la foule doivent être tout aussi abasourdis de voir Paul, debout sur l'escalier de la forteresse, faire signe qu'il veut leur parler. De saisissement, ils cessent alors de hurler et sont d'autant plus attentifs que Paul s'adresse à eux *en araméen* (litt. : *en langue hébraïque* ; la version opte pour l'interprétation la plus plausible, l'araméen étant alors la langue couramment parlée par les juifs de Palestine). La glose du v. 2, interrompant le discours de Paul après sa première phrase, souligne l'effet produit. Un *grand silence* s'était déjà établi, et *ils se calment encore plus*!

Le plaidoyer de Paul (v. 1-24)

Comme Pierre se justifiant devant l'Église de Jérusalem (11, 1-18), Paul ne va pas se lancer dans une argumentation théologique, qui serait particulièrement hors de circonstance, mais va raconter, pour sa défense, l'extraordinaire retournement qu'il a vécu sur le chemin de Damas. Le lecteur en connaît déjà la relation faite par Luc, à sa place dans le déroulement historique, censée rendre compte objectivement des faits. Il est évoqué ici, plus subjectivement, du point de vue de Paul lui-même, dans un but de témoignage et dans des circonstances bien spéciales. L'orateur omettra donc certains aspects qui n'auraient pas grand intérêt pour son auditoire; en revanche, l'aspect de plaidoyer de son discours se manifestera çà et là par de subtils ajouts, visant à la persuasion de ceux qui l'écoutent. Nous renvoyons le lecteur au commentaire du chapitre 9 pour tous les points qui reprennent le premier récit, littéralement ou avec des nuances insignifiantes. Nous relevons ici les différences significatives et soulignons les insistances particulières de ce discours. Comme il y aura une troisième évocation de cette conversion-vocation de Paul au chapitre 26, nous synthétiserons dans un encadré la comparaison des trois récits, intéressante pour découvrir la grande liberté rédactionnelle de Luc, au service de la signification profonde de l'événement (voir p. 236).

Versets 3-5

Paul commence en précisant son identité de juif persécuteur des chrétiens, avant sa conversion. S'adressant à eux en tant que *frères et pères*, il insiste pour faire comprendre à ceux qui l'écoutent qu'il est l'un des leurs, non seulement parce qu'il est né juif, dans la diaspora, mais parce qu'il est venu étudier dans leur ville, haut lieu du savoir juif. C'est par petites touches, notons-le au passage, que Luc a peu à peu complété pour son lecteur les éléments biographiques concernant ce personnage (*cf.* 7, 58; 8, 1; 9, 11) : nous apprenons maintenant qu'il fut à Jérusalem un disciple de ce Gamaliel, membre du Sanhédrin et *docteur de la Loi estimé de tout le peuple* comme Luc l'avait souligné en 4, 34.

Dans la situation du discours, c'est une importante référence : le peuple entend que Paul a été instruit de manière fort orthodoxe dans *la Loi de nos pères* (il prend toujours soin de parler en juif). Cette formation l'a amené à *défendre la cause de Dieu avec une ardeur jalouse* (ou à être « un partisan farouche de Dieu », TOB) — *comme vous l'êtes tous aujourd'hui* ajoute habilement Paul ! Il crédite ainsi ses auditeurs, en les flattant un peu, d'un vrai zèle pour la cause de Dieu. Plus que cela, en précisant *aujourd'hui*, il fait évidemment allusion à leur hostilité à son égard, qui témoigne de ce zèle farouche, et il admet leur bonne foi. « Je puis vous comprendre, puisque moi-même j'ai persécuté à mort les chrétiens, en croyant servir la gloire de Dieu » : tel est le sous-entendu de cette partie du discours, que le peuple devrait pouvoir discerner. Et pour attester la réalité de sa mission officielle contre les adeptes de *la Voie*, à Damas, il en appelle au témoignage du grand prêtre et des anciens : ces événements datent d'un peu plus de vingt ans, beaucoup doivent pouvoir s'en souvenir.

Versets 6-10

C'est alors l'évocation de l'extraordinaire rencontre sur le chemin de Damas. Une lecture même rapide se convainc du caractère stéréotypé du récit de cet événement (*cf.* 9, 3-7 et 26, 13-15). On relève trois petites adjonctions par rapport au premier récit. Cela a lieu *vers midi*, et c'est une *grande* lumière qui enveloppe Paul (il faut en effet qu'elle soit intense pour éblouir en plein midi). Jésus se présente comme *le Nazaréen*, et Luc ajoute au dialogue la question : *Que dois-je faire, Seigneur ?* Ces détails ajoutent au caractère « vécu » du témoignage de Paul, sans altérer le sens du récit.

En revanche, le début du v. 9 semble contredire 9, 7. Les compagnons de Paul *entendaient la voix, mais ne voyaient personne*, avait écrit Luc. Dans le souvenir de Paul, ils *voyaient la lumière, mais ils n'entendaient pas la voix* ! S'il s'agissait d'une enquête policière, il pourrait être important de trancher entre ces deux versions. Pour ce qu'il s'agit de faire sentir au lecteur ou à l'auditeur, la contradiction n'est qu'apparente. Dans les deux cas, le texte veut évoquer la stupeur de ces compagnons devant un événement bouleversant, dont il ne peuvent saisir le sens, car il concerne Paul et lui seul.

Versets 11-16

La rencontre avec Ananie fait l'objet d'un récit écourté (6 v. au lieu de 10). Luc avait souligné pour le lecteur le caractère merveilleux de cette rencontre préparée par le Seigneur (avec le procédé de la double vision) et relaté tout un dialogue où Jésus confiait ses plans à Ananie pour vaincre ses objections (9, 10-16). Paul, pressé de venir à l'essentiel, fait l'impasse sur cette présentation complexe, et raconte du point de vue de son propre vécu la visite secourable d'Ananie, sa vision retrouvée, son baptême.

Cependant, pour ses auditeurs, il a soin de donner à Ananie un label de fidélité à la Loi : s'il est devenu chrétien, ce qui ressort de sa démarche auprès de Paul, il est un bon *judéo*-chrétien et, comme Paul, il dit : *le Dieu de nos pères t'a destiné* (v. 14). Par là, le clou continue à être enfoncé pour les auditeurs juifs : l'extraordinaire vocation de Paul s'inscrit dans la continuité de la volonté de ce Dieu qui est le leur. Mais on se souvient que dans le premier récit, Ananie n'avait rien dit à Paul des révélations reçues à son sujet, concernant son rôle dans le plan de Dieu. Paul, lui, croit se souvenir que, déjà à ce moment-là, par la bouche de celui qui l'a guéri et baptisé, il avait appris que le Seigneur le destinait à *être son témoin devant tous les hommes* (v. 15).

Versets 17-21

Paul ajoute un élément inédit, qui n'est confirmé nulle part ailleurs (aucune allusion ni dans les Actes ni dans les épîtres). Mais on voit bien tout l'intérêt de l'évoquer ici. On vient d'arrêter Paul comme destructeur de la religion juive dans le Temple de Jérusalem. Or c'est dans ce Temple que Paul était venu prier après sa conversion, preuve qu'il ne reniait pas son appartenance au peuple de Dieu ! Et c'est là qu'il *tomba en extase* (*cf.* Pierre en 10, 10) et que le Seigneur lui confirma directement sa vocation d'envoyé *vers les nations païennes* (v. 21).

Paul profite de ce souvenir pour interpeller subtilement son auditoire, en rapportant son dialogue avec le Seigneur : celui-ci lui demande de quitter en hâte Jérusalem, *car ils n'accueilleront pas ton témoignage*. Mais Paul objecte qu'au contraire les gens de Jérusalem sont les mieux placés pour être frappés par son retournement inattendu, puisqu'ils le connaissent comme un persécuteur acharné des chrétiens, qui avait applaudi au meurtre d'Étienne ! Le Seigneur n'avait pas daigné répondre à ce propos, mais si Paul le rappelle, c'est que cela reste un argument qui devrait ébranler, pense-t-il, ceux qui l'écoutent aujourd'hui. « J'étais vraiment un persécuteur acharné du message chrétien, comme vous (*cf.* v. 3) : vous devriez comprendre que ma brusque volte-face ne peut venir que d'une intervention de notre Dieu!»

Mais l'argument tombe à plat. Les auditeurs ne retiennent que la dernière phrase sur l'envoi vers les nations païennes. Oublieux de toutes les perspectives universalistes ouvertes par les prophètes, ce propos les ramène à l'accusation des juifs d'Asie, origine de tout le tumulte : cet homme parcourt le monde entier pour dénigrer notre religion! Il a souillé notre Lieu saint! Et avec des démonstrations spectaculaires, ils réclament à nouveau à grands cris la mort de cet individu qui ne mérite pas de vivre. Le tribun coupe court en faisant entrer Paul dans la forteresse, mais il ordonne de le soumettre à la torture pour lui faire avouer les forfaits qui suscitent un tel scandale dans le peuple (v. 22-24)!

14. Paul citoyen romain (22, 25-29)

25 Comme on l'étendait pour le fouetter, Paul dit au centurion qui était là : « Un citoyen romain, qui n'a même pas été jugé, avez-vous le droit de lui donner le fouet ? »

26 Quand il entendit cela, le centurion alla trouver le commandant pour le mettre au courant : « Qu'allais-tu faire ? Cet homme est citoyen romain ! »

27 Le commandant alla trouver Paul et lui demanda : « Dis-moi : tu es citoyen romain ? — Oui, répondit-il. »

28 Le commandant reprit : « Moi, j'ai dû payer très cher pour obtenir la citoyenneté. » Paul répliqua : « Moi, je l'ai eue de naissance. »

29 Aussitôt, ceux qui allaient le torturer se retirèrent ; et le commandant fut pris de peur en se rendant compte que c'était un citoyen romain et qu'il l'avait fait attacher.

Le v. 24 avait indiqué que le supplice du fouet était destiné à faire avouer ses crimes au prisonnier. Il était licite, selon le droit romain, d'appliquer ainsi la question aux esclaves ou aux étrangers. Paul est au courant de ce droit, et il en appelle à la légalité qui va être bafouée, en demandant si l'on peut donner le fouet à un *citoyen romain*. Sa protestation, courtoise dans la forme, mais très ferme, suscite une série de petits dialogues entre le centurion et le tribun, puis entre le tribun et son prisonnier, qui semblent pris sur le vif.

Une note documentée de la TOB nous permet de saisir les allu-

LES TROIS RÉCITS DE LA VOCATION DE PAUL

Il est possible de disposer en synopse, sur trois colonnes, les textes d'Ac 9, 1-23 (récit I), 22, 1-22 (récit II) et 26, 1-21 (récit III), pour en faciliter la comparaison. Dans le cas des parallèles des évangiles synoptiques, on fait jouer la différence de rédacteur pour expliquer les nuances ou les désaccords des récits d'un même épisode. Il faut trouver ici une autre explication, puisque les trois récits sont de la plume du même auteur.

Rappelons d'abord les points communs essentiels, qui relèvent probablement d'un tradition orale de l'événement, peut-être conservée dans l'Église de Damas. Paul lui-même a-t-il souvent raconté sa conversion à ses amis, on l'ignore (les épîtres l'évoquent sans aucun détail narratif, mais ce n'était pas le lieu de les donner). Dans les Actes, il y a identité substantielle quant au *dialogue* entre Saul et Jésus. (Les synoptiques, de même, relatent souvent de manière identique, fixée par la tradition, des paroles décisives de Jésus, alors que le cadre narratif est plein de variantes.) Les trois récits mettent en vedette la vocation spécifique de Paul, choisi pour être témoin de Jésus devant les nations païennes. Les trois montrent aussi le persécuteur devenant à son tour persécuté, du fait de son incroyable changement de camp.

Parmi les différences significatives, notons d'abord celles qui relèvent simplement de l'art du narrateur et de son souci de renouveler l'intérêt du lecteur : de I à III, il y a une intensification nette du préalable présentant Saul comme persécuteur. On remarque aussi l'intensité croissante dans la description du phénomène lumineux qui terrasse Saul. Les notations contradictoires sur les réactions des compagnons ont au fond la même portée, et Luc a pu les inscrire avec un peu de malice dans son texte comme le signe de l'imprécision des souvenirs de témoins oculaires d'un événement, qui plaide plutôt en faveur de leur authenticité.

D'autres différences, omissions ou adjonctions de certains éléments importants, s'expliquent par la visée particulière de l'auteur, à la place où le récit I, puis les deux discours, s'insèrent dans son récit global. Ainsi en I, le dialogue entre Ananie et le Seigneur lui sert d'annonce anticipatrice, pour le lecteur, alors que l'intéressé l'ignore encore, du futur ministère et même de la «passion» de Paul. Il sera inutile de le répéter (en III, Ananie disparaît même complètement). En II, le récit de la vision dans le Temple convient particulièrement à un discours qui veut convaincre le peuple de l'enracinement juif de Paul et de sa vocation. En III, pour son témoignage devant le roi Agrippa, Paul ajoute très normalement une courtoise entrée en matière, souligne le paradoxe d'être mis en accusation parce qu'il annonce l'accomplissement des promesses faites à Israël; après ce long préambule qui fait partie de son système de défense, Paul choisit de tout concentrer sur la rencontre du Christ au chemin de Damas, transformé en récit de vocation où le Seigneur lui annonce d'entrée de jeu ce que sera sa mission. C'est le sens profond de cette mission que Paul veut faire comprendre au roi, et c'est en même temps pour Luc l'occasion d'offrir au lecteur une récapitulation de tous les récits précédents, confirmant que cette mission a été conforme au dessein de Dieu. La visée propre de ce témoignage peut sans dommage faire l'impasse sur l'aveuglement de Paul, sa guérison et son baptême, et bousculer un peu la chronologie.

On évitera bien des faux problèmes si l'on prend conscience qu'aucun des trois textes n'est un reportage sur l'événement, mais une construction catéchétique qui veut en dégager les significations profondes.

sions de l'un et de l'autre, relatives à la citoyenneté romaine : «Le tribun Claudius Lysias l'avait sans doute acquise récemment, sous le règne de Claude (41-54) : c'était l'usage que les nouveaux citoyens romains prennent le nom de l'empereur régnant. Paul tenait peut-être ce droit d'un ancêtre qui l'avait acquis quand César avait accordé la citoyenneté à des juifs de Cilicie, lors de sa campagne contre Pharnace.» Très impressionné, le tribun renonce donc à la méthode policière brutale qu'il voulait appliquer à Paul. Il va chercher une autre voie pour résoudre ce cas embarrassant.

15. Paul devant le grand conseil d'Israël (22, 30–23, 11)

30 Le lendemain, le commandant romain voulut savoir à quoi s'en tenir sur les accusations des juifs contre lui. Il lui fit donc enlever ses chaînes, puis il convoqua les chefs des prêtres et tout le grand conseil, et fit descendre Paul pour l'amener devant eux.

1 Fixant les yeux sur le grand conseil, Paul déclara : «Frères, c'est en toute bonne conscience que j'ai mené ma vie devant Dieu jusqu'à ce jour.»

2 Le grand prêtre Ananias ordonna à ceux qui étaient auprès de lui de le frapper sur la bouche.

3 Alors Paul lui dit : «C'est Dieu qui va te frapper, hypocrite ! Tu sièges ici pour me juger conformément à la Loi, et contrairement à la Loi tu donnes l'ordre de me frapper !»

4 Ceux qui étaient auprès de lui dirent : «Tu insultes le grand prêtre de Dieu ?»

5 Paul reprit : « Je ne savais pas, frères, que c'était le grand prêtre. Car il est écrit : *Tu ne diras pas de mal d'un chef de ton peuple.* »
6 Paul se rendit compte qu'il y avait là le parti des sadducéens et celui des pharisiens. Alors, devant le conseil, il déclara d'une voix forte : « Moi, frères, je suis un pharisien, fils de pharisiens. C'est à cause de notre espérance en la résurrection des morts que je passe en jugement. »
7 À peine eut-il dit cela qu'une dispute éclata entre pharisiens et sadducéens, et l'assemblée se divisa.
8 En effet, les sadducéens prétendent qu'il n'y a ni résurrection, ni ange, ni esprit, tandis que les pharisiens y croient.
9 Cela fit un grand vacarme. Quelques scribes du parti pharisien intervinrent pour protester vigoureusement : « Nous ne trouvons rien de mal chez cet homme. Un esprit ou un ange lui a peut-être parlé. »
10 La dispute devint très violente, et le commandant craignit que Paul ne se fasse écharper. Il ordonna à la troupe de descendre pour l'arracher à la mêlée et le ramener à la forteresse.
11 La nuit suivante, le Seigneur vint auprès de Paul et lui dit : « Courage, le témoignage que tu m'as rendu à Jérusalem, il faut que tu le rendes aussi à Rome. »

Le tribun choisit une voie qui paraît sage pour savoir à quoi s'en tenir sur son prisonnier : le confronter avec ceux qui l'accusent ; bien entendu, il ne peut interroger le peuple entier de Jérusalem, et il convoque donc les grands prêtres et tout le Sanhédrin (que la version traduit à son habitude par *grand conseil, cf.* 4, 15 ; 5, 21). Il fait *descendre* Paul de la forteresse pour l'amener devant eux, probablement dans leur salle de réunion, au Temple. Paul va donc comparaître en accusé devant la juridiction suprême de son peuple, comme avant lui Jésus, les apôtres ou Étienne. Mais il n'y a aucun stéréotype de ces récits de comparution. Chacun a son originalité.

Ici, curieusement, c'est Paul qui semble prendre en premier la parole, avant même qu'on l'interroge, et c'est pour se présenter devant le Sanhédrin en juif fidèle, dont la conscience n'a pas de reproches à se faire concernant sa conduite devant Dieu (v. 1 : le verbe employé porte une nuance de comportement responsable, celui d'un « citoyen de Dieu » !). Ce propos n'a pas l'heur de plaire au grand prêtre, peut-être agacé par la manière dont Paul a *fixé les yeux* sur ceux qui doivent le juger, signe d'un homme sûr de lui, mais qui a pu être ressenti comme arrogant. Ananias (grand prêtre de 47 à 59), pour punir son insolence, ordonne de le frapper sur la bouche et s'attire une réplique cinglante : Paul le traite littéralement de ***muraille blanchie,*** image sans doute inspirée du prophète Ézéchiel dénonçant les faux prophètes et annonçant leur ruine (Ez 13, 10 ss). Le sens est rendu, un peu platement, par ***hypocrite.***

Comme dans l'épisode précédent, Paul n'entend pas se laisser brutaliser, au mépris de la loi. Ce n'est pas qu'il refuse de souffrir pour son Seigneur, mais pour lui, l'humilité chrétienne ne consiste pas à tout accepter passivement. Le témoignage du vrai croyant implique d'oser remettre en place ceux qui ont reçu un certain pouvoir sur les autres et qui en abusent. Au nom du droit romain, il a exigé de ne pas être flagellé illégalement. Au nom de la Loi juive que le Sanhédrin a pour mission de faire respecter, il proteste maintenant contre l'ordre injustifié de frapper un prévenu sans défense. Son attitude rappelle celle de Jésus dans la même situation (*cf.* Jn 18, 23), imprécation en plus !

Il s'excuse de cette dernière lorsqu'on lui apprend que c'est le grand prêtre, représentant de Dieu auprès du peuple, qu'il a ***insulté***; il cite Ex 22, 27 et montre par là sa connaissance de la Torah et son respect de l'autorité instituée par Dieu (*cf.* Rm 13, 1 ss). Mais sur le fond des choses, c'est précisément leur haute mission de servir la justice de Dieu qui implique que le croyant tienne tête à ces autorités, lorsqu'elles sortent de leur rôle par quelque abus de pouvoir. Paul ne retire pas sa protestation justifiée, il regrette seulement d'avoir ***parlé en mal*** du grand prêtre, dans ce qui était une sorte de malédiction.

Il n'en est pas pour autant démonté et réduit à un humble silence, au contraire il garde avec audace la maîtrise du débat ! Sa connaissance du judaïsme de son temps et de la composition du Sanhédrin lui inspire une parade très habile. Pour confirmer sa bonne conscience de juif pieux, il fait *d'une voix forte* cette déclaration : *Moi, frères, je suis pharisien, fils de pharisiens*. Pour nous lecteurs, c'est une précision qui complète la carte d'identité de l'apôtre (elle est confirmée par Paul énumérant ses anciens titres de gloire juifs, en Ph 3, 5). Et Paul ajoute : *C'est à cause de notre espérance en la résurrection des morts que je passe en jugement* (v. 6). Ce n'est pas tout à fait exact en ce qui concerne les motifs immédiats de son procès, provoqué par les accusations des juifs d'Asie (*cf.* 21, 28). C'est vrai sur le fond : à la suite de Pierre et des apôtres, si Paul proclame que Jésus est le Messie, lui le crucifié, c'est parce qu'il est ressuscité des morts. Or, cet événement constitue les prémices de la résurrection générale, confessée comme un article de foi par le mouvement pharisien (*cf.* le «catéchisme» récité par Marthe, en Jn 11, 24).

En parlant ainsi, Paul reprend ce qui fut sa ligne de défense dans son discours à la foule : il y a continuité entre sa foi juive et sa conversion à Jésus Christ. Mais cette formulation relève en outre ici d'un calcul avisé. Paul sait que la foi en la résurrection est considérée comme une dangereuse innovation moderniste par le parti conservateur des sadducéens. On n'en trouve pas trace dans la Loi de Moïse ! C'est là une des principales pommes de discorde entre eux et les pharisiens, et Paul sait qu'ils sont les uns et les autres représentés dans cette assemblée.

Comme il s'y attendait, sa déclaration provoque la division du grand conseil. En quelques lignes, Luc restitue la dispute avec son talent habituel. Il nous montre que les intérêts lésés d'une corporation ou la colère irrationnelle d'une foule manipulée ne sont pas les seuls fauteurs de tumulte et de violence : la «rage théologique», lorsqu'elle s'empare des esprits religieux, peut conduire aux pires débordements !

Voici qu'au grand scandale des notables sadducéens, quelques *scribes*, des théologiens consacrés à l'enseignement de la Loi, se mettent à prendre la défense de Paul, parce qu'il fut l'un des leurs en tant que pharisien et qu'ils sont dans le même camp, du point de vue de la croyance en la résurrection ! Ils déclarent qu'ils *ne trouvent rien de mal en cet homme*, comme Pilate l'avait dit à trois reprises de Jésus, en Lc 23. Naguère Gamaliel, docteur pharisien lui-même, n'avait pas été aussi loin, lorsqu'il avait recommandé au Sanhédrin un sage attentisme devant le cas des apôtres (*cf.* 5, 34 ss).

La dispute devenant très violente, le tribun, fort soucieux désormais de protéger la vie de ce prisonnier étonnant, qui est citoyen romain, intervient opportunément pour arracher Paul à la mêlée où il risquait de se faire écharper, et lui fait réintégrer la forteresse. Cet officier païen de haut rang doit avoir une piètre opinion de cette haute assemblée, dont il attendait un éclairage précis sur les griefs des juifs contre Paul ! Il n'est donc pas plus avancé dans son enquête, et il ne se doute probablement pas des rebondissements que va connaître cette affaire bien embarrassante ! Luc va les narrer avec un grand luxe de détails, qui fait de cette partie du livre un véritable roman.

Mais auparavant, il achève le récit de cette journée mouvementée par une note théologique qui donne par avance au lecteur le sens de toute cette aventure. Dans la nuit, Paul a une vision dans laquelle le Seigneur le réconforte, en l'assurant qu'il rendra un jour témoignage à Rome (v. 11). C'était le projet que formait Paul, lorsqu'il avait sa liberté de mouvement. Son Maître lui atteste que ce projet était conforme à son dessein et qu'il se réalisera, car les obstacles venant de la volonté mauvaise de ses ennemis ne sauraient contrecarrer la volonté souveraine du Seigneur. Comment cela pourra-t-il se faire ? Paul doit se le demander, mais le suspense demeure, pour lui comme pour nous lecteurs.

16. Complot des juifs et transfert de Paul à Césarée (23, 12-35)

12 Lorsqu'il fit jour, les juifs organisèrent un rassemblement où ils se jurèrent solennellement de ne plus manger ni boire tant qu'ils n'auraient pas tué Paul.
13 Les auteurs de cette conjuration étaient plus de quarante.
14 Ils vinrent trouver les chefs des prêtres et les anciens pour leur dire : « Nous nous sommes jurés de façon solennelle de ne prendre aucune nourriture tant que nous n'aurons pas tué Paul.
15 Alors vous, d'accord avec le grand conseil, faites savoir au commandant qu'il doit le faire comparaître devant vous sous prétexte d'une enquête plus approfondie sur son cas. Nous nous tenons prêts pour le supprimer avant qu'il n'arrive. »
16 Or le fils de la sœur de Paul avait eu connaissance du complot ; il se présenta à la forteresse et y entra pour avertir Paul.
17 Alors Paul appela l'un des centurions et lui dit : « Emmène ce garçon chez le commandant : il doit l'avertir de quelque chose. »
18 L'homme le prit avec lui et le mena chez le commandant ; il lui dit : « Le prisonnier Paul m'a appelé pour me demander de t'amener ce jeune garçon qui a quelque chose à te dire. »
19 Le commandant le prit par la main ; se mettant à l'écart, il l'interrogea en particulier : « De quoi dois-tu m'avertir ? »
20 Il répondit : « Les juifs ont convenu de te demander de faire comparaître Paul demain devant le grand conseil, sous prétexte d'une information plus approfondie sur son cas.
21 Mais toi, ne leur fais pas confiance ; en effet, parmi eux, plus de quarante hommes complotent contre lui : ils se sont fait le ser-

ment solennel de ne plus manger ni boire tant qu'ils ne l'auront pas supprimé. Et maintenant, ils se tiennent prêts en attendant ton accord. »

22 Le commandant congédia le jeune homme en lui donnant cette consigne : « Ne raconte à personne que tu m'as fait savoir tout cela. »

23 Il appela alors deux centurions et leur dit : « Que deux cents soldats, soixante-dix cavaliers et deux cents auxiliaires se tiennent prêts à prendre la route de Césarée à partir de neuf heures du soir ;

24 qu'on prépare aussi des montures pour conduire Paul en toute sécurité au gouverneur Félix. »

25 Il écrivit une lettre dont voici le contenu :

26 « Claudius Lysias à Son Excellence le gouverneur Félix, salut.

27 Cet homme a été arrêté par les juifs, et il allait être supprimé par eux. Je suis alors intervenu avec la troupe pour le leur arracher, ayant appris qu'il était citoyen romain.

28 Voulant mieux connaître les motifs pour lesquels ils l'accusaient, je l'ai fait comparaître devant leur grand conseil.

29 J'ai constaté qu'il était accusé pour des discussions relatives à leur Loi, sans qu'il y ait aucune accusation méritant la mort ou la prison.

30 Averti qu'il y aurait une embuscade contre l'homme, je te l'ai envoyé immédiatement, en donnant également aux accusateurs la consigne de te faire savoir ce qu'ils ont contre lui. »

31 Les soldats prirent donc Paul conformément aux ordres reçus, et ils le conduisirent de nuit à Antipatris.

32 Le lendemain, ils regagnèrent la forteresse, laissant partir avec lui les cavaliers.

33 Arrivés à Césarée, ceux-ci remirent la lettre au gouverneur et lui présentèrent également Paul.

34 Il lut la lettre et demanda de quelle province il était ; apprenant qu'il était de Cilicie,

35 il dit : « Je t'entendrai quand tes accusateurs se présenteront eux aussi. » Et il ordonna de l'incarcérer au prétoire d'Hérode.

Le complot éventé (v. 12-22)

Ce récit très vivant, plein de dialogues en style direct, et qui ne craint pas les répétitions caractéristiques des traditions orales, ne présente aucune difficulté d'interprétation. Nous pouvons nous borner à quelques brèves observations.

Les auteurs de la conjuration *s'engagent par anathème*, autrement dit se vouent eux-mêmes à la malédiction divine s'ils ne tiennent pas parole : c'est dire à quel degré de haine et d'aberration peut conduire le fanatisme religieux. Le projet ayant échoué, Luc ne nous dit pas ce qu'il est advenu de ces conjurés ! En revanche il développe avec quelque attendrissement admiratif pour son jeune héros l'intervention décidée du *neveu de Paul*, qui sauve la vie de son oncle. Nous apprenons ainsi par la bande que Paul avait de la famille à Jérusalem, mais nous ignorons comment le jeune garçon a pu avoir connaissance du complot. Même si les moyens de la providentielle protection assurée à l'apôtre n'ont ici rien de surnaturel, ils témoignent de la mystérieuse sollicitude du Seigneur pour son serviteur. On voit aussi que le tribun avait laissé son prisonnier jouir d'un régime assez libéral, puisqu'il peut recevoir la visite de ce neveu au sein de la forteresse où il est détenu.

Le transfert de Paul à Césarée (v. 23-35)

Claudius Lysias, le tribun responsable, prend très au sérieux l'avertissement donné par le jeune garçon et décide aussitôt de faire conduire Paul auprès du gouverneur Félix, qui réside à Césarée. Il le fait accompagner d'une escorte imposante pour assurer sa totale sécurité, et le transfert a lieu dès la nuit suivante.

Luc ne résiste pas au plaisir d'un nouvel exercice de style, en transcrivant la lettre du tribun au gouverneur pour lui exposer le cas de Paul. Il résume la situation avec une concision toute militaire, tout en s'arrangeant pour se donner le beau rôle dans cette affaire (il fait l'impasse sur la bévue narrée en 21, 24 ss !). Et il ne craint pas d'émettre un avis personnel pour éclairer Félix. Il est ainsi le premier représentant de l'autorité romaine, dans ce procès, à attester l'innocence de ce prisonnier, du point de vue de l'ordre public qu'il a charge de défendre. Il aboutit à la même conclusion que le proconsul Gallion en 18, 25 : il s'agit d'un conflit entre juifs au sujet de leur Loi, qui ne concerne pas la justice romaine.

Dès son entrée dans le récit, le gouverneur Félix apparaît à l'inverse comme un fonctionnaire plutôt nonchalant, qui ne semble guère pressé de se faire par lui-même une opinion sur ce cas embarrassant (v. 34-35).

17. Paul et le gouverneur Félix : procès officiel et rencontres personnelles (24, 1-27)

1 Cinq jours plus tard, le grand prêtre Ananias descendit à Césarée avec quelques anciens et un avocat, un certain Tertullus. Ils portèrent plainte devant le gouverneur contre Paul.
2 On fit comparaître celui-ci, et Tertullus entama ainsi son accusation : « Nous qui jouissons d'une grande paix grâce à toi et aux réformes dont ta prévoyance a fait bénéficier cette nation,
3 nous accueillons de toute manière et en tout lieu ce qui nous vient de Ton Excellence, ô Félix, avec une immense reconnaissance.
4 Mais pour ne pas t'importuner plus longtemps, je te prie de nous écouter un instant avec toute ta sérénité.
5 Nous avons constaté que cet homme est une peste ; il sème la révolte chez tous les juifs du monde entier, étant le chef de la secte des Nazoréens.
6 Il a même tenté de profaner le Temple ; alors nous l'avons arrêté.
7 En l'interrogeant lui-même, tu pourras mieux connaître tout ce dont nous l'accusons. »
9 Les juifs l'appuyèrent en affirmant qu'il en était bien ainsi.
10 Le gouverneur lui ayant fait signe de parler, Paul répliqua : « Sachant que cette nation t'a pour juge depuis des années, c'est avec confiance que je présente la défense de ma cause.
11 Tu peux vérifier qu'il n'y a pas plus de douze jours que je suis monté à Jérusalem pour adorer le Seigneur.
12 On ne m'a pas trouvé dans le Temple en train de discuter avec qui que ce soit, ni dans les synagogues ou en ville en train d'ameuter la foule,
13 et ils n'ont aucune preuve à te présenter pour ce dont ils m'accusent maintenant.
14 Ce que je reconnais devant toi, c'est que je sers le Dieu de nos pères selon la Voie qu'ils appellent une secte. Je crois à tout ce qu'il y a dans la Loi et à tout ce qui est écrit dans les prophètes.
15 Mon espérance en Dieu, et ce qu'ils attendent eux-mêmes, c'est qu'il va y avoir une résurrection pour les justes et pour les pécheurs.
16 C'est pourquoi moi aussi je m'efforce de garder une conscience irréprochable en toute chose devant Dieu et devant les hommes.

17 Au bout de plusieurs années, j'étais venu apporter de l'argent collecté pour mon peuple, et offrir des sacrifices.
18 C'est à cette occasion qu'on m'a trouvé dans le Temple après une cérémonie de purification, sans mouvement de foule ni tumulte :
19 il y avait là des juifs venus de la province d'Asie, qui devraient se présenter devant toi et m'accuser s'ils avaient quelque chose contre moi.
20 Ou bien alors, que ceux qui sont là disent quel délit ils ont constaté quand j'ai comparu devant le grand conseil.
21 À moins qu'il ne s'agisse de cette seule parole que j'ai criée debout devant eux : C'est à cause de la résurrection des morts que je passe aujourd'hui en jugement devant vous. »
22 Félix, qui avait une connaissance approfondie de ce qui concerne la Voie de Jésus, les ajourna en disant : « Quand le commandant Lysias descendra de Jérusalem, je rendrai une sentence sur votre affaire. »
23 Il ordonna au centurion de le garder en détention, mais dans des conditions moins strictes, et sans empêcher les siens de lui rendre des services.
24 Quelques jours plus tard, Félix vint avec sa femme Drusille, qui était juive. Il envoya chercher Paul et l'écouta parler de la foi au Christ Jésus.
25 Mais quand l'entretien porta sur la justice, la maîtrise des instincts, et le jugement à venir, Félix fut pris de peur et déclara : « Pour l'instant, retire-toi ; quand j'aurai le temps, je te rappellerai. »
26 Il n'en espérait pas moins que Paul lui donnerait de l'argent ; c'est pourquoi il l'envoyait souvent chercher pour parler avec lui.
27 Au bout de deux ans, Félix reçut comme successeur Porcius Festus. Voulant faire plaisir aux juifs, Félix laissa Paul en prison.

L'accusation (v. 1-9)

Ananias, le grand prêtre, avait un compte à régler avec Paul (*cf.* 23, 3) : c'est peut-être la raison pour laquelle il se déplace en personne à Césarée pour porter plainte devant le gouverneur, conformément à la consigne du tribun (23, 30). La délégation du Sanhédrin, composée exclusivement d'anciens, puisque les pharisiens avaient pris une position favorable à Paul (23, 9) se fait accompagner d'un avocat au nom romain, *Tertullus*, qui doit être un spécialiste de ces sortes d'affaires et qui va, selon la procédure en usage, être le porteur de l'accusation au nom de ses mandants.

On note l'obséquieuse entrée en matière de l'avocat, flattant outrageusement le gouverneur pour le mettre dans sa manche (v. 2-4) : par contraste, Luc met en valeur la sobre courtoisie dont usera Paul en ouvrant sa défense (v. 10). Tertullus reprend les griefs emphatiques des juifs d'Asie (*cf.* 21, 28), accusant Paul, cette ***peste***, de semer la révolte chez tous les juifs du monde entier ! Il le présente, et cela est nouveau, comme ***le chef de la secte des Nazoréens*** : c'est le seul cas de tout le N.T. où les chrétiens sont désignés par ce surnom, donné 12 fois à Jésus lui-même (Mt 2, 23; 26, 71; Lc 18, 37; Jn 18, 5.7; 19, 19) et 6 fois dans les Actes.

Le mot traduit par *secte* — litt. ***hérésie*** — a été employé sans connotation péjorative pour les sadducéens ou les pharisiens (*cf.* 5, 17; 15, 5, où notre version a traduit par ***parti***), mais prend ici dans la bouche de Tertullus le sens que nous donnons habituellement à ces termes. Paul le reprendra avec fierté au v. 14. L'avocat avance ensuite le second grief, ponctuel mais très grave, par lequel les juifs d'Asie avaient ameuté la foule dans le Temple, en prétendant que Paul avait fait entrer un païen dans le Temple : un crime de profanation !

La défense de Paul (v. 10-21)

Paul, avec habileté, ne prend pas la peine de récuser la première accusation, qui doit apparaître exagérée au gouverneur, et bien difficile à prouver, mais qu'une enquête en divers lieux de l'empire où il est passé pourrait partiellement soutenir : le lecteur sait qu'en effet, sans l'avoir délibérément cherché, Paul a souvent jeté le trouble dans les communautés juives de la diaspora ! Devant Félix, il est plus important de réfuter l'accusation précise concernant les récents événements de Jérusalem. Le gouverneur peut facilement faire vérifier qu'il s'agit de calomnies sans aucun fondement (v. 11-12).

Sachant Félix assez au courant des affaires juives, Paul peut ensuite expliquer positivement que ses convictions profondes et sa conduite ne sont pas contraires à la Loi et aux prophètes, en mettant la même insistance sur l'attente de la résurrection, qu'il partage avec les pieux pharisiens (*cf.* 23, 6). On voit plus loin que le gouverneur s'intéresse effectivement à ces questions théologiques (v. 14-16).

L'affirmation du v. 17 apporte au lecteur des Actes une information inédite : jamais Paul n'avait jusqu'ici avancé, comme motif de sa montée à Jérusalem, le fait qu'il devait y apporter l'argent d'une collecte. Ce thème tient une grande place dans les grandes épîtres pauliniennes : Paul a organisé avec soin une vaste collecte dans les Églises de Grèce et de Macédoine, comme signe de communion fraternelle en faveur des «pauvres» de l'Église de Jérusalem, selon l'accord qu'évoque Ga 2, 7-10 (*cf.* Rm 15, 25-28 ; 1 Co 16, 1-4 ; 2 Co 8–9). Dans le contexte de ce discours où il souligne sa fidélité au *Dieu de nos pères,* et où l'Église est encore considérée comme une secte juive, du moins à Jérusalem, Paul l'évoque avec un rien de malice comme *de l'argent collecté pour mon peuple,* ce peuple dont il tient à montrer qu'il reste solidaire.

Dans les v. 18-21, Paul résume les événements connus du lecteur, tant son arrestation que sa comparution devant le Sanhédrin, d'une manière telle que le gouverneur doit comprendre l'inanité de l'accusation portée contre lui. Ses derniers mots remettent au premier plan le débat théologique autour de la résurrection des morts, qui ne saurait être l'objet d'un jugement de la part d'un tribunal romain !

Les tergiversations de Félix (v. 22-27)

L'habile défense de Paul a ainsi confirmé aux yeux du gouverneur l'appréciation portée par Lysias : c'est une affaire religieuse interne au judaïsme. Luc note que Félix était bien au courant de ce qui concerne le mouvement chrétien, du moins en Judée : de ce fait, semble-t-il, il n'a pas envie de trancher, pas plus en faveur des accusateurs que de l'accusé, dans le cas qui lui est soumis.

Il aurait pu renvoyer les plaignants, comme naguère le proconsul de Corinthe (*cf.* 18, 15 s). Mais il trouve un nouveau prétexte pour ajourner son jugement, tout en accordant à Paul un statut assez libéral, puisqu'il peut être assisté, soit par des membres de son entourage qui ont pu le rejoindre, soit par Philippe et les chrétiens de Césarée (v. 22-23). Pendant les deux années qui suivent, le tribun Lysias a sûrement plus d'une fois dû *descendre de Jérusalem* à Césarée, cependant le gouverneur laisse toujours traîner l'affaire !

En quelques lignes (v. 24-27) Luc suggère fort bien les relations ambiguës que Félix entretient avec ce prisonnier peu ordinaire. Elles ne sont pas sans rappeler l'attirance d'Hérode Antipas pour

Jean Baptiste, et sa pusillanimité, dépeintes en Mc 6,17 ss. Comme le tétrarque, Félix est dans une situation conjugale illégitime : Drusille, une des filles d'Hérode Agrippa I, a été enlevée par lui à son mari, le roi d'Émèse ! Par intérêt pour les débats théologiques qui agitent la religion de sa femme, Félix convoque Paul pour l'entendre parler de sa foi chrétienne. Mais quand l'entretien aborde les problèmes moraux, ayant peur que l'apôtre ne fustige sa conduite, il coupe court ! Plus tard, il l'envoie à nouveau chercher, dans l'espoir que Paul lui offrira de l'argent en échange d'une sentence favorable ! Ce personnage déplaisant est connu de Tacite, qui blâme sa vénalité et ses bas instincts.

Lorsqu'au bout de deux ans Félix doit être remplacé par Porcius Festus, il pourrait avoir à cœur de liquider enfin cette affaire, pour ne pas laisser un cadeau empoisonné à son successeur. Il préfère laisser Paul en prison, pour faire une dernière faveur à ses administrés juifs (v. 12) ! À ce point du récit de Luc, la grande histoire permet un recoupement chronologique assez précis. Paul a dû rester emprisonné à Césarée de 58 à 60.

18. Paul et le gouverneur Festus : nouveau procès et appel à l'empereur (25, 1-12)

1 **Trois jours après avoir rejoint sa province, Festus monta de Césarée à Jérusalem.**
2 **Les chefs des prêtres et les notables juifs portèrent plainte devant lui contre Paul ; avec insistance,**
3 **ils demandaient comme une faveur le transfert de Paul à Jérusalem ; en fait, ils complotaient pour le supprimer en chemin.**
4 **Festus répondit que Paul était détenu à Césarée, et que lui-même allait repartir incessamment.**
5 **« Que les personnes qualifiées parmi vous descendent avec moi, dit-il ; s'il y a quelque chose à reprocher à cet homme, qu'elles présentent leurs accusations. »**
6 **Ayant passé chez eux huit à dix jours au plus, il redescendit à Césarée. Le lendemain, il siégea au tribunal et ordonna d'amener Paul.**
7 **Quand il fut là, les juifs descendus de Jérusalem l'entourèrent et portèrent contre lui une quantité d'accusations graves, dont ils ne pouvaient pas fournir la preuve,**
8 **alors que Paul se défendait : « Je n'ai commis aucune faute**

contre la Loi des juifs, ni contre le Temple, ni contre l'empereur.»

9 **Festus, voulant faire plaisir aux juifs, s'adressa à Paul : «Veux-tu monter à Jérusalem pour y être jugé sur cette affaire en ma présence ?»**

10 **Paul répondit : «Je suis ici devant le tribunal de l'empereur : c'est là que je dois être jugé. Je ne suis coupable de rien contre les juifs, comme toi-même tu t'en rends fort bien compte.**

11 **Si donc je suis coupable, et si j'ai fait quelque chose qui mérite la mort, je ne refuse pas de mourir. Mais s'il ne reste rien des accusations qu'ils portent contre moi, personne ne peut me livrer à eux. J'en appelle à l'empereur.»**

12 **Alors Festus, en ayant conféré avec son conseil, déclara : «Tu en as appelé à l'empereur, tu iras devant l'empereur.»**

En contraste avec ce qui précède, Luc présente le nouveau gouverneur comme un homme de décision et un fonctionnaire intègre. À peine entré en fonctions, Festus va prendre contact avec les autorités religieuses juives à Jérusalem. Le lecteur s'aperçoit que les deux années qui se sont écoulées n'ont en rien calmé la haine meurtrière des adversaires de Paul, prêts à nouveau à agir en pleine illégalité pour le supprimer à l'occasion du transfert qu'ils réclament en toute hypocrisie (v. 2-3). Sans que cette fois leur complot ne soit éventé, ils se heurtent au ferme refus du gouverneur, dont le tribunal est à Césarée : le procès de Paul va y être repris à nouveaux frais (v. 4-5) !

Expéditif, Festus l'ouvre dès le lendemain de son retour à Césarée, et le même scénario se reproduit : accusations graves et sans preuves de la part des juifs, protestation d'innocence de la part de Paul (v. 6-8). Festus qui voudrait en terminer avec cette affaire croit avoir trouvé une solution en proposant à Paul d'être jugé à Jérusalem (sous-entendu : par le Sanhédrin) puisqu'il s'agit d'un conflit religieux interne, mais en sa présence, et donc sous son contrôle. Le gouverneur, peut-être encore trop confiant, pense pouvoir éviter ainsi une sentence injustifiée.

Mais à son tour il se heurte à un refus ferme et argumenté de son prisonnier : celui-ci n'entend pas *être livré aux juifs*, dont il sait bien qu'il doit attendre le pire. Puisqu'on l'a accusé devant les autorités romaines, c'est par elles qu'il veut être jugé. Toujours parfaitement conscient de ses droits de citoyen romain, Paul introduit alors un élément nouveau qui va bouleverser le cours des choses : *J'en appelle à l'empereur* (v. 11 ; litt. *à César* : ce titre revient 8 fois dans cette dernière partie du livre). Luc fait confiance à l'intelligence du lecteur pour comprendre que Paul a trouvé ainsi, par un trait de génie, le biais juridique grâce auquel son vœu d'aller à Rome va pouvoir se réaliser, comme le Seigneur le lui a promis (*cf.* 23, 11). En effet, le gouverneur ne peut pas s'opposer à une telle demande émanant d'un citoyen romain (v. 12).

On s'attendrait à trouver dans la suite immédiate le récit du transfert de Paul dans la capitale de l'empire. Parce qu'il tient de ses sources un épisode qui lui semble ne pas manquer d'intérêt, et peut-être pour montrer dans la vie de Paul l'accomplissement d'une prophétie de Jésus qu'il a rapportée dans l'évangile : « On vous fera comparaître devant des rois et des gouverneurs » (Lc 21, 12), Luc va encore s'attarder à relater la comparution officieuse de Paul devant le roi Agrippa.

19. Témoignage de Paul devant le roi Agrippa et nouveau récit de la conversion (25, 13–26, 32)

Ce long récit peut être subdivisé en deux sections, pour bien mettre en valeur l'unité et l'intérêt du troisième récit lucanien de la conversion de Saul de Tarse. Une première partie narrative assez développée lui sert de prologue.

A. FESTUS EXPOSE À AGRIPPA LE CAS DE PAUL (25, 13-27)

13 Quelques jours plus tard, le roi Agrippa et sa sœur Bérénice vinrent à Césarée saluer le gouverneur Festus.
14 Comme ils passaient là plusieurs jours, Festus exposa au roi la situation de Paul : « Il y a ici un homme que mon prédécesseur Félix a laissé en prison.
15 Quand je suis allé à Jérusalem, les chefs des prêtres et les anciens des juifs ont porté plainte contre lui en réclamant sa condamnation.
16 J'ai répondu que la loi romaine ne permet pas de livrer un accusé sans l'avoir d'abord confronté avec ses accusateurs, et lui avoir donné la possibilité de présenter sa défense.
17 Ils sont alors venus ici, et sans aucun délai, le lendemain même, j'ai siégé au tribunal et j'ai fait comparaître cet homme.

18 Mis en sa présence, les accusateurs ne lui reprochaient aucun des crimes que, pour ma part, j'aurais imaginés.
19 Ils avaient seulement avec lui certaines discussions au sujet de leur religion à eux, et au sujet d'un certain Jésus qui est mort, mais que Paul déclarait toujours vivant.
20 Quant à moi, ne sachant vraiment pas quelle suite donner à l'instruction, j'ai demandé à Paul s'il voulait aller à Jérusalem pour y être jugé sur cette affaire.
21 Mais Paul a fait appel pour que son cas soit réservé à la juridiction impériale. J'ai donc ordonné de le garder en prison jusqu'à son transfert devant l'empereur. »
22 Agrippa dit à Festus : « Je voudrais bien, moi aussi, entendre cet homme. — Dès demain, tu l'entendras », répondit-il.
23 Le lendemain, Agrippa et Bérénice arrivèrent donc en grand apparat et firent leur entrée dans la salle d'audience, escortés par les officiers supérieurs et les principaux personnages de la ville ; Festus fit comparaître Paul.
24 Festus prit la parole : « Roi Agrippa, et vous tous qui êtes là avec nous, vous voyez devant vous l'homme au sujet duquel toute la masse des juifs est intervenue auprès de moi, tant à Jérusalem qu'ici même, en criant qu'il ne doit pas rester en vie.
25 Or moi, j'ai compris qu'il n'avait rien fait qui mérite la mort ; mais comme lui-même en a appelé à l'empereur, j'ai décidé de le lui envoyer.
26 Je n'ai rien de précis à écrire à sa Majesté sur son compte ; c'est pourquoi je l'ai fait comparaître devant vous, et surtout devant toi, roi Agrippa, afin qu'après cet interrogatoire j'aie quelque chose à écrire.
27 En effet, il ne me semble pas raisonnable d'envoyer un prisonnier sans signaler les accusations portées contre lui. »

Les événements que Luc est en train de narrer ne sont pas très éloignés du temps où il rédige ce second « livre à Théophile » (20 à 25 ans?). Il peut penser n'avoir pas à présenter à son lecteur les personnalités célèbres qu'il introduit maintenant. Il faut y suppléer en rappelant que ce *roi Agrippa* est le fils d'Hérode Agrippa I (le persécuteur de l'Église du chapitre 12). Il est alors en fait « tétrarque » comme l'était son grand oncle Hérode Antipas (celui de l'évangile), qui se faisait aussi appeler « roi » : ces roitelets de la dynastie hérodienne ne pouvaient gouverner que dans la dépendance étroite du pouvoir de Rome. Ce rappel permet de comprendre que ce soit lui qui se déplace pour venir saluer le nouveau gouverneur romain de la Judée (v. 13). Bérénice, surtout connue pour sa liaison ultérieure avec Titus, était la sœur d'Agrippa : pudiquement, Luc omet de mentionner que, veuve d'un premier mari, elle vivait alors dans une relation incestueuse avec son frère.

Festus profite de cette visite d'un roi assez au courant des affaires juives (il est lui-même à moitié juif) pour lui soumettre le cas de Paul, qui lui pose problème. Cet exposé qui occupe les v. 14-21 peut paraître un peu long, puisqu'il n'apprend apparemment rien de nouveau au lecteur. Il semble que Luc ait à cœur de présenter ici, à l'opposé du négligent Félix, un haut fonctionnaire honnête et scrupuleux. Il met dans sa bouche, au v. 16, une belle définition d'un procès équitable, selon la loi romaine, que ne désapprouverait pas un moderne défenseur des droits de l'homme !

Le v. 19 apporte même un élément inédit : dans les discussions entre Paul et ses accusateurs, nous apprenons que l'épineuse question de la résurrection des morts a quitté le terrain de l'opposition entre pharisiens et sadducéens (sur la résurrection future), pour s'inscrire au niveau de la prédication chrétienne sur la résurrection de Jésus. Festus a saisi au passage la prétention fondamentale de la foi nouvelle : Jésus est toujours vivant ! Enfin, avec une certaine humilité, le gouverneur reconnaît combien il a été embarrassé, et évoque sa suggestion d'un jugement à Jérusalem, que Paul a rejetée en décidant de faire appel, *pour que son cas soit réservé à la juridiction de l'Auguste* (v. 21 : même désignation de l'empereur par ce titre au v. 25).

Le cas de Paul intéresse effectivement le roi Agrippa, et Festus organise à son intention une audience sans valeur légale, mais pleine d'apparat, pour qu'Agrippa, Bérénice et quelques notables puissent entendre cet étonnant prisonnier. Festus ouvre la séance en présentant à nouveau *l'homme dont la masse des juifs réclame à grands cris la mort*. Quant à lui, comme le tribun Lysias, il ne peut à son tour que souligner l'innocence de Paul. Mais il ne peut le relâcher du fait de son appel à César. Il espère qu'à la suite de cette comparution Agrippa pourra l'aider à trouver que dire dans la lettre d'envoi du prisonnier à la juridiction impériale. Il lui semble en effet *illogique d'envoyer un prisonnier sans signifier les charges qui pèsent sur lui* (v. 22-27) ! Cet argument de bon sens lui permet de justifier le caractère un peu exceptionnel de ce nouvel interrogatoire de Paul.

B. LE PLAIDOYER DE PAUL (26, 1-32)

1 Alors Agrippa s'adressa à Paul : « Tu es autorisé à plaider ta cause. » Paul, levant la main, présentait ainsi sa défense :
2 « Sur tous les points dont je suis accusé par les juifs, je m'estime bienheureux, roi Agrippa, d'avoir à présenter ma défense aujourd'hui devant toi,
3 d'autant plus que tu es un connaisseur de toutes les coutumes et de toutes les discussions qui existent chez les juifs. Voilà pourquoi je te prie de m'écouter avec patience.
4 La vie que j'ai menée dès ma jeunesse, et qui s'est déroulée depuis le début dans le cadre de ma nation et à Jérusalem, tous les juifs en sont informés.
5 Ils me connaissent depuis longtemps, et ils témoigneront, s'ils le veulent bien, que j'ai vécu selon la tendance la plus stricte de notre religion : en pharisien.
6 Et maintenant, si je suis traduit en justice, c'est parce que j'espère en la promesse faite par Dieu à nos pères,
7 cette promesse dont nos douze tribus espèrent la réalisation, elles qui rendent un culte à Dieu jour et nuit avec persévérance. C'est pour cette espérance que je suis accusé par les juifs, ô roi.
8 Pourquoi chez vous juge-t-on incroyable que Dieu ressuscite les morts ?
9 Pour moi, j'ai cru que je devais tout faire pour m'opposer au nom de Jésus de Nazareth,
10 et je l'ai fait à Jérusalem : j'ai moi-même mis en prison beaucoup de fidèles, en vertu des pouvoirs reçus des chefs des prêtres ; et quand on les tuait, j'ai apporté mon suffrage.
11 Souvent, je passais dans toutes les synagogues, en leur faisant subir des sévices pour les forcer à blasphémer. J'en étais arrivé à une telle folie contre eux que je les poursuivais jusque dans les villes étrangères.
12 C'est ainsi qu'allant à Damas muni de pouvoirs et de délégations des chefs des prêtres,
13 en plein midi, sur la route, j'ai vu, ô roi, venant du ciel, une lumière plus éclatante que le soleil, qui m'enveloppa de son éclat ainsi que ceux qui m'accompagnaient.
14 Comme nous étions tous tombés par terre, j'entendis une voix qui me disait en araméen : "Saul, Saul, pourquoi me persécuter ? Il est dur pour toi de regimber contre l'aiguillon."

15 **Et moi je dis : “Qui es-tu, Seigneur ?” Le Seigneur répondit : “Je suis Jésus, celui que tu persécutes.**
16 **Mais relève-toi, et tiens-toi debout ; si je te suis apparu, c’est pour te destiner à être serviteur et témoin de ce moment où tu m’as vu, et de ceux où je t’apparaîtrai encore.**
17 **Je te délivre de ton peuple et des nations païennes vers lesquelles je t’envoie**
18 **pour leur ouvrir les yeux, pour les ramener des ténèbres vers la lumière et du pouvoir de Satan vers Dieu, afin qu’ils reçoivent le pardon des péchés et une part d’héritage avec ceux qui ont été sanctifiés, grâce à la foi en moi.”**
19 **Alors, roi Agrippa, je n’ai pas voulu résister à la vision que j’avais reçue du ciel.**
20 **J’ai parlé aux gens de Damas d’abord, puis à ceux de Jérusalem, à tout le pays de Judée et aux nations païennes ; je les exhortais à se convertir et à se tourner vers Dieu, en menant une vie qui exprime leur conversion.**
21 **Voilà pourquoi les juifs se sont emparés de moi dans le Temple, et ils essayaient de me tuer.**
22 **Mais Dieu m’a envoyé du secours, si bien que j’ai tenu bon jusqu’à ce jour pour rendre témoignage devant petits et grands. Je ne disais rien d’autre que ce qui avait été prédit par les prophètes et par Moïse,**
23 **à savoir que le Messie devait souffrir, et qu’il devait ressusciter le premier d’entre les morts pour annoncer la lumière à notre peuple et aux nations païennes. »**
24 **Il en était là de sa défense, quand Festus lui cria : « Tu es fou, Paul ! Avec toutes tes études, tu tournes à la folie ! »**
25 **Mais Paul répliqua : « Je ne suis pas fou, Excellence ! Mais je parle un langage de vérité et de bon sens.**
26 **Le roi, à qui je m’adresse en toute confiance, est au courant de ces événements ; je suis convaincu qu’aucun d’eux ne lui a échappé, car ce n’est pas arrivé dans un coin perdu.**
27 **Roi Agrippa, crois-tu aux prophètes ? Oui, je sais que tu y crois. »**
28 **Agrippa dit alors à Paul : « Encore un peu, et tu vas me persuader que tu as fait un chrétien ! »**
29 **Paul répliqua : « Encore un peu ou encore beaucoup, je voudrais prier Dieu pour que non seulement toi, mais encore tous ceux qui m’écoutent aujourd’hui, deviennent exactement ce que je suis… sauf les chaînes que voici ! »**
30 **Le roi se leva, ainsi que le gouverneur, Bérénice, et ceux qui étaient avec eux.**

31 **En se retirant, ils se disaient entre eux : « Cet homme ne fait rien qui mérite la mort ou la prison. »**
32 **Et Agrippa dit à Festus : « Cet homme aurait pu être relâché, s'il n'en avait pas appelé à l'empereur. »**

L'apologie de Paul devant Agrippa (v. 1-23)

L'entrée en matière de l'apologie de Paul est d'une habile courtoisie, sans flatterie. Agrippa est effectivement un bon connaisseur du judaïsme et doit s'intéresser au parcours religieux que Paul va lui retracer, en remontant jusqu'à sa jeunesse. Le lecteur n'apprend ici rien de nouveau sur le jeune Saul de Tarse, mais doit remarquer comment Paul insiste sur sa qualité de juif de stricte observance, que ne peuvent lui dénier ses accusateurs. Or, il n'a rien renié de ses convictions de pharisien et, comme l'aurait fait Gamaliel, il affirme que la foi en la résurrection des morts est dans la droite ligne de toutes les promesses de Dieu à son peuple. Si c'est pour cette espérance qu'il est accusé, c'est tout le parti pharisien qui devrait le rejoindre en prison ! C'est un leitmotiv de la défense de Paul au long des rebondissements de son procès, et il sait bien que dans le milieu auquel il s'adresse cette question de la résurrection, objet de débat, ne fait pas ricaner comme à Athènes (*cf.* 17, 32). De fait, Agrippa et les autres vont encore laisser parler longuement cet orateur plein d'assurance (v. 1-8).

Versets 9-16a

Nous retrouvons ici les éléments classiques du récit de la conversion de Saul, que les v. 16b-18 vont transformer en un récit de vocation (se reporter à l'encadré p. 236).

Aux v. 9-12, Paul évoque avec encore plus de détails son activité de persécuteur acharné des chrétiens. Aux v. 13-16a, on relève de petites variantes : la lumière qui surgit est ***plus éclatante que le soleil* — *tous sont tombés par terre*** — la voix s'adresse à Saul ***en araméen*** (même remarque qu'en 21, 40) et après s'être fait connaître, Jésus ajoute sous forme de proverbe, d'origine grecque semble-t-il, que Saul ne doit pas essayer de lui résister : ***Il te serait dur de regimber contre l'aiguillon.*** L'image est celle d'un bœuf qui chercherait en vain à refuser d'aller où son bouvier veut le conduire : au v. 19, Paul dira qu'il ne l'a en effet pas tenté.

Versets 16b-18

L'originalité de ce troisième récit commence aussitôt après que Paul ait évoqué l'ordre reçu du Seigneur de se *tenir debout*. Il fait l'impasse sur les éléments narratifs qui racontaient les suites immédiates de la vision : l'aveuglement de Paul, la rencontre avec Ananie à Damas, sa guérison et son baptême. L'apôtre se permet de faire se télescoper les étapes historiques de sa prise de conscience d'une vocation spéciale reçue du Christ. Selon son propre récit de 22, 17-21, le Seigneur lui avait révélé cette vocation un peu plus tard, dans une vision au Temple de Jérusalem : *Je vais t'envoyer au loin, vers les nations païennes*. Convaincu que cette mission était dès l'origine ce qui a motivé l'apparition de Jésus sur le chemin de Damas, Paul prend la liberté de tout concentrer dans cet épisode initial.

Il met donc dès ce moment dans la bouche du Ressuscité l'annonce prophétique d'une mission dont il révèle à son serviteur les développements futurs ainsi que la portée théologique. Luc rédige ces paroles d'envoi en s'inspirant à la fois de la vocation de Jérémie, que le Seigneur va «libérer» pour qu'il devienne «prophète des nations» (Jr 1, 5-8) et de la mission du Serviteur du Seigneur, destiné à être la «lumière des nations» (Is 42, 6-7 ; 49, 6).

Une fois de plus, Luc mêle la profondeur théologique et l'habileté du conteur. En effet, les paroles de Jésus qui annonçaient à l'avance le ministère de Paul ont ici pour le lecteur une fonction récapitulatrice de toute l'aventure missionnaire relatée depuis le chapitre 13 ! Aventure effectivement conduite par le Seigneur au moyen de diverses *visions* (cf. 16, 9 s ; 18, 9 s ; 23, 11), et dont le fruit a été de *ramener des ténèbres à la lumière et du pouvoir de Satan vers Dieu* (langage à la fois paulinien et lucanien) de nombreux païens, pour qu'ils reçoivent la *rémission des péchés* (langage typiquement lucanien) et *une part d'héritage avec les sanctifiés, par la foi en moi* (langage très paulinien).

Ces v. 17-18 sont ainsi un remarquable condensé du contenu de l'annonce de l'Évangile. L'expression *leur ouvrir les yeux* semble aussi un clin d'œil au lecteur (si l'on ose dire !), pour lui rappeler le passage des ténèbres à la lumière de Paul lui-même, au sens propre comme au sens symbolique, par la médiation d'Ananie (9, 18 ; 21, 13).

Versets 19-23

Cette récapitulation se poursuit dans la conclusion du discours où Paul, s'adressant de nouveau spécialement à Agrippa, résume ce que fut son obéissance à l'appel du Seigneur : un témoignage pour les juifs et les païens, les petits et les grands, les appelant à la *conversion* (*cf.* 14, 15 ; 17, 30 ; 20, 21) et à *pratiquer des œuvres dignes de la conversion* (expression reprise de Lc 3, 8). Évoquant l'ultime persécution subie de la part des juifs, qui cherchent à le tuer (v. 21), Paul déclare qu'il a pu tenir bon grâce au secours de Dieu, et réitère l'idée force que son message est dans la continuité de celui des prophètes et de Moïse (v. 22, *cf.* 24, 14). Le v. 23 est un écho direct de l'enseignement du Ressuscité en Lc 24, 26 s et 46 s.

De plus, en attribuant à Jésus lui-même, comme Syméon en Lc 2, 31 s, l'annonce de la lumière *à notre peuple et aux nations païennes*, allusion à Is 49, 6 qui s'appliquait à sa propre mission au v. 18 (*cf.* 13, 47), Paul exprime fortement, dans les derniers mots de cette longue apologie, ce qui est la conviction théologique sous-jacente à toute l'écriture du livre des Actes : pour Luc, il est clair que l'œuvre des témoins du Christ, inspirés de son Esprit, n'est autre que l'œuvre du Ressuscité lui-même.

Dialogues conclusifs (v. 24-32)

Paul est interrompu par une exclamation agacée de Festus. Moins familier qu'Agrippa des discussions théologiques, le gouverneur a peine à suivre l'orateur dans sa démonstration, qui vise à prouver que les juifs n'ont rien à lui reprocher. N'est-il pas témoin du contraire ? Festus n'est pas le seul dans l'histoire à réagir de manière un peu simpliste, en déclarant que les subtiles arguties ou l'excès de science des théologiens leur font perdre le sens commun ! Mais Paul, piqué au vif, en appelle au roi Agrippa qui doit pouvoir attester que ses propos correspondent au cœur même du débat sur la vérité, sur l'accomplissement des prophéties bibliques, qui opposent publiquement juifs et chrétiens, depuis trois décennies (v. 24-26).

Sur sa lancée, Paul a même l'audace de vouloir enrôler Agrippa dans son camp : *Crois-tu aux prophètes, roi Agrippa ? Oui, je sais que tu y crois* ! Le roi ne semble pas s'offusquer d'être interpellé aussi directement, et en public ! Mais sa réponse est une esquive dont il est difficile de dire si elle exprime la gêne d'un esprit ébranlé ou l'ironie d'un sceptique : *Pour un peu tu vas me persuader de me faire chrétien !* (J'opte pour cette traduction possible, et classique.) À quoi Paul réplique avec humour que, Dieu voulant, il souhaite que son interlocuteur et tous les auditeurs présents partagent sa condition de fidèle du Christ, la prison en moins (v. 27-29) ! Fières paroles d'un témoin qui, dans ses chaînes, reste un homme libre et un évangéliste pugnace ! Et Luc lui laisse le dernier mot, comme si aucun des personnages importants qui l'ont fait comparaître ne savaient que lui répondre. La nature de l'interrogatoire n'impliquait évidemment pas le prononcé d'une sentence.

C'est donc entre eux que, la séance levée, ils tirent une conclusion apparemment unanime : Paul n'a rien fait qui mérite la mort, ni même la prison. C'est la troisième affirmation, en termes équivalents, de l'innocence de Paul, reconnue par l'administration romaine et confirmée ici par le roi Agrippa. Il y a là un parallèle évident avec les trois déclarations d'innocence de Pilate à propos de Jésus, que les juifs voulaient voir condamner à mort (*cf.* Lc 23, 4.14.15.22). L'avis d'Agrippa fait pendant à celui d'Hérode, tel du moins que Pilate l'avait interprété (Lc 23, 15). Agrippa confirme à Festus que *cet homme aurait pu être relâché, s'il n'en avait pas appelé à l'empereur* (v. 30-32).

LE LIVRE DES ACTES EST-IL UNE ŒUVRE APOLOGÉTIQUE ?

On a parfois émis l'hypothèse que les destinataires du livre des Actes auraient été les autorités romaines : Luc leur présenterait ainsi une apologie du christianisme, pour le disculper du soupçon d'être un mouvement subversif. La thèse est excessive, car l'intention fondamentale de cet écrit apparaît surtout comme un désir de conforter dans leur foi les chrétiens d'origine païenne. Luc veut leur montrer que l'extension de l'Évangile jusqu'aux extrémités de la terre est conforme au dessein de Dieu, déjà annoncé dans l'A.T., clairement révélé par Jésus Christ, et réalisé sous la conduite de l'Esprit saint.

Toutefois, la rédaction d'un certain nombre d'épisodes, essentiellement dans la quatrième partie du livre, manifeste effectivement un souci apologétique, lequel peut expliquer l'importance donnée à certains développements. On le voit en rassemblant les observations faites dans ce sens en cours de lecture.

Luc transmet au lecteur une vision positive de l'ordre romain, et notamment des principes de droit qui le fondent. Il les souligne dans un propos de Festus (25, 16), ou montre implicitement leur importance lorsque Paul proteste contre des bavures policières inadmissibles (16, 35-39 ; 22, 24-29). L'empire, à l'époque de la mission paulinienne, n'est pas encore le monstre persécuteur des chrétiens que dénoncera l'Apocalypse. Il pourrait le devenir si les autorités impériales se laissaient convaincre par les adversaires des chrétiens, qui les accusent de subversion. La situation est délicate, car à partir du moment où elle rompt avec le judaïsme, la nouvelle « secte » n'est plus protégée par le statut privilégié accordé par Rome à la religion juive.

L'auteur s'attache donc bien à disculper les porteurs de l'Évangile de tout soupçon de troubler l'ordre public. Jésus n'a donné aucune prise à l'accusation d'appartenir au mouvement rebelle des zélotes, et les apôtres à leur tour ont été des « non-violents ». Le pouvoir romain l'a bien reconnu : le proconsul Gallion, le tribun Lysias et le gouverneur Festus ont tous déclaré que le conflit qui opposait certains juifs à Paul était d'ordre religieux, hors de la compétence de leur juridiction, et que les accusations d'agitation délibérée étaient sans fondement (*cf.* 18, 15 ; 23, 29 ; 25, 19.25 ; 26, 31). À Éphèse, le secrétaire de la ville calme les émeutiers, en récusant le grief de blasphème à l'égard d'Artémis adressé à Paul et à ses disciples, et les convie à respecter la légalité. Luc laisse percer son admiration pour l'ordre que fait régner la puissance de Rome, par la simple menace d'une éventuelle intervention (19, 35-40) !

Outre cet aspect de neutralité bienveillante, Luc atteste même que les autorités romaines ont plusieurs fois protégé la vie de Paul et de ses compagnons, à Jérusalem (21,32 ; 23, 10.24), à Césarée (25, 4), et pendant son transfert à Rome (27, 43). D'une manière générale, il donne le sentiment qu'à ses yeux, la *pax romana* a été la garante d'une liberté de circulation et de parole qui a grandement favorisé la diffusion de l'Évangile.

Mais, lorsqu'il rédige son livre, la persécution de Néron a eu lieu, et les risques d'affrontement sont devenus plus sensibles. Luc semble préconiser aux communautés chrétiennes de son temps une attitude prudente, en leur demandant d'être loyales envers les autorités établies ; loyalisme dont Paul a donné l'exemple et qu'il a théorisé en Rm 13, 1-7. L'irréductible conflit pour refus du culte impérial, central dans le livre de l'Apocalypse, ne se manifeste pas encore dans l'œuvre lucanienne.

20. Voyage vers Rome : tempête et naufrage (27, 1-44)

Ici encore, nous coupons en deux sections ce très long et très détaillé récit de voyage, qui est celui du transfert à Rome du prisonnier Paul.

A. DE CÉSARÉE EN CRÈTE (v. 1-12)

1 Quand notre départ pour l'Italie a été décidé, on a confié Paul et quelques autres prisonniers à un centurion nommé Julius, de la cohorte Augusta.

2 Montés à bord d'un bateau d'Adramyttium en partance pour les ports de la province d'Asie, nous avons pris la mer, ayant avec nous Aristarque, Macédonien de Thessalonique.

3 Le lendemain, nous avons abordé à Sidon ; et Julius, qui traitait Paul de manière très humaine, lui a permis d'aller voir ses amis et de profiter de leur accueil.

4 De là, nous avons repris la mer et nous sommes passés le long de Chypre pour nous abriter des vents contraires.

5 Nous sommes passés par la mer qui borde la Cilicie et la Pamphylie, et nous avons débarqué à Myre en Lycie.

6 Là, le centurion a trouvé un bateau d'Alexandrie en partance pour l'Italie, et nous y a fait embarquer.

7 Pendant plusieurs jours, la navigation a été ralentie, et nous sommes arrivés avec peine en face de Cnide, où le vent ne nous a pas permis d'aborder. Nous sommes alors passés le long de la Crète en face du cap Salmoné,

8 que nous avons doublé avec peine, et nous sommes arrivés à un endroit appelé « Bons Ports », près de la ville de Lasaïa.

9 Nous avions perdu beaucoup de temps, et la navigation était déjà dangereuse, puisque la date du Grand Pardon était déjà passée, si bien que Paul leur faisait cette déclaration :

10 « Mes amis, je vois bien que la navigation ne se ferait pas sans dégâts et sans beaucoup de pertes, non seulement pour la cargaison et pour le bateau, mais encore pour nos vies. »

11 Mais le centurion faisait plus confiance au capitaine et à l'armateur qu'aux paroles de Paul.

12 Et comme le port n'était pas équipé pour y passer l'hiver, la majorité a été d'avis de reprendre la mer, en espérant qu'on pourrait arriver à Phénix, un port de Crète tourné vers le sud-ouest et le nord-ouest, et y passer l'hiver.

Pour la dernière fois, et sans préavis, comme dans les cas précédents, nous retrouvons le style en *nous* du « journal de voyage ». Quelques compagnons de Paul, dont les longs comptes rendus de procès des derniers chapitres nous auraient presque fait oublier l'existence, sans la brève allusion de 24, 23, ont donc été autorisés à s'embarquer avec lui pour ce transfert officiel à Rome. Combien sont-ils, nous l'ignorons. Il y a au minimum l'auteur des notes de voyage et Aristarque, de Thessalonique (*cf.* 19, 29 ; 20, 4).

Cette première partie du récit s'apparente aux passages déjà rencontrés, en se présentant comme un résumé d'itinéraire. On peut suivre ce dernier sur la carte (p. 9). Mais déjà certains traits donnent le ton, à la fois des relations sympathiques qui s'établissent entre Paul et le centurion responsable de son escorte, et des difficultés de la navigation, qui vont bientôt transformer ce périple en un vrai drame de la mer.

Une première escale à Sidon montre l'humanité (litt. : *la philanthropie*) de Julius envers son prisonnier : Paul peut aller y rendre visite à ses amis, comme il l'avait fait pour ceux de Tyr, lorsqu'il voyageait en liberté (*cf.* 21, 3 ss). À Myre, les soldats et leurs prisonniers quittent le premier bateau qui ne desservait que les ports de la province d'Asie. Le centurion fait affaire avec un bateau égyptien, chargé d'une cargaison de blé à destination de Rome. Les vents contraires l'obligent à faire escale en Crète, à *Bons Ports*, nom donné sans doute par euphémisme (*cf.* le cap de « Bonne Espérance » !). Le narrateur note que la saison était avancée : on est à la mi-septembre, car la date du *Grand Pardon* (la fête juive de Yom Kippur) est déjà passée. Avec les grandes marées d'équinoxe, souvent accompagnées de tempêtes, la navigation devenait très risquée pour les bâtiments de l'époque. On l'arrêtait totalement de novembre à mars. Il fallait prendre son parti d'hiverner.

Dès ce moment, Luc nous montre que Paul, quoique prisonnier, continue à manifester une grande liberté de parole, même s'il ne s'agit pas de théologie ! Il a l'expérience de nombreux voyages, et il est très soucieux d'arriver sain et sauf à Rome. Il se permet donc de donner un conseil de prudence aux responsables, sous forme d'un avertissement qui va se révéler prophétique : il y aurait de très gros risques à reprendre la mer (v. 10). Mais Julius, qui estime Paul et lui témoigne des égards, ne le juge pas compétent en matière de navigation, et préfère se ranger à l'avis du capitaine et de l'armateur qui connaissent bien leur bateau.

« Bons Ports », malgré son nom, ne leur paraît pas favorable à l'hivernage. Luc parle ici curieusement d'une décision prise à la majorité. Il est peu probable qu'il s'agisse d'un vote démocratique après consultation des deux cent soixante-seize personnes présentes à bord, soldats, prisonniers et marins (*cf.* v. 37) ! On peut penser qu'il s'agit des personnages mentionnés au v. 11, qui décident à trois, contre l'avis de Paul, d'effectuer une sortie pour rejoindre un autre port de Crète, Phénix, dont l'orientation est plus favorable.

B. QUATORZE JOURS DANS LA TEMPÊTE (v. 13-44)

13 **Comme un léger vent du sud se mettait à souffler, ils se sont imaginé que leur projet se réalisait ; ayant donc levé l'ancre, ils essayaient de longer les côtes de Crète.**

14 **Mais peu après s'est déchaîné, venant de l'île, le vent d'ouragan qu'on appelle euraquilon.**

15 **Le bateau a été emporté, et il ne pouvait pas tenir tête au vent : nous sommes donc partis à la dérive.**

16 **En passant à l'abri d'une petite île appelée Cauda, nous avons réussi, non sans peine, à nous rendre maîtres du canot de sauvetage.**

17 **L'ayant remonté, on employait les moyens de secours en ceinturant le bateau : craignant d'aller échouer sur la Syrte, on a lâché l'ancre flottante, et ainsi on continuait à dériver.**

18 **Le lendemain, comme la tempête nous secouait avec violence, on délestait le navire.**

19 **Le troisième jour, les matelots, de leur propres mains, ont arraché le gréement du bateau.**

20 **Depuis bien des jours, on n'avait pas vu le soleil ni les étoiles, et une tempête extraordinaire continuait à sévir ; tout espoir était désormais perdu pour nous d'être sauvés.**

21 **Les gens étaient à jeun depuis longtemps. Alors Paul, debout au milieu d'eux, a pris la parole : « Mes amis, il aurait fallu m'obéir et ne pas quitter la Crète : cela aurait épargné tant de dégâts et de pertes !**

22 **Mais maintenant, je vous exhorte à prendre courage : aucun de vous n'y laissera la vie, seul le bateau sera perdu.**

23 **En effet, cette nuit s'est présenté à moi un ange du Dieu à qui j'appartiens et à qui je rends un culte.**

24 **Il m'a dit : "Sois sans crainte, Paul, il faut que tu te présentes devant l'empereur, et voici que Dieu t'accorde la vie de tous ceux qui sont sur le bateau avec toi."**

25 **Alors, prenez courage, mes amis : ma foi en Dieu m'assure que tout se passera comme il m'a été dit.**

26 **Nous devons échouer sur une île. »**

27 **C'était la quatorzième nuit que nous étions sur la mer Ionienne ; or vers minuit, les marins pressentaient l'approche d'une terre.**

28 **Ils ont jeté la sonde et ont trouvé vingt brasses ; un peu plus loin, ils l'ont jetée de nouveau et ont trouvé quinze brasses.**
29 **Craignant que nous n'allions échouer sur des rochers, ils ont jeté quatre ancres à l'arrière, et ils attendaient le jour avec impatience.**
30 **Puis les marins ont cherché à s'enfuir du bateau, et ils ont mis le canot à la mer sous prétexte d'aller jeter des ancres à l'avant.**
31 **Paul s'est adressé au centurion et aux soldats : « Si ces gens ne restent pas sur le bateau, c'est vous qui ne pouvez pas être sauvés. »**
32 **Alors les soldats ont coupé les cordes du canot et l'ont laissé s'échouer.**
33 **En attendant que le jour se lève, Paul invitait tout le monde à prendre de la nourriture : « Voilà aujourd'hui le quatorzième jour que vous passez à jeun, sans rien prendre.**
34 **Je vous invite donc à prendre de la nourriture ; il y va de votre salut : en effet, aucun de vous ne perdra un cheveu de sa tête. »**
35 **Ayant dit cela, il a pris du pain, il a rendu grâce à Dieu devant eux tous, il l'a rompu et il s'est mis à manger.**
36 **Alors tous, retrouvant leur courage, ont eux aussi pris de la nourriture.**
37 **Nous étions en tout deux cent soixante-seize personnes sur le bateau.**
38 **Une fois rassasiés, on allégeait le bateau en jetant le blé à la mer.**
39 **Quand il fit jour, les marins ne reconnaissaient pas la terre, mais ils apercevaient une baie avec une plage, sur laquelle ils voulaient si possible faire aborder le bateau.**
40 **Ils ont alors décroché les ancres, les abandonnant à la mer, détaché les câbles des gouvernails, hissé une voile au vent, et on se laissait porter vers la plage.**
41 **Mais ils sont tombés sur un banc de sable, et ils y ont fait échouer le navire. La proue, qui s'était enfoncée, restait immobile, tandis que la poupe se disloquait sous la violence des vagues.**
42 **Les soldats ont eu alors le projet de tuer les prisonniers pour éviter que l'un d'eux s'enfuie à la nage.**
43 **Mais le centurion, voulant sauver Paul, les a empêchés de réaliser leur projet ; il a ordonné aux gens de gagner la terre : ceux qui savaient nager, en se jetant à l'eau les premiers,**
44 **les autres sur des planches ou des débris du bateau. C'est ainsi que tous se sont retrouvés à terre sains et saufs.**

Nous venons de lire un «morceau de bravoure» où le narrateur fait preuve d'un talent littéraire égal à celui des plus grands écrivains classiques de l'Antiquité. Il s'appuie sans aucun doute sur les souvenirs personnels d'un des participants de cette aventure pleine de rebondissements dramatiques. Il fait preuve aussi d'une connaissance très précise du vocabulaire de la marine de son temps. De nombreux termes rares ne se trouvent qu'ici dans le N.T. L'édition intégrale de la TOB fournit quelques explications techniques bien nécessaires à tous ceux qui ne sont pas spécialistes de la navigation antique. Nous ne nous attarderons pas sur toutes les manœuvres minutieusement décrites, car par ailleurs le récit est plein de notations psychologiques et d'implications théologiques qu'il est important de relever. C'est là que réside l'originalité de la narration lucanienne par rapport aux classiques récits de tempêtes et de naufrages.

Versets 13-20

Nous trouvons là une description circonstanciée de la tempête qui se lève brusquement et entraîne le bateau à la dérive, loin de l'itinéraire prévu au plus près des côtes de la Crète. L'*euraquilon*, qualifié comme une sorte de typhon, souffle du nord-est et pousse le bateau vers l'Afrique, vers les côtes inhospitalières de la Syrte (golfe de Cyrénaïque). Le canot de sauvetage, s'il était laissé en place, gênerait l'ajustage des câbles pour l'opération de ceinturage du bateau, destinée à l'empêcher de se disloquer sous le coup des vagues. *L'ancre flottante* est une lourde pièce de bois que l'on fait traîner à la poupe pour maintenir le bateau dans le lit du vent : les premières mesures prises révèlent un équipage sachant comment faire face à une tempête ordinaire.

Mais celle-ci s'avère d'une violence exceptionnelle : le second jour, il faut jeter par-dessus bord une partie de la cargaison pour alléger le bateau, et le surlendemain ce sont les agrès que les marins se résolvent à *affaler* (TOB) sur le pont (et non les jeter à la mer, puisque au v. 40 on pourra encore hisser une voile). Le v. 20, notant l'angoissante obscurité qui s'installe aussi bien le jour que la nuit, conclut que *tout espoir d'être sauvés était perdu.*

Ce vocabulaire du salut reviendra sous diverses formes aux v. 31, 34, 43, 44 (et encore en 28, 1.4). Si ces termes, dans les écrits bibliques (A.T. et N.T.) servent couramment à désigner la délivrance concrète d'un danger mortel, ils n'en induisent pas moins le lecteur à voir dans cette aventure un symbole de la «perdition» et du «salut» au sens plénier qu'annonce l'Évangile, comme l'est de son côté le récit de la tempête apaisée (Lc 8, 22-25) : les ténèbres et la mer symbolisent en effet souvent dans l'Écriture les puissances du mal et de la mort.

Versets 21-26

Dans cette situation désespérée, Paul intervient de nouveau, debout au milieu des passagers, pour leur adresser un singulier discours. Il y a peut-être un peu de vanité à se présenter comme celui qui avait prédit la catastrophe, mais cela confère dans ces circonstances une grande autorité à sa parole. Et ce n'est pas pour les accabler qu'il s'adresse à tous ces hommes, mais pour les exhorter à garder courage. Il peut leur attester qu'ils auront la vie sauve, car un ange lui a confirmé qu'il est dans le plan du Seigneur (*il faut*) que Paul comparaisse devant l'empereur. Et de ce fait, ceux qui ont embarqué avec lui sont assurés d'une protection providentielle : Dieu accorde à Paul la vie de tous ses compagnons de voyage. Comme il a toute confiance en cette promesse, il annonce tranquillement que le navire désemparé finira par échouer sur une île.

À l'arrière-plan de ce passage, tout connaisseur de la Bible reconnaîtra une allusion très probable au récit bien connu de Jonas, pris lui aussi dans la tempête, avec un équipage terrorisé qui a jeté la cargaison à la mer. Il y a analogie dans la situation, mais un étrange renversement des rôles : Jonas, désobéissant aux ordres de Dieu, était poursuivi par la colère divine. Mais il ne veut pas entraîner les matelots à partager son sort ; il leur promet qu'ils auront la vie sauve s'ils se désolidarisent de lui : Jonas est jeté à la mer et la tempête s'apaise !

Ici, Paul est dans la main de Dieu qui veut le faire arriver à bon port ; solidaires de lui, les autres passagers seront sauvés avec lui, par la grâce de Dieu : paraphrasant Rm 5, 19, on peut dire que «par l'obéissance d'un seul, la multitude sera sauvée». Une reprise de sens ne sera certainement pas loin de la pensée de Luc, si elle discerne là en filigrane comme un symbole du mystère du salut accompli en Jésus Christ : solidaires de lui par la grâce de Dieu, nous partageons sa vie triomphant de la mort, à l'image du salut ici promis par Paul à ses compagnons de détresse.

Versets 27-32

Luc ne nous dit pas comment, sur le moment, les auditeurs de cette incroyable prédiction ont bien pu l'accueillir. Il s'empresse de montrer que l'événement est venu très vite en apporter la confirmation, puisque, au cours de la quatorzième nuit de tempête, les matelots pressentent l'approche d'une terre et vérifient leur intuition en opérant par deux fois des sondages (*15 brasses* font environ 28 mètres). Pour éviter de s'échouer dangereusement en pleine nuit, on immobilise alors le bateau en attendant le jour.

Hélas ! quand les éléments semblent moins menaçants, le danger peut survenir du côté des hommes et de leur instinct égoïste. Les marins pensent qu'ils ont plus de chance de se sauver en tirant leur épingle du jeu ; ils sont prêts à s'enfuir avec le canot de sauvetage, en abandonnant à leur sort des passagers qui seront incapables de faire les manœuvres nécessaires au salut de tous. Paul, ici encore, apparaît comme celui qui domine la situation : il a percé à jour le mensonge des marins et le dénonce au centurion, qui, cette fois, a la sagesse de l'écouter. Tous doivent rester absolument solidaires !

Versets 33-37

S'il est un visionnaire, Paul n'en est pas moins réaliste. Il continue à agir en responsable de la vie de ces compagnons que Dieu lui a donnés. Avec l'autorité morale qui maintenant s'impose à tous, il les engage vigoureusement à sortir du jeûne où l'angoisse les avait tenus depuis quatorze jours. Il invite *tout le monde* à prendre de la nourriture, incluant ces marins dont il vient de dénoncer la traîtrise ; il reste cohérent avec sa conviction déclarée : nous nous sauverons tous ensemble. Il réaffirme sa certitude avec une image choc, écho d'une promesse de Jésus (*cf.* Lc 21, 18) : ***aucun de vous ne perdra un cheveu de sa tête !*** Mais il faut absolument reprendre des forces, en vue de l'ultime étape du sauvetage.

Tout lecteur attentif reconnaîtra dans les verbes employés au v. 35 un évident rapprochement avec la description traditionnelle des gestes de Jésus à la dernière cène : Paul a *pris du pain, il a rendu grâce à Dieu, il l'a rompu*. Le texte occidental a renforcé le parallèle en ajoutant : *en nous en donnant aussi*. Il ne faut pas en conclure que, selon Luc, Paul aurait célébré sur ce navire en perdition une véritable eucharistie, faisant participer tous ces gens, païens pour la plupart, à un acte religieux auquel ils n'ont pas été initiés ! Ils peuvent cependant comprendre *l'action de grâce* qu'il prononce *devant tous* : elle est dans la logique des déclarations qu'il leur a faites aux v. 23-25, en témoignant de sa foi. Mais au niveau de ce qui fut vécu là, il s'agit bien de nourrir des ventres creux et de faire prendre courage aux naufragés (v. 36).

Au second degré, une fois de plus pour ses lecteurs chrétiens, Luc entend bien faire allusion à l'eucharistie, promesse de salut et pain réconfortant pour affronter les épreuves de la vie. Le procédé et l'intention étaient exactement les mêmes dans le récit de la multiplication des pains, anticipation de la Cène (Lc 9, 16) et dans celui d'Emmaüs, rappel allusif de cette dernière (Lc 24, 30). Le rapprochement a une grande portée spirituelle, dans la mesure où la communauté chrétienne, si elle en garde conscience, ne peut célébrer l'eucharistie dans un petit cercle fermé de privilégiés, et doit porter dans sa prière tous les affamés, tous les hommes en détresse dont les chrétiens ont à rester solidaires, et que le Seigneur veut aussi sauver.

Versets 38-44

Luc s'attarde encore un peu, pour montrer que le sauvetage collectif annoncé par Paul n'allait pas de soi ! L'échouage du bateau reste une manœuvre périlleuse ; la proue se bloque sur un banc de sable, et les vagues encore violentes commencent à disloquer la poupe. C'est alors le dernier rebondissement de cette aventure qui a mis en danger la vie de Paul : cette fois, ce sont les soldats trop zélés qui pensent à une solution radicale pour empêcher l'évasion de ceux dont ils ont la garde ! Heureusement leur chef, Julius, a plus d'humanité. Impressionné par la personnalité de Paul, et se sachant responsable de le conduire à Rome, il parvient à dissuader ses soldats de massacrer les prisonniers (v. 42-43). C'est son autorité qui ordonne l'ultime phase du sauvetage. En fin de compte, la solidarité deux fois menacée l'emporte, et selon la promesse de Dieu à Paul *tous se retrouvent à terre sains et saufs*.

Au terme de ce long récit mouvementé, nous comprenons qu'au-delà du soin pris sur le plan littéraire, au-delà de l'habileté à maintenir le lecteur en haleine, Luc a surtout voulu montrer la foi inébranlable de Paul dans l'épreuve et l'ascendant que ce serviteur de Dieu a exercé sur ses compagnons. Le lecteur doit aussi reconnaître que le dessein de Dieu s'accomplit, en dépit de tous les obstacles : c'est lui qui tient fermement à ce que Paul lui rende témoignage jusqu'à Rome.

21. Paul à Malte : nombreux signes du Seigneur (28, 1-10)

1 Une fois sauvés, nous avons découvert que l'île s'appelait Malte.

2 Les indigènes se sont montrés envers nous remarquablement humains. Ils avaient allumé un grand feu, et ils nous ont tous pris avec eux, car la pluie s'était mise à tomber et il faisait froid.

3 Or comme Paul avait ramassé une brassée de bois mort et l'avait jetée dans le feu, la chaleur a fait sortir une vipère qui s'est accrochée à sa main.

4 En voyant la bête suspendue à sa main, les indigènes se disaient entre eux : « Cet homme est sûrement un meurtrier : il est sorti de la mer sain et sauf, mais la justice divine n'a pas voulu le laisser en vie. »

5 Or lui a secoué la bête, qui est tombée dans le feu, et il n'a eu aucun mal,

6 alors que les gens s'attendaient à le voir enfler ou tomber raide mort. Après avoir attendu un bon moment, ils ont vu qu'il ne lui arrivait rien d'anormal. Tout retournés, ils disaient que c'était un dieu.

7 Il y avait là une propriété appartenant à Publius, le premier magistrat de l'île ; il nous a accueillis avec amitié et nous a donné l'hospitalité pendant trois jours.

8 Or son père était au lit, atteint de fièvre et de dysenterie. Paul est allé le voir ; après avoir prié, il lui a imposé les mains et l'a guéri.

9 À la suite de cet événement, tous les autres malades de l'île venaient se faire soigner.

10 Ils nous ont comblés d'honneurs et, à notre départ, ils nous ont fourni tout ce dont nous avions besoin.

Il suffit de regarder la carte de la Méditerranée pour voir quelle distance a été franchie par le navire à la dérive, pendant la tempête ! On se rend compte également que Malte étant une toute petite île isolée à cent kilomètres au sud de la Sicile, nos voyageurs en perdition ont eu beaucoup de chance de venir s'y échouer : pour Luc, il ne fait aucun doute qu'il s'agit d'un sauvetage miraculeux. Les notes qu'il a recueillies d'un participant à cette aventure (la narration en *nous* continue jusqu'au v. 16) montrent que la suite et la fin du voyage ne furent pas moins remplies d'éléments merveilleux, gravés en détails dans la mémoire de ceux qui ont vécu cet épisode.

Versets 2-6

Les rescapés ont été frappés par l'accueil plein de gentillesse des habitants de l'île envers eux, puis par leur crainte superstitieuse lorsque Paul fut mordu à la main par une vipère : à leurs yeux, cet homme rejoint par une puissance de mort, à peine réchappé de la tempête, doit être un criminel que poursuit *la justice divine*! Mais comme aucun mal n'arrive à Paul, ils ont alors une réaction inverse, qui fait penser à celle des gens de Lystres (*cf.* 14,11 s) : cet homme qui échappe une seconde fois miraculeusement à la mort doit être un dieu !

Le narrateur, sans la citer, doit quant à lui penser à la parole de Jésus aux disciples revenant de mission : «Je vous ai donné pouvoir d'écraser serpents et scorpions»; dans le contexte, ceux-ci symbolisent les forces du mal, la *puissance de l'Ennemi*, Satan (*cf.* Lc 10, 18 s). Il est probable que la finale tardive de Marc s'inspire du récit des Actes, lorsqu'elle énumère les divers *signes* qui accompagneront la proclamation de la Bonne Nouvelle à toute la création : on y lit une allusion probable à notre épisode, qui n'est pas que symbolique, sous cette forme : «Ils prendront des serpents dans leurs mains... ils n'auront aucun mal» (Mc 16, 18).

Versets 7-10

Les indigènes de Malte n'ont pas tenté d'offrir séance tenante des sacrifices à ce *dieu* venu de la mer, comme ceux de Lystres. Paul a donc pu prendre le temps de les détromper paisiblement, et certainement de leur parler du vrai Dieu dont il est le serviteur et qui est seul maître de la vie et de la mort. Cela va tellement de soi pour Luc qu'il ne sent pas le besoin de l'expliciter en toute occasion. Sur la lancée de ce récit plein de merveilleux, il revient plutôt à la pratique classique des guérisons qui, tout au long du livre, ont accompagné et accrédité auprès des païens comme des juifs le message de l'Évangile.

Paul commence par guérir, par la prière et l'imposition des mains (*cf.* Lc 4, 40 ; 13, 13 ; Mc 16, 18 ; Ac 9, 17) le père du premier magistrat de l'île, qui l'avait accueilli dans sa maison. Comme dans le cas de Chypre avec le proconsul Sergius Paulus, le récit a retenu le nom du principal personnage de l'île et son accueil favorable. Il y a un parallélisme assez remarquable entre la toute première et la toute dernière étape des périples missionnaires de Paul (voir 13, 4-12), témoin de son Seigneur « dans les îles » (*cf.* Is. 42, 4.10.12).

22. Paul parvient à Rome ; il s'entretient avec les juifs de la capitale (28, 11-28)

11 Au bout de trois mois, nous avons repris la mer à bord d'un navire d'Alexandrie, le *Castor et Pollux*, qui avait passé l'hiver dans l'île.

12 Nous avons abordé à Syracuse et nous y avons passé trois jours.

13 En suivant la côte, nous sommes parvenus à Reggio. Le lendemain, le vent du sud s'est levé, et en deux jours nous avons atteint Pouzzoles.

14 Nous y avons trouvé des frères qui nous ont invités à passer la semaine chez eux. Voilà comment nous avons gagné Rome.

15 De la ville, les frères, qui avaient entendu parler de nous, sont venus à notre rencontre jusqu'aux villages du Marché d'Appius et des Trois-Tavernes. En les voyant, Paul rendit grâce à Dieu, et il reprit courage.

16 À notre arrivée à Rome, il reçut l'autorisation d'habiter en ville avec le soldat qui le gardait.

17 Trois jours après, il fit appeler les notables de la communauté juive. Quand ils arrivèrent, il leur dit : « Frères, sans avoir rien fait contre notre peuple et les règles reçues de nos pères, j'arrive de Jérusalem comme prisonnier livré aux Romains.

18 Après m'avoir interrogé, ceux-ci voulaient me relâcher, puisqu'il n'y avait dans mon cas aucun motif de condamnation à mort.

19 Mais, devant l'opposition des juifs, j'ai été obligé de faire appel à l'empereur, sans vouloir pour autant accuser ma nation.

20 C'est pour ce motif que j'ai demandé à vous voir et à vous parler, car c'est à cause de l'espérance d'Israël que je porte ces chaînes. »
21 Ils lui répondirent : « En ce qui nous concerne, nous n'avons reçu ni lettre de Judée à ton sujet, ni visite d'un de nos frères rapportant ou disant du mal de toi.
22 Nous souhaitons pourtant apprendre de toi ce que tu penses ; car nous avons été informés que cette secte est contestée partout. »
23 Lui ayant donc fixé une date, ils vinrent le voir en plus grand nombre là où il logeait. Du matin jusqu'au soir, il exposait son témoignage sur le royaume de Dieu, et il s'efforçait de les convaincre au sujet de Jésus, en partant de la loi de Moïse et des livres des prophètes.
24 Les uns se laissaient convaincre par ce qu'il disait, les autres refusaient de croire.
24 Comme ils n'arrivaient pas à se mettre d'accord, ils s'en allaient, quand Paul leur adressa cette unique parole : « Il a bien parlé, l'Esprit saint, quand il a dit à vos pères par le prophète Isaïe :
26 ***Va dire à ce peuple :***
Vous aurez beau écouter, vous ne comprendrez pas.
Vous aurez beau regarder, vous ne verrez pas.
27 ***Le cœur de ce peuple s'est alourdi :***
ils sont devenus durs d'oreille,
ils se sont bouchés les yeux,
pour que leurs yeux ne voient pas,
que leurs oreilles n'entendent pas,
que leur cœur ne comprenne pas,
et qu'ils ne se convertissent pas.
Sinon, je les aurais guéris.
28 Sachez-le bien : c'est aux païens que le salut de Dieu a été envoyé. Eux, ils écouteront. »

Le terme du voyage (v. 11-16)

Au lieu de se faire à Phénix (*cf.* 27,12), l'hivernage prévu s'est passé dans cette île hospitalière de Malte et a duré encore trois mois, jusqu'au printemps. Les naufragés avaient donc de sérieux motifs de reconnaissance envers les habitants de l'île où ils étaient arrivés ayant tout perdu. Il est vrai que Paul y avait suscité la confiance et la gratitude des malades qu'il avait guéris (*cf.* v. 9-10).

C'est à nouveau un bateau venant d'Alexandrie, et qui a lui-même hiverné à Malte, qui transporte les voyageurs jusqu'à Pouzzoles, le port qui desservait Rome. À la proue, ce vaisseau portait l'image des Dioscures, *Castor et Pollux*, patrons des navigateurs. Paul et ses compagnons trouvent à Pouzzoles *des frères*, un groupe de chrétiens dont Luc ne se soucie pas de nous dire l'origine (l'Église de Rome a déjà dû essaimer dans une partie de l'Italie). Le récit sous-entend une fois encore la libéralité étonnante du centurion Julius, qui devait avoir hâte d'arriver dans la capitale, et qui autorise ses prisonniers à passer une semaine dans cette communauté !

La fin du voyage se fera par voie de terre — la célèbre Via Appia, à partir du forum d'Appius — et Paul a l'heureuse surprise de se voir accueilli, à ce Forum (à 65 km de Rome) puis aux *Trois-Tavernes* (47 km) par d'autres frères venus de *la Ville* à sa rencontre. Ils ont dû être prévenus de son arrivée par un message de ceux de Pouzzoles. *En les voyant, Paul rendit grâce à Dieu, et il reprit courage* (v. 15).

Cette note peut surprendre, car le récit ne nous a jamais montré Paul perdant courage, malgré tous les dangers traversés depuis son arrestation, et même bien avant ! Luc suggère plutôt là que l'apôtre pouvait avoir quelque appréhension quant à la qualité de l'accueil que lui ferait l'Église de Rome, et qu'il a été réconforté par cette démarche fraternelle et respectueuse. Nous savons par ailleurs que lorsqu'il annonçait à cette Église, qu'il n'avait pas fondée lui-même, son projet de la visiter, il avait pris bien des précautions oratoires (*cf.* Rm 1, 11-15). Mais il est assez étrange que cette indication succincte soit le premier et le dernier mot de Luc sur la relation de Paul, prisonnier à Rome, avec l'Église de la capitale.

Un historien du christianisme primitif se trouve ici bien frustré, comme il le sera encore de ne rien apprendre sur les suites du procès romain de Paul ! Redisons-le encore une fois : Luc, s'il s'est efforcé d'écrire avec l'exactitude d'un historien, n'avait pas, en rédigeant son second livre, la visée d'entreprendre une histoire complète de la diffusion de l'Évangile dans le monde, ni de la naissance de toutes les communautés chrétiennes existant à son époque.

Il n'a pas davantage le souci de nous donner une biographie exhaustive de ses principaux personnages, notamment Pierre et Paul. Il lui suffit, semble-t-il, au plan narratif, d'avoir montré l'heureux aboutissement du vœu de Paul, qui est aussi celui de Dieu, de venir témoigner devant *César* (*cf.* 19, 21 et 23, 11). Ce qu'il va ajouter dans la fin de ce dernier chapitre constitue une sorte d'épilogue qu'il convient de lire au niveau thématique, dans la cohérence de toute l'œuvre, plutôt qu'au niveau anecdotique.

Auparavant, le v. 16 nous renseigne sur les conditions de son séjour à Rome, en attente de sa comparution devant l'empereur. Il reste un prisonnier, avec un régime relativement libéral puisqu'il a l'autorisation d'habiter en ville, dans un logement loué à ses frais et qu'il y reçoit librement qui il veut (*cf.* v. 30). Mais il est gardé nuit et jour par un soldat. C'est le régime de la *custodia militaris,* la «garde militaire», tout de même fort astreignant et humiliant, puisque le bras droit du prisonnier devait être enchaîné au bras gauche de son gardien. Paul ne parlera pas d'une manière purement symbolique de ses chaînes, au v. 20 !

Paul et les juifs de Rome : premier contact (v. 17-22)

Il y a une logique profonde dans l'attitude de Paul, comme dans le projet théologique de Luc, qui concentre tout l'intérêt, dans cette finale du livre des Actes, à la convocation par Paul des notables juifs de Rome. C'est ce que montre le discours qu'il leur tient : la raison de sa présence est le procès qu'il doit subir de la part de l'autorité romaine sur dénonciation des juifs de Jérusalem. Il reprend ici la formule de la prophétie d'Agabus en se disant *livré aux Romains* (voir le commentaire à propos de 21, 11). Paul tient à se disculper vis-à-vis de ses coreligionnaires de Rome, qu'il persévère à appeler ses *frères.*

Il réitère donc sa double protestation d'innocence : négativement, il n'a rien fait contre le peuple juif et les règles reçues des pères (v. 17) ; positivement, c'est *à cause de l'espérance d'Israël* qu'il porte ces chaînes (v. 20). Nous reconnaissons là un constant motif de sa défense, selon Luc (*cf.* 23, 6 ; 24, 15 ; 26, 6), cette espérance étant spécifiquement celle de la résurrection des morts. Rome est loin de Jérusalem, et sa communauté juive ne doit guère comprendre de «conservateurs» du parti des sadducéens. Paul peut donc espérer être suivi par ses interlocuteurs sur ce terrain théologique, favorable à un témoignage spécifique de l'Évangile, qui suivra, après cette présentation succincte. En deux versets (18-19), Luc réussit à faire résumer par Paul le sens des longs récits des chapitres 22 à 26, l'essentiel étant dans le contraste entre le constat d'innocence fait par les Romains et l'opposition acharnée des juifs, qui l'a contraint à en appeler à l'empereur.

Dans ce premier contact, la réponse des juifs de Rome est très courtoise, tout en restant réservée. On peut s'étonner, étant donnés les liens qui reliaient les communautés juives répandues dans l'empire, qu'ils n'aient reçu, ni épistolairement ni par une visite, aucune mise en garde des juifs de Jérusalem ou d'Asie contre leur ennemi juré. Ils restent donc ouverts à un échange plus approfondi sur la pensée de Paul. Car ils ne sont pas dupes de son habile présentation : ils ont bien compris qu'il n'est plus un juif orthodoxe, et qu'il appartient à la *secte* (l'hérésie) des chrétiens, dont ils savent qu'elle rencontre partout (sans doute déjà à Rome) de l'opposition ou de la contestation, comme Syméon l'avait annoncé de Jésus, *signe de contestation en Israël* (Lc 2, 34).

Épilogue (v. 23-29)

Les partenaires ayant convenu d'un nouveau rendez-vous, Paul reçoit en plus grand nombre les juifs de Rome. Conformément à sa règle constante, à Rome comme partout auparavant, il a donc voulu donner priorité à l'annonce de l'Évangile au peuple de la promesse. Mais, très significativement, Luc abandonne le style direct des premiers échanges, et les v. 23-24 reprennent l'allure caractéristique d'un sommaire.

Le v. 23 récapitule parfaitement le message adressé aux juifs par tous les porteurs de la Parole, qu'ils s'appellent Pierre, Paul, Philippe ou les autres, selon les consignes du Ressuscité. Le lecteur retrouve les expressions très lucaniennes qui le désignent : *rendre témoignage* (7 fois dans les Actes), sur *le royaume de Dieu* (*cf.* 1, 3 ; 8, 12 ; 14, 22 ; 19, 8 ; 20, 25), *s'efforcer de convaincre* (12 emplois du verbe convaincre), *au sujet de Jésus* (*cf.* Lc 24, 19.27.44 ; Ac 1, 3 ; 18, 25 ; 23, 11), *en partant de Moïse et des prophètes* (*cf.* Lc 24, 27.44 ; Ac 3, 18.24 ; 10, 43 ; 17, 2 ; 26, 22).

Le v. 24 correspond à un constat maintes fois relevé : ce message provoque une *division* entre ceux qui l'acceptent et ceux qui le refusent. Mais il faut bien noter que, à Rome comme ailleurs, un certain nombre de juifs se sont laissés convaincre ! Par conséquent, au niveau anecdotique, Luc n'est pas cohérent ou prête à Paul un jugement injustifié dans les sévères propos qui suivent, car les juifs de Rome, qui ne s'accordent pas entre eux, n'ont pas manifesté d'hostilité déclarée à l'encontre de Paul et de son message.

Pour rendre justice à l'intention de l'auteur, il faut lire les v. 25-28 en les détachant de leur contexte narratif et en les prenant pour ce qu'ils sont : une conclusion thématique qui reprend et généralise les propos décisifs de Paul et Barnabé, en 13, 46-47. Paul prend acte du fait que, dans sa grande majorité, le peuple juif est resté aveugle devant la lumière de l'Évangile, et sourd à la définitive Parole de Dieu à son peuple. Il y voit l'accomplissement de la dure prophétie d'Isaïe, en citant intégralement, selon la version grecque des Septante, le texte d'Is 6, 9-10. C'est ce qu'avait fait Matthieu, à propos du discours en paraboles (Mt 13, 13 ss) : dans le passage parallèle, Luc y avait fait une allusion beaucoup plus brève (Lc 8, 10). C'est qu'il se proposait de garder cette citation pour illustrer la conclusion de toute son œuvre.

L'incrédulité de ce peuple s'est manifestée déjà face à Jésus, c'est une énigme douloureuse pour tous les évangélistes (*cf.* Jn 12, 37-40, avec la même référence). Elle s'est poursuivie face à la prédication apostolique. La citation d'Isaïe, si elle n'enlève rien au scandale, permet de comprendre qu'il s'inscrit dans la ligne de toute l'histoire biblique. Israël a le plus souvent fait la sourde oreille aux paroles des prophètes que le Seigneur lui envoyait : on se rappelle à ce propos la véhémente péroraison du discours d'Étienne (7, 51-53).

La dernière parole en style direct attribuée à Paul dans ce livre est une affirmation concise et provocante à l'égard des juifs : *Sachez-le bien : c'est aux païens que le salut de Dieu a été envoyé. Eux, ils écouteront* (v. 28). On peut faire de ce propos une lecture « fermée ». Paul attesterait solennellement que le salut ne sera désormais annoncé qu'aux seuls païens, les vrais destinataires de ce message, et qui se montrent prêts à le recevoir. Acte serait pris d'un endurcissement irrémédiable des juifs. Passer ainsi d'un constat douloureux de rupture à un jugement définitif de rejet ne semble pourtant guère conforme à la théologie de Luc ni à celle de Paul dans l'épître aux Romains. Une lecture plus « ouverte » est possible.

Il faut se souvenir que, dans l'Écriture, les jugements prophétiques les plus durs sont en général à comprendre comme un ultime *appel à la conversion* du peuple de Dieu. À bien lire Isaïe, on peut voir que le terrible et énigmatique endurcissement annoncé en 6, 9-10 peut être compris comme un endurcissement temporaire. C'est une sorte de repoussoir qui fait ressortir l'intervention salutaire toujours possible du Seigneur : en 8, 17, le prophète montrera qu'il espère encore en ce Dieu qui pourtant lui avait commandé d'épaissir le cœur de ce peuple (dans le texte hébreu ! Luc ici, comme Matthieu, a choisi le texte descriptif moins scandaleux de la Septante).

Ainsi, dans notre v. 28, on peut entendre l'appréciation sur les païens (*Eux, ils écouteront*) comme un défi, qui devrait *exciter la jalousie* d'Israël, selon l'expression de Paul (Rm 11, 14), lequel espère fermement le salut final de son peuple : « C'est un endurcissement partiel qui est arrivé à Israël, jusqu'à ce que soit entrée la plénitude des nations. Et ainsi tout Israël sera sauvé » (Rm 11, 25 s). Peut-on imaginer que Luc soit moins ouvert que Paul à cette espérance eschatologique, lui l'évangéliste de la miséricorde de Dieu, lui qui tout au long de ce livre a montré que l'incrédulité devant le message chrétien n'a jamais été le fait de tous les juifs qui l'ont entendu ?

Cette lecture ouverte est confirmée par ce qui suit. Il existe un v. 29, que notre version donne en note, car il est absent des meilleurs manuscrits grecs, mais se trouve notamment dans la Vulgate : *Quand il eut dit cela, les juifs s'en allèrent en discutant vivement entre eux.* Cela renforce l'indication du v. 24, selon laquelle les visiteurs juifs de Paul n'étaient pas unanimes dans le rejet de son message. Il n'est pas interdit de penser que certains d'entre eux ont plus tard fait partie de *tous ceux que Paul accueillait chez lui* pour l'entendre annoncer le règne de Dieu (v. 30). C'était en tous cas la pensée de certains copistes qui ont commenté ce *tous* en ajoutant la précision : *juifs et grecs.*

23. L'ultime sommaire (28, 30-31)

30 **Paul demeura deux années entières dans le logement qu'il avait loué ; il accueillait tous ceux qui venaient chez lui ;**
31 **il annonçait le règne de Dieu et il enseignait ce qui concerne le Seigneur Jésus Christ avec une assurance totale, et sans rencontrer aucun obstacle.**

Ces versets, avec leurs verbes à l'imparfait, forment le sommaire par lequel Luc conclut son ouvrage. On a parlé à leur propos de la «fin abrupte» du livre des Actes. L'expression est exacte si l'on se place au point de vue purement narratif : le lecteur peut ressentir une certaine frustration de ne rien apprendre sur la comparution de Paul devant César, et sur ce qui s'est passé au terme des deux années évoquées par le v. 30. A-t-il été libéré, a-t-il pu dès lors réaliser le projet de *voyage en Espagne* dont il a parlé en Rm 15, 28? Certains le pensent; mais les indices à ce propos sont fort ténus. Nous avons déjà relevé que Luc n'a pas voulu composer une biographie de Paul (l'idée qu'il n'en dit pas plus parce qu'il écrirait en 62, avant de connaître l'issue du procès, ne résiste pas à l'examen). Il faut donc se placer au niveau du projet global d'écriture de Luc pour apprécier le sens de cette conclusion. On voit alors qu'elle récapitule parfaitement les grands thèmes de son œuvre.

Le statut libéral dont jouit Paul, en tant que prisonnier qui en a appelé à César, lui permet de poursuivre encore son ministère d'évangéliste et de docteur. Luc évoque avec les deux verbes *annoncer* et *enseigner* les deux formes du service de la Parole, manifestées dès le début dans le ministère des apôtres (*cf.* en particulier 2, 36.42; 5, 42 et 15, 35 : deux sommaires quasi identiques). Paul parle *avec une assurance totale*: cette assurance a toujours également caractérisé la parole des serviteurs du Seigneur (12 emplois dans les Actes). En 4, 29, dans le contexte de la première persécution à Jérusalem, l'Église avait demandé au Seigneur que sa parole soit annoncée avec une *parfaite assurance* (même adjectif en grec).

Quant à la dernière expression — litt. : *sans entraves* —, elle ne se lit qu'ici dans le N.T. Mais elle est en consonance avec les propos de Paul en 2 Tm 2, 9 : «C'est pour lui (Jésus Christ) que je souffre, jusqu'à être enchaîné comme un malfaiteur. Mais on n'enchaîne pas la Parole de Dieu!» C'est là encore une des constantes de ce que Luc a voulu montrer en racontant la geste des envoyés du Christ : en dépit de toutes les oppositions, de toutes les tentatives de museler les porte-parole de l'Évangile par l'intimidation ou la persécution, le message du salut a victorieusement frayé son chemin dans le monde. Aucun obstacle humain ne saurait l'entraver.

Il faut enfin prêter attention à la manière dont Luc, dans cet ultime sommaire, résume le contenu de ce message, avec la double mention du *règne de Dieu* et de la *seigneurie* de Jésus Christ. Nous sommes à Rome, où l'empereur est celui qui reçoit le titre de *Seigneur* (de *Sauveur* aussi!) et règne sur un empire qui a soumis une multitudes de nations, et qui couvre la quasi-totalité du monde civilisé connu. Le paradoxe évangélique culmine ainsi dans cette finale du livre : en position de faiblesse et de dépendance vis-à-vis de ce pouvoir romain invaincu, un prisonnier juif ose proclamer que le véritable maître du monde n'est pas César, mais cet obscur prophète juif du nom de Jésus, crucifié sous Ponce Pilate!

Ce message, parti de Jérusalem, puis d'Antioche, les deux pôles de sa diffusion aux juifs puis aux païens, a atteint Rome. Luc peut considérer qu'il a ainsi mené à bien son projet : il a montré à ses lecteurs que le programme énoncé par le Ressuscité : *Vous serez mes témoins... jusqu'aux extrémités de la terre* (1, 8) est pour l'essentiel accompli. Le fondement de l'évangélisation du monde a été posé de manière irréversible, et le principe d'un salut offert à toutes les nations justifié par son récit. Luc a révélé comment cette ouverture universelle, annoncée par les prophètes et ordonnée par le Seigneur ressuscité, a été conduite à chaque étape par l'Esprit saint, brisant toutes les résistances.

Avec les judéo-chrétiens de Jérusalem comme avec les paganochrétiens d'Antioche, avec tous les *Théophile* (*amis de Dieu*) destinataires de ce livre, nous sommes appelés à glorifier Dieu et à nous réjouir de ce que Dieu a *ouvert la porte de la foi* et *donné la conversion qui mène à la vie* aux païens eux-mêmes (*cf.* 11, 18; 14, 27; 15, 3). Rome où s'achève le livre des Actes était alors le meilleur symbole de l'universalisme. Ville cosmopolite, *toutes les nations* — ou presque —, y étaient en effet représentées.

Cependant Luc sait bien que l'histoire n'est pas terminée, que la tâche des témoins du Christ doit se poursuivre : il faut que le témoignage à rendre à celui qui est *le Seigneur de tous* (10, 36) atteigne vraiment, dans l'espace et le temps du monde, *les extrémités de la terre*. Dès lors, l'inachèvement de son récit au plan narratif prend sens : il invite ses lecteurs de toutes les époques à entrer à leur tour dans la réalisation de ce programme, à écrire eux-mêmes une suite aux Actes des Apôtres, pour que la Bonne Nouvelle du salut soit annoncée sous tous les cieux, dans toutes les cultures. L'épilogue que nous venons de lire ne doit pas être la clôture d'une belle aventure du passé. L'histoire du témoignage chrétien reste ouverte jusqu'au «retour» du Seigneur (*cf.* 1, 11).

INDEX

*Les termes ou expressions qui suivent, fréquents dans les Actes et typiques du vocabulaire lucanien, ont été marqués d'un * dans le commentaire à leur première apparition. Les pages mentionnées sont celles où l'on trouvera des éclaircissements utiles à leur sujet.*

Accomplissement (de l'Écriture, des prophéties)	22
Anciens	131, 216
Ange du Seigneur	65, 135
Apôtre	21, 24, 152
Assurance	56
Baptême, baptiser	16, 36
Christ	34
Conversion, se convertir	36, 52, 66
Craignant Dieu	112
Croire, foi	50, 97, 153, 200
D'un seul cœur	21
Église	61, 107
Esprit, Esprit saint, Saint-Esprit	17
Extase	113
Imposition des mains	70, 139
Messie, messianique	34
Nazaréen, Nazôréen	33, 246
Nom (de Jésus, du Seigneur)	50, 67
Pardon des péchés	36
Parler en langues	30
Prophète (chrétien)	33, 130
Prosélyte	70, 94
Rempli du Saint-Esprit	29
Royaume (règne) de Dieu	15
Signes et prodiges	33, 43, 152
Témoin, témoignage, témoigner	25
Voie (de Dieu, du salut)	102
Vision	111

POUR APPROFONDIR LA LECTURE DU LIVRE DES ACTES

(Les ouvrages marqués * sont d'un accès plus aisé que ceux indiqués **)

ÉTUDES SUR LES ACTES DES APÔTRES

* Collectif, *Au commencement étaient les Actes des Apôtres,* Lumière et Vie 153/154, 1981. (Articles sur l'auteur, son projet, ses sources, le genre littéraire, le contexte historique.)

* Collectif, *Une lecture des Actes des Apôtres,* Cahier Évangile n° 21, 1977. (Approche très pédagogique du livre, étude de quelques textes.)

** É. Delebecque, *Les Actes des Apôtres,* Paris, Belles Lettres, 1982. (Texte grec et traduction originale, justifiée par de nombreuses notes.)

** M. Dumais, *Le langage de l'évangélisation. L'annonce missionnaire en milieu juif,* Paris, Desclée/Bellarmin, 1976. (Étude fouillée d'Actes 13, 16-41.)

** J. Dupont, *Le discours de Milet,* Lectio divina 32, Paris, Cerf, 1962. (Étude détaillée du « testament pastoral » de Paul, en référence aux épîtres pauliniennes.)

** J. Dupont, *Études sur les Actes des Apôtres,* Lectio divina 45, Paris, Cerf, 1967. *Nouvelles études sur les Actes des Apôtres,* Lectio divina 118, Paris, Cerf, 1984. (Deux recueils d'articles importants sur le plan du livre, la chronologie, la référence à l'Écriture, les discours, les ministères, etc.)

** E. Haulotte, *Actes des Apôtres, un guide de lecture,* Supplément à Vie chrétienne, Paris, 1978. (Original et suggestif, parfois un peu difficile.)

* G. Lohfink, *La conversion de saint Paul,* Lire la Bible 11, Paris, Cerf, 1967.

(Comparaison des trois récits et mise en lumière des procédés littéraires de Luc.)

** P. MENOUD, *Jésus-Christ et la foi,* Neuchatel/Paris, Delachaux et Niestlé, 1975. (Articles sur le plan des Actes, l'Ascension et la Pentecôte, le salut par la foi, l'eucharistie.)

* M. QUESNEL, *Baptisés dans l'Esprit,* Lectio divina 120, Paris, Cerf, 1985. (Étude de ce thème dans les Actes des Apôtres.)

* Y. SAOUT, *Cette activité libératrice,* Paris, Mame, 1984. (Les disciples de Jésus devant le pouvoir, l'avoir et le savoir : étude solide de nombreux chapitres des Actes, travaillés avec des groupes africains.)

** B. WILDHABER, *Paganisme populaire et prédication apostolique,* Genève, Labor et Fides, 1987. (Étude de quelques séquences des Actes, cherchant à dégager une théologie lucanienne de la mission face aux religions populaires.)

QUELQUES PRÉSENTATIONS DES COMMUNAUTÉS PRIMITIVES

(Ouvrages qui peuvent accompagner et éclairer la lecture des Actes)

* Collectif, *Les premiers chrétiens. Historiens et exégètes à Radio-Canada,* 3 vol., Paris, Bellarmin/Cerf, 1983. (Bons entretiens de vulgarisation par des spécialistes.)

* H. CAZELLES, *Naissance de l'Église, secte juive rejetée,* Lire la Bible 16, Paris, Cerf, 1968. (Situe la première communauté au milieu des divers courants juifs du Ier siècle.)

* M. CLEVENOT, *Les hommes de la fraternité,* Paris, Retz, 1981. (Sous forme de récits anecdotiques, présentation originale de la vie des premières communautés.)

* A. JAUBERT, *Les premiers chrétiens,* Paris, Seuil, 1967. (Présentation vivante et simple, à partir des Actes.)

* P. MENOUD, *La vie de l'Église naissante,* Foi vivante 114, Paris, Cerf, 1969. (À partir des sommaires des Actes, passionnante description de la communauté primitive.)

TABLE DES MATIÈRES

Introduction 5
Chronologie et carte. 8

PREMIÈRE PARTIE
LA NAISSANCE DE L'ÉGLISE (1, 1–2, 41)

1. Jésus ressuscité annonce aux apôtres leur mission et disparaît à leurs yeux (1, 1-11) 13

2. Dans l'attente de l'Esprit saint : la prière des apôtres et l'élection de Matthias (1, 12-26). 19

3. La Pentecôte : venue de l'Esprit, annonce de la Bonne Nouvelle par Pierre et premiers baptêmes (2, 1-41) . . 24

DEUXIÈME PARTIE
LA COMMUNAUTÉ DE JÉRUSALEM (2, 42–8, 1)

1. La première Église : la vie communautaire (2, 42-47) . 41

2. Premier miracle et premier procès (3, 1–4, 31) 44

A. Guérison d'un infirme et discours de Pierre au peuple (3, 1–4, 4) 45
B. Pierre et Jean devant le Sanhédrin (4, 5-31) 53

3. La première Église : le partage des biens (4, 32-37). . . 58

4. Premières difficultés. Ananie et Saphire refusent le partage (5, 1-11) 59

5. La première Église : les miracles des apôtres (5, 12-16) 62

6. Nouveau procès : les apôtres arrêtés et relâchés (5, 17-42) 63

7. Nouvelles difficultés pour le partage : institution des Sept (6, 1-7) 68

8. Ministère, procès et mort d'Étienne, le premier martyr (6, 8–8, 1) 71

TROISIÈME PARTIE
LA PAROLE PART DE JÉRUSALEM
POUR ATTEINDRE LES PAÏENS (8, 1b–15, 39)

1. La persécution entraîne la diffusion de l'Évangile en Judée et en Samarie (8, 1b-40) 87

A. L'Évangile en Samarie (8, 1b-25) 87
B. Philippe et l'eunuque éthiopien (8, 26-40) 93

2. Le Seigneur Jésus se manifeste à Saul, qui commence aussitôt à annoncer l'Évangile (9, 1-30) 99

3. Ministère de Pierre en Judée : deux miracles chez les fidèles (9, 31-43) 106

4. Corneille et les siens sont les premiers païens à recevoir l'Esprit saint et le baptême (10, 1–11, 18) 109

A. La double vision (10, 1-2) 110
B. Pierre chez Corneille (10, 23b-33) 115
C. Pierre se justifie devant l'Église de Jérusalem (11, 1-18) . 121

5. Fondation de l'Église d'Antioche (11, 19-30) 127

6. Nouvelle persécution à Jérusalem. Martyre de Jacques, délivrance miraculeuse de Pierre (12, 1-19) . . . 132

7. Mort d'Hérode Agrippa, châtié par le Seigneur (12, 20-23) . . . 136

8. D'Antioche, Barnabé et Saul sont envoyés en mission (12, 24–13, 3) . . . 138

9. Paul et Barnabé à Chypre : accueil et rejet de la Parole (13, 4-12) . . . 139

10. À Antioche de Pisidie (13, 13-52) . . . 142

A. Le discours de Paul à la synagogue (13, 13-43) . . . 142
B. Paul et Barnabé, rejetés par les juifs, s'adressent aux païens (13, 44-52) . . . 147

11. Succès et échecs de la mission en Asie Mineure (14, 1-28) . . . 150

12. L'assemblée de Jérusalem consacre l'entrée des païens dans l'Église (15, 1-35) . . . 156

13. Paul et Barnabé s'opposent et se séparent (15, 36-39) 164

QUATRIÈME PARTIE
LA MISSION DE PAUL JUSQU'AU BOUT DU MONDE
(15, 40–28, 31)

1. Paul passe en Europe après avoir affermi les Églises d'Asie Mineure (15, 40–16, 10) . . . 169

2. Les débuts mouvementés de l'Église de Philippes (16, 11-40) . . . 172

3. Paul fonde les Églises de Thessalonique et de Bérée malgré l'opposition des juifs (17, 1-14) . . . 181

4. Paul à Athènes : discours à l'Aréopage (17, 15-34) . . . 184

5. Fondation de l'Église de Corinthe (18, 1-17) 191

6. Par Éphèse, Paul rejoint sa communauté d'Antioche avant un nouveau voyage (18, 18-23) 195

7. Apollos à Éphèse (18, 24-28) 196

8. Paul passe deux ans à Éphèse : fécondité de la Parole malgré de violents conflits (19, 1-40) 198

A. Prédication et miracles de Paul (19, 1-20) 198
B. L'émeute des orfèvres (19, 21-40) 202

9. Paul en Grèce et en Macédoine (20, 1-12) 207

10. Adieux de Paul aux anciens de l'Église d'Éphèse (20, 13-38) 211

11. Malgré les avertissements des frères, Paul monte à Jérusalem vers sa passion (21, 1-16) 220

12. Paul est accueilli par les frères de Jérusalem et arrêté dans le Temple (21, 17-36) 224

13. Face à la foule juive, Paul rend témoignage au Seigneur qui l'a appelé (21, 37–22, 24) 229

14. Paul, citoyen romain (22, 25-29) 235

15. Paul devant le grand conseil d'Israël (22, 30–23, 11) . 237

16. Complot des juifs et transfert de Paul à Césarée (23, 12-35) 241

17. Paul et le gouverneur Félix : procès officiel et rencontres personnelles (24, 1-27) 244

18. Paul et le gouverneur Festus : nouveau procès et appel à l'empereur (25, 1-12) 248

19. Témoignage de Paul devant le roi Agrippa et nouveau récit de la conversion (25, 13–26, 32) 250

A. Festus expose à Agrippa le cas de Paul (25, 13-27) . . . 250
B. Le plaidoyer de Paul (26, 1-32) 253

20. Voyage vers Rome : tempête et naufrage (27, 1-44) . . 259

A. De Césarée en Crète (27, 1-12) 260
B. Quatorze jours dans la tempête (27, 13-44) 262

21. Paul à Malte : nombreux signes du Seigneur (28, 1-10) 268

22. Paul parvient à Rome ; il s'entretient avec les juifs de la capitale (28, 11-28) 270

23. L'ultime sommaire (28, 30-31) 276

LES ENCADRÉS

1. Le témoignage selon Luc 25
2. Les discours dans le livre des Actes 38
3. Baptême, imposition des mains, don de l'Esprit 98
4. Histoire et chronologie dans les Actes 132
5. Pierre et Paul, figures parallèles 166
6. Luc et le monde romain 194
7. Paul dans les Actes, et Paul dans ses épîtres 219
8. Les trois récits de la vocation de Paul 236
9. Le livre des Actes est-il une œuvre apologétique? 258

Index 281

Pour approfondir la lecture du livre des Actes 283

Cet ouvrage a été réalisé par la
SOCIÉTÉ NOUVELLE FIRMIN-DIDOT
Mesnil-sur-l'Estrée
pour le compte de Bayard Éditions
en avril 1996

Imprimé en France
Dépôt légal : mars 1994
N° d'édition : 1717 - N° d'impression : 34456